중2병 완전정복

아이는 방황해도 성적은 방황 말자!

중2병
완전정복

노규식 지음

아이는 방황해도 성적은 방황 말자!
중2병 완전정복

펴낸날 1판 1쇄 2015년 5월 1일
      1판 3쇄 2020년 9월 25일

지은이 노규식

펴낸곳 골든타임
펴낸이 양경철 | 주간 박재영
발행인 이왕준 | 발행처 ㈜청년의사
출판신고 제2013-000188호(2013년 6월 19일)
주소 (04074) 서울시 마포구 독막로 76-1(상수동, 한주빌딩 4층)
전화 02-3141-9326 | 팩스 02-703-3916
전자우편 books@docdocdoc.co.kr
홈페이지 www.docbooks.co.kr

골든타임은 ㈜청년의사의 단행본 출판 브랜드입니다.
저작권법에 의해 보호를 받는 저작물이므로 무단 전재와 무단 복제를 금합니다.

ISBN 979-11-953052-4-7 (13510)

책값은 뒤표지에 있습니다.
잘못 만들어진 책은 서점에서 바꾸어 드립니다.

조회 시간

:: 문제적 나이, 중2

　대치동에서 학습클리닉을 하며 소아청소년들을 보아 온 지도 어언 10년이다. 강산이 한 번은 변했을 테지만 그래도 변하지 않는 사실은 '중2는 어디로 튈지 모른다.'는 것이다. 사춘기는 부모들도 당혹스럽고 아이들도 스스로 불편한 시기다. 이 시기를 잘 넘기고 자신의 길을 찾아가는 아이가 있는가 하면, 이 시기에 궤도를 크게 이탈해 원래의 길에서 상당히 멀어진 채 다른 길을 가게 되는 아이도 있다. 필자는 때로 아이들에게 공부하라고 설득(?)하기도 하고, 아이들의 부모를 같이 원망하기도 하고, 세상에 나갈 꿈을 함께 꾸기도 하였다.

책을 내자는 제안을 받았을 때 들었던 첫 생각은 '그렇다고 내가 이런 책을 낼 자격이 있을까?'였다. 이런 의문은 특히 소아청소년 분야 정신의학 전문의나 심리상담을 하는 사람들이라면 누구나 마음 한편에 가지고 있을 법하다. '내가 내 아이를 제대로 키우면서 남에게 이래라저래라 해야 하는 것 아닐까? 나는 우리 아이의 청소년기를 잘 보내고 있는가? 나중에 우리 아이들이 이 책을 보면 과연 뭐라고 할까?' 이런 생각이 꼬리에 꼬리를 물었다.

자녀 교육에 관심을 갖게 된 것은 큰 아들이 초등학교에 들어갈 무렵부터였던 것 같다. 당시 유행하던 소위 로드맵, 즉 명문대 입시를 위해 몇 학년 때는 어느 학원을 보내야 하고, 몇 학년 때는 무엇을 공부시켜야 한다는 등의 계획에 부정적 반감이 컸던 필자는 정신과 의사이자 인지과학을 전공한 사람으로서 자녀 교육에 정말 효과가 있는 정도[주]가 무엇인지 살펴보고 적용하며 지내 왔다. 덕분에(?) 필자의 아들은 초등학교 5학년 때 반년 정도 수학 학원을 다닌 것이 학원 생활의 전부가 되었다. 본인의 운세와 힘 덕분에 국제중학교에 입학할 때까지 큰 아들과 필자 사이에는 소소한 에피소드 외의 큰 문제가 없었다.
그런데 중학교에 들어가고 나니 여러 가지 문제들이 하나씩 생기기 시작했다. 일단 스마트폰 사용 규칙이나 PC방을 다니는 문제로 부딪혀야 했다. 학교 공부와 시험 준비에 대한 이야기도 다시 토론거리가 되었다. 그 과정에서 때로는 마음속으로 치밀어 오르는 욱하는 마음에 야단을 치기도 하고 괜스레 골을 내기도 했다.

그러다 2012년에 미국 연수를 가게 되었고, 아들과 거의 열두 달을 같이 붙어 있다시피 지내게 되었다. 매일 아침저녁을 함께 먹으며 집안에서 시간을 보내는 생활이 시작된 것이다. 그 기간 동안 필자는 아이의 일상을 하나하나 생생히 볼 수 있었다. 비록 미국이라 친구 관계에 대해서는 자세히 보지 못했지만 (이는 한국이었어도 마찬가지였을 테다.) 학교생활, 수업 준비, 시험 준비, 여가 시간 활용, 스마트폰이나 인터넷을 사용하는 모습과 그 패턴에 대해서 모두 지켜볼 수 있는 기회였다. 정신과 의사로서의 관찰자적 관점과 부모로서의 경험자적 관점을 모두 경험한 참으로 소중한 시간들이었다. 이 시간 동안 필자가 얻은 큰 가르침 중 하나는 바로 '공부해야겠구나.' 하는 생각이었다. 사춘기 중에서도, 특히 중2 시기는 다양한 발달 수준의 아이들이 섞여 있는 시기다. 그래서 이 시기의 아이들을 평가하는 것이 쉽지 않다. 이 시기 아이들을 초등학생처럼 바라보아도 안 되지만, 고등학생 바라보듯 해서도 안 된다는 것을 깨달았다. 그래서 스탠포드 대학병원 수면센터 Stanford Sleep Medicine Center에 출근

하는 동안에도 이 나이 때의 정서, 인지적 발달, 학습 동기에 대해서 자료를 찾고 공부하기 시작했다.

∷ 정상인 듯 정상 아닌 정상 같은 너, 중2는 비정상?

다양한 자료들과 이때까지의 경험, 아이와 같이 살며 얻은 생생한 사례를 종합하여 여러 가지를 적용해 보면서 느낀 것이 있다.

첫째, 중2병은 '정상인 듯 정상 아닌 정상 같은' 것이라는 점이다. 누구에게나 다 오지만 누구에게도 똑같이 오지 않는다. 어떤 아이는 무사히 넘어가지만 어떤 아이는 돌이킬 수 없는 자국을 남기고 지나간다. 그러니 이를 정상이라 하기도 비정상이라 하기도 애매하다.

둘째, 미리 준비하면 슬기롭게 지나갈 수 있다는 점이다. 대개는 중2병에 대해서 '그분이 오시면 어쩔 수 없다. 지나갈 때가지 기다리는 수밖에.'라는 태도를 갖게 되는데, 그렇지 않다는 사실을 알게 된 것이다. 중2병은 미리 알고 대비하면 훨씬 더 잘 극복할 수 있다.

셋째, 중2병을 앓는 과정을 통해서 부모도 아이도 성장할 수 있다는 점이다. 지금 당장은 힘들더라도 그 시간을 잘 보낼 수만 있다면 보상이 반드시 있다는 것을 알게 되었다. 이것은 같이 살고 있는 아들을 보면서도 느낄 수 있었고 필자와 상담을 한 많은 가정들을 돌아보면서도 느낄 수 있었다.

시중에는 자녀를 잘 교육해서 좋은 대학에 보내고 그 경험을 책으로 낸 이들이 많다. 한편으로는 그런 증명도 없이 필자가 아는 체한다는 생각도 든다. 하지만 모든 것을 결과만으로, 특히 대학 진학 같은 결과만으로 평가해서는 안 된다고 생각한다. 소아청소년 전문가이기는 하지만 지극히 평범한 (사실 필자 생각에는 지극히 평범하지는 않은) 아들과 중2 시절을 겪고 고민한 아버지로서 그 고민을 공유하는 것이 어쩌면 더 의미 있다고 생각한다.

:: 중2병 완전정복, 할 수 있다

그런 의미에서 이 책은 중2가 되는 우리 아이들의 눈에 세상이 어떻게 비칠지에 대한 이야기로 시작했다. 아이의 입장에서 바라보지 못하면 아무리 열심히 들여다보아도 정답이 아닌 오답만 나오기 때문이다. 그리고 나서 필자가 그동안 만나 온 '중2가 되어 방황하는 아이들'과 그 아이들 때문에 '당황하는 부모들'의 경험담을 함께 나누고, 그 속에서 같이 생각해 볼 만한 교훈들을 살펴보았다. 더불어 그 속에 숨어 있는 뇌과학적 지식과 발달심리학적 원칙에 대해서도 설명하였다. 뇌과학적 지식은 자칫 지루하고 딱딱해질 수 있어 반드시 필요한 부분만 설명하고자 했다. 마지막으로 중학생 자녀를 두었다면 피할 수 없는 고민인 학습과 진로 대처 방법에 대해서도 알아보았다. 아이를 이해하고 그에 맞게 잘 대처하다가도 학습과 진학, 진로라는 벽만 만나면 부모로서 작아지고 혼돈스러워지는 일을 막고 싶었기 때문이다.

:: **아빠는 옛날의 자신만 보고 엄마는 남들만 본다**

아이의 부모 두 명 모두가 상담실에 찾아올 때가 있다. 그런데 나란히 앉아 있으면서도 아빠와 엄마는 서로 보는 관점이 다르다. 아빠는 '내가 어릴 때는'으로 시작하고 엄마는 '요즘 애들은'으로 시작한다. 화성과 금성만큼이나 먼 거리다. 그런데 이 두 사람의 시선에 지구에 있는 '우리 아이'는 없다. 이 책이 부모의 눈에 아이가 먼저 보이게 하는 역할을 할 수 있다면 더할 나위 없이 감사할 것이다. 우리 부모들도 겪어 온 빛나는 청소년 시절, 바로 그 시기를 지나고 있는 사춘기 아이와의 여정이 많이 어둡고 험난하겠지만, 그래도 고통이 아닌 즐거움이 될 수 있게 하는 최고의 지침서가 되길 바란다.

끝으로 좋은 책을 낼 수 있는 기회를 준 청년의사 박재영 편집주간과 관계자분들에게 감사의 말을 전하고 싶다.
또한 언제나 필자의 편이 되어 주는 든든한 아내와 이 책의 내용이 쓸모없기를 철없이 바라게 만드는 사랑스러운 딸, 그리고 언제나 필자로 하여금 도전하고 발전하게 해 주는 아들에게 사랑한다는 말을 전하고 싶다.

2015년 봄
노규식

■ 차례

조회 시간 | 5

1교시 중2가 처음 만나는 세상
1. PC방부터 스마트폰까지 | 17
2. 엄마 아빠보다 중요한 친구와 아이돌 | 33
3. 중2가 원하는 것, 싫어하는 것 | 51
■ 1교시 **연습 문제** | 59

2교시 방황하는 중딩, 당황하는 부모 Ⅰ
1. 밖으로 도는 중딩, 집에만 있는 중딩 | 63
2. 대화를 거부하는 중딩, 게임에 빠진 중딩 | 72
3. 친구에 빠진 중딩, 친구와 싸우는 중딩 | 84
■ 2교시 **연습 문제** | 92

3교시 방황하는 중딩, 당황하는 부모 Ⅱ
1. 세상 무엇에도 관심이 없는 중딩, 세상 물정 모르는 중딩 | 97
2. 성적이 떨어지는 중딩, 목표가 없는 중딩 | 105
3. 거짓말하는 중딩, 비행을 저지르는 중딩 | 115
■ 3교시 **연습 문제** | 124

4교시 중2병은 있다
1. 중2병의 실체 | 129
2. 아이들의 '마음'과 '머리'는 다르게 성장한다 | 140
3. 느닷없이 시작되는 중2병, 초딩 시절이 발병 여부를 결정한다 | 148
■ 4교시 **연습 문제** | 157

5교시 초딩 때는 안 그러더니
1. 부모들의 커다란 착각 | 161
2. 아이는 작은 어른이 아니다 | 167
3. 중2병, 호르몬이 아니라 뇌가 문제 | 172
■ 5교시 **연습 문제** | 177

6교시 중2와 대화하기

1. 아이는 선장, 부모는 항해사가 되어라 | 181
2. 중2의 언어를 이해하라 | 186
3. 통신수단을 최대한 확보하라 | 192
- 6교시 **연습 문제** | 199

7교시 중딩 부모, 가슴에 손을 얹고 돌아보라

1. 나의 중딩 시절은 어떠했나? | 203
2. 힘든 아이, 더 힘들게 한 적은 없나? | 210
3. 내가 알아서 할게 vs 시키는 대로 해라 | 215
- 7교시 **연습 문제** | 221

8교시 중딩 시절이 대입 결과를 좌우한다 Ⅰ

1. 아이에게 딱 맞는 진로를 찾아라 | 225
2. 자기주도 학습, 이렇게 이끌어라 Ⅰ | 243
3. 자기주도 학습, 이렇게 이끌어라 Ⅱ | 265
- 8교시 **연습 문제** | 295

9교시 중딩 시절이 대입 결과를 좌우한다 Ⅱ

1. 비상! 실패한 우리 아이 끌어안는 법 | 299
2. 학원 선택부터 스펙 쌓기까지 | 307
3. 공부에 필요한 6가지 전두엽 기능 총정리 | 317
- 9교시 **연습 문제** | 322

10교시 꽃보다 소중한 우리 아이

1. 중딩 부모가 반드시 해야 할 3가지 - 존중, 기다림, 소통 | 327
2. 중딩 부모가 절대 하지 말아야 할 세 가지 - 지배, 표리부동, 동일시 | 332
3. 기쁜 소식, 중딩 시절은 잠깐이다 | 335
- 10교시 **연습 문제** | 340

종례 시간 | 342

1교시
중2가 처음 만나는 세상

중2병이 오면서 달라지는 아이들을 보면 '왜 이렇게 변했지?'라는 생각을 하게 된다. 그러면서 '내가 뭘 잘못 키웠나?'라는 자책과 걱정도 하게 된다. 우리 아이의 키가 자라고 몸무게가 느는 것은 눈으로 알겠는데, 우리 아이의 마음은 도대체 어디로 가고 있는 것일까?

1교시

1
PC방부터 스마트폰까지

요즘 부모들은 전대미문(?)의 위기에 봉착했다. 그 위기란 바로 '스마트한 세상'이다. 아이들이 있는 곳 어디에서나 인터넷이 연결되어 통화, 채팅, 게임이 가능하고 무엇이든 보고 들을 수 있는 세상이 와 버린 것이다. 이는 빌 게이츠의 윈도우가 집집마다 찾아오고 스티브 잡스의 혁명적 발명품이 세상에 나온 후에야 일어난 일이다. 그러니 우리 어른들은 어린 시절에 이런 세상을 경험해 보지 못했다. 당연히 우리들의 부모가 우리에게 어떻게 대응했었는지를 배우지도 못했다. 참으로 난감한 상황인 것이다.

그래서 요즘 부모들은 게임, 인터넷, 스마트폰에 대한 규칙을 나름대로 만들어 대처하려 애쓴다. 그러나 아이들에게 인터넷이나 SNS[social network service]가 어떤 의미인지 그 본질을 충분히 이해하지 못하다 보니, 반드시 해야 할 규제는 하지 못하고 하지 말아야 하거나 실효성이 없는 규제에만 힘을 쏟고 있는 상황이 벌어지게 되었다.

:: 80년대에 만화방이 있었다면 지금은 PC방이 있다

부모 입장에서 가장 먼저 부닥치게 되는 골칫덩이는 PC방과 스마트폰일 것이다. 아이가 집에 오는 시간이 조금씩 늦어지고, 친구들과 나가서 노는 횟수는 늘어나는데 특별히 하는 일은 없어 보인다는 생각이 들 때, 초등학교 5학년 이상, 특히 남자아이를 둔 엄마라면 한 번쯤 PC방을 떠올리게 될 것이다. 그러다가 옆집 엄마나 아이 친구 엄마의 '정의로운(?)' 제보에 의해 마침내 확증을 얻게 된다. 이때부터 아이를 찾으러 다니다 보니 동네 PC방의 아르바이트생이나 주인과 안면을 트게 되는 경우도 생기고, PC방 때문에 아이의 외출이 금지되는 사태까지 발생하기도 한다.

PC방을 가지 못하게 하는 방법은 사실상 없다고 봐야 한다. 아무리 친구들과 놀지 못하게 하고 엄마가 학교며 학원에 데려다주고 데려와도 아이들은 어떻게 해서든지 PC방에 간다. 그렇기 때문에 이를 완전히 막는 것은 대책이 될 수 없다. 그러나 출입을 마음대로 허용하는 것도 PC방

의 나쁜 영향에 아이를 대책 없이 노출시키는 무책임한 행동이다. 그렇다면, 어떻게 해야 할까?

　오늘날 PC방의 특성을 고려해 볼 때, '속이면 큰 벌을 받는' 전략이 가장 바람직하다고 생각한다. 즉 일정 정도의 PC방 출입은 허락하는 것이다. 이때 일정 정도라는 것에는 조건이 붙는데, 한 달을 기준으로 허락된 요일과 횟수를 정하는 것이 좋다. 또 한 가지는 PC방에서 머무는 시간이다. 현실적으로 PC방에 한번 들어가서 1시간 만에 나오는 것은 불가능하다. 재미있을 만해지면 나오게 되는 것이기 때문이다. 따라서 2시간은 있을 수 있어야 현실적인데, 우리 중딩들에게는 하루에 2시간씩 PC방에 있을 수 있는 날이 많지 않다. 이렇게 조건을 정하는 것은 PC방에 같이 갈 친구가 있고 가서 할 게임이나 활동이 명확한 경우에만 갈 수 있게 하려는 것이다. 이는 아이들로 하여금 PC방에 대한 갈망을 줄여 주는 역할을 한다.

　이러한 전제하에 부모 몰래 PC방에 가는 것에 대해서는 엄격한 제재가 따를 것이라는 약속을 하는 것이 좋다. 이를테면 주 중에 한 번, 주말에 한 번, 각각 2시간씩 PC방을 이용하기로 약속한 아이가 친구와 너무 놀고 싶어서 엄마 몰래 PC방에 더 간 것이 밝혀졌다면, 처음에는 2주, 두 번째에는 4주, 세 번째에는 두 달 동안 PC방을 금지한다. 이런 식으로 부모 몰래 가는 위험을 감수하지 않도록 만들어 주는 것이다.

　이것이 효과를 거두기 위해서는 자녀의 동선을 어느 정도 알고 있어야 하며, 같이 가는 친구들이 누구인지, 그 아이들의 연락처는 물론 부모의 연락처까지 알고 있는 것이 좋다. 그리고 가끔씩 점검을 해야 한다. 우리가 아이를 믿지 못하기 때문이 아니라, 아직은 아이의 자제력이 완전히 자라지 않았기 때문이다. 물론 그런 점검이 있을 수 있음을 미리 알리고 한두 번쯤은 보여 주는 것이 좋다.

그러면서 가능하다면 (주로 아빠들의 역할이기는 하지만) 자녀와 종종 같이 PC방에서 게임을 하는 것도 좋다. 필자는 중학생이던 아들과 아들놈의 친구들 몇 명을 데리고 PC방에서 스타크래프트 게임을 하기도 했다. 오랜만에 가 본 요즘 PC방의 분위기도 알 수 있어 좋았고, 아들에게 아빠가 PC방을 무조건적으로 싫어하지 않는다는 것도 알게 해 줄 수 있었다. (이것은 나중에 PC방에서 있었던 일이나 PC방에 갔던 사실을 말하게 하는 데 좋은 역할을 한다.) 자기 또래의 공감대를 아빠가 적어도 하나는 가지고 있다는 느낌을 줄 수 있는 것이다. 무엇보다 중요한 것은 함께 경험하며 그곳에서 보았던 광경이나 PC방 자체에 대한 좋은 점, 나쁜 점을 서로 편안하게 (설교라고 느끼지 않으면서) 대화할 수 있다는 것이다. 그 대화를 통해서 비판적인 시각, 즉 균형 잡힌 시각을 가지도록 지도할 수 있다.

:: 호환 마마보다 무서운, 게임

초등학교 3~4학년이면 PC에서 게임을 접하게 된다. 인터넷 게임은 아이들이 제일 먼저 만나게 되는 게임이다. 포털 사이트의 주니어 페이지에서 간단한 플래시 게임들이 아이들에게 소개된다. 이렇게 아이들 사이에 관심을 끄는 게임을 호기심에, 혹은 친구들 사이에 끼고 싶은 마음에 시작하게 되는데, 사실 이 게임들 자체에는 큰 폭력성도 선정성도 중독성도 없다. 그러니 부모 입장에서도 별 부담이 없다.

대신에 이 시기부터 게임을 하는 습관과 규칙은 명확하게 익히도록 해야 한다. 대표적인 규칙은 '게임은 숙제나 할 일을 마친 다음에 한다.'는 것이다. 이것은 학교에서 돌아오자마자 공부를 하라는 말과는 다른 말이다. 아이가 학교나 학원을 다녀와서 쉬는 것은 필요하다. 능률적인 면에서 휴식은 중요하기 때문이다. 그러나 그 쉬는 시간마다 반드시 게임을 하는 습관이 배지 않도록 해야 한다. 게임은 사실 두뇌를 쓰는 활동이므로 휴식 시간에 게임을 하고 나면 공부할 때쯤에는 두뇌가 피곤한 상태가 되어 능률이 떨어진다. 그러므로 애초에 게임을 접할 때부터 게임도 놀이의 한 종류일 뿐 전부가 아니라는 것을, 그러니 모든 노는 시간을 게임이나 인터넷에 매달리는 것은 옳지 않다는 것을 알고 습관으로 삼도록 지도해야 한다.

이런 단순한 게임은 학년이 올라가면서 금방 질리게 된다. 그러면서 제일 많이 접하게 되는 게임이 '마인크래프트'다. 물론 이 게임도 언젠가 유행이 지나가겠지만 지금까지는 진정한 게임의 세계(?)로 들어서는 첫 관문의 역할을 하고 있는 듯하다. 필자뿐만 아니라 해외의 전문가들도 마인크래프트 자체는 창의성을 요구하며 공간지능을 사용해야 하는 동시에 폭력성이나 선정성이 없는 비교적 좋은 게임이라고 보고 있다. 문제는 마인크래프트 관련 동영상들이 폭력적이거나 선정적인 요소를 담고 있다는 것이다. 이는 인터넷상에서 동영상 스트리밍 서비스를 제한하여 해결할 일이지 마인크래프트를 못 하게 해서 해결할 문제는 아니다. 스트리밍 서비스를 제한하는 방법으로, 간단하게는 부모가 있는 시간에만 사용하게 하는 법부터 학교에서 안내하는 자녀 지킴이 프로그램을 활용하는 법까지 여러 가지가 있다.

그 다음으로 아이들이 많이 빠지는 게임은 스마트 기기 속에 있는 게임들이다. 대표적인 것이 '클래시 오브 클랜', '템플 런'과 같은 것들이다. 이들은 유해하다고 할 수는 없지만 딱히 교육적 가치가 있는 것도 아니다. 그 다음 단계가 수많은 대전 게임들이다. 캐릭터를 키우고, 모여서 전투를 하는 이런 종류의 게임은 폭력성과 선정성 면에서 교육적으로 적합하지 않다. 이런 게임에는 어떻게 대처하면 좋을까?

첫째, 부모가 하는 모습을 보이지 말아야 한다.

보통 엄마보다는 아빠에 해당하는 이야기일 수 있겠다. 나중에 어른이 된 다음에 하라는 말이 통하기엔 게임이 너무 가까이 있다.

둘째, 게임의 종류에 대해 부모의 동의를 얻도록 한다.

스마트 기기를 잠시 가지고 놀거나 사용할 때 설치하는 게임의 종류에 대해서 부모의 동의를 반드시 얻는다는 원칙을 세우는 것이다. 이 역시 우리 중딩들이 쉽게 받아들이지 않는다. 그러므로 가장 이상적인 방법은 중2병이 본격적으로 시작되기 전부터 게임에 관한 대화를 나누며 게임의 폭력성에 대해 비판적 시각을 갖도록 해 주는 것이다.

셋째, 어떤 게임을 얼마나 하는지 부모가 확인해야 한다.

자신이 해도 되는 게임인지 아닌지 부모의 동의를 얻어야 한다는 규칙을 무시하거나 거부하는 중딩에게는 어떻게 해야 할까? 최소한 어떤 게임을 얼마나 했는지 정도는 부모가 알고 있어야 한다는 점을 주장해야 한다. 이는 스마트폰을 개통시킬 때부터 조건으로 거는 것이 좋다. 이를 위해 부모가 약간 공부해야 하는 것이 있는데, 어떤 어플을 얼마나 사용했는지 확인할 수 있는 방법을 배우는 것이다. 가장 원시적이지만 쉬운 방법으로는 스마트폰의 어플별 배터리 소모량을 확인하는 것이 있다. 특정 게임을 많이 하면 해당 어플의 전력 소모가 큰 것으로 나타난다. 이를 근거로 해당 게임에 대해 걱정스러운 면과 이에 대한 아이의 의견을 서로 이야기해 볼 수 있다. 이는 어디까지나 모니터링을 위한 조치다. 게임을 못 하게 하거나 다른 벌을 주는 것은 효과가 별로 없다. 그저 부모도 알고 있다는 사실이 억지력으로 작용하게 하는 것이다.

이런 방법들로도 통제가 안 된다면 소중한 우리 아이가 게임이나 인터넷에 빠지는 다른 이유가 있지는 않은지 생각해 봐야 한다. 불안이나 우울, 스트레스가 게임 사용을 증가시킨다는 연구 통계는 이미 오래전에 나와 있다.

:: 스마트폰과 SNS는 악의 축?

라디오방송에서 만난 한 엄마는 스마트폰에 대한 10가지 규칙을 만들었다고 하면서, 그중 2가지를 소개했다. 집에 오면 문자하지 않기와 스마트폰을 반납했다가 필요할 때에만 받기였다. 이는 스마트폰과 이를 중심으로 이루어지는 카카오톡, 페이스북, 스냅챗 등을 비롯한 SNS를 모두 '해서는 안 될 것', 즉 '악의 축'으로 규정하고 있다는 것을 의미한다. 공부하는 학생에게 SNS 같은 것은 전혀 필요 없다, 이런 건 대학 가서 하면 된다는 것이 부모들의 요지다. 이와 같은 생각의 바탕에는 '가상의 세계는 가짜'라는 개념이 자리하고 있다. 과연 그럴까?

이미 꽤 지난 우스갯소리가 있다. 아저씨 감별법인데, 문자를 보냈을 때 전화가 오면 아저씨, 문자가 오면 오빠라고 한다. 이는 지금의 젊은 세대들이 얼마나 문자에 익숙해져 있는지를 보여 주는 예다. 요즘 미국에서 청소년들에게 계몽하는 중요한 내용 중 하나가 운전 중에 문자메시지를 보내지 말라는 것이라고 한다.* 예쁘게 생긴 소녀가 부모와 친구들에게 휴대폰으로 답장을 보내다 사고가 나서 크게 다치는 내용의 공익광고도 방영한다. 아이들에게 커뮤니케이션의 1순위는 목소리가 아니라 문자다. 그러니 문자를 하지 말라는 말은 아이가 친구들과 소통하는

---

* 미국 캘리포니아 주에서는 16세 이상이면 면허를 딸 수 있다.

제1의 수단을 봉쇄하는 셈이 된다.

미국의 통계*에 따르면 청소년의 90%가 SNS나 이메일, 문자 등에서 사이버 왕따 혹은 사이버 폭력을 겪었거나 그것이 일어나는 장면을 본 적이 있는 것으로 드러났다. 본인이 직접 가해자나 당사자가 되지는 않았더라도 목격한 정도의 경험은 거의 모든 청소년들이 다 가지고 있는 것이다.

실제로 필자가 상담을 하던 한 아이도 상담 기간 도중 소위 사이버 왕따를 당한 경험이 있었다. 평소 이 아이를 괴롭히던 친구가 아이에 대한 비난과 놀림을 카카오톡으로 다른 친구들에게 돌린 것이다. 학교 내에서의 왕따는 하교를 하면 좋아지는 특성이 있다. 가해자들이 눈에 보이지 않고 안전한 환경인 집에 있다는 것이 정서적으로 안정감을 주기 때문이다. 그래서 등교를 거부하기도 하지만 한편으로는 집이라는 휴식처나 탈출구가 분명히 존재한다는 뜻이기도 하다. 그런데 사이버 왕따를 당하는 아이들은 학교에서 돌아와서도 불안해하며 고통을 받는 경우가 많다. 하교 후 아이들이 모이는 사이버공간에서 혼자 제외되거나 비난과 놀림의 대상이 되는 것이다. 그렇기 때문에 사이버 왕따로 인해 우울증이나 불안증이 생기는 경우가 많고 자살을 시도하는 경우도 많다.

사이버 왕따의 문제가 심각한 것은 단지 피해자에게만 해당하는 일이

---

* 2014 AACAP(Association of American Child and Adolescent Psychiatry) Annual meeting.

아니다. 순식간에 가해자가 만들어진다는 것 또한 문제가 된다. 그저 철없는 중딩이 한순간의 감정으로 인해 친구에게 나쁜 행동을 한 것인데, 이것이 옴짝달싹하지 못하는 증거로 남는 것이다. SNS나 문자에 남아 있는 내용을 캡처해서 증거로 제시하면 뭐라고 할 말도 없다. 물론 잘못한 행동에 대해서는 책임을 지고 벌을 받는 것이 맞다. 그러나 그런 행동이 잘못된 것임을 알리고, 관찰하고 지도할 책임은 어른에게, 부모에게 있는 것이다.

우연히 아이의 문자나 SNS 대화를 본 경험이 있다면 그것을 대화라고 생각하기 어려웠을 것이다. 절반은 'ㅋ' 아니면 '헐'이고 나머지 절반은 욕이거나 상스러운 말들이다. 다 거르고 나면 내용도 얼마 없다. 욕이라는 것이 동질감의 코드로 쓰이는 측면이 있고, 힘을 과시하기 위한 수단이 되기도 하며, 기존 질서에 저항하고 스트레스를 해소하는 역할도 하는 것은 부정할 수 없는 사실이다. 하지만 꽃보다 예쁜 우리 중딩들에게 이 한마디는 꼭 해야 한다.

"그 사람 앞에서나 다른 사람 앞에서 할 수 없는 말은 문자나 SNS에서도 해서는 안 된다."

스마트폰 및 SNS와 관련된 여러 사례들을 모아서 생각해 보면 한 가지 공통점을 찾을 수 있다. 부모들이 스마트폰의 사용 시간에만 주의를 기울이고 있다는 것이다. 그러나 중요한 것은 '얼마나'가 아니라 '무엇을'

하는가이다. 누구와 어떤 문자를 주고받으며, SNS에서는 어떤 모습으로 활동하는지, 그 와중에 다른 친구로부터 상처를 받거나 상처를 주지는 않는지 살피는 것이 훨씬 중요하다. 하루에 게임을 몇 시간 하느냐가 아니라 어떤 게임을 하는지, 그 게임 속에서는 어떻게 행동하는지, 다른 참가자와는 어떤 식으로 대화하는지 알고 있어야 한다. 즉 아이가 어떤 생각을 하는지 파악하는 것이 핵심이다.

그러므로 스마트폰이나 인터넷에 대해서 아이와 약속할 때 가장 중요한 것은 사용 시간이 아니라 '비밀번호'다. 기기나 모든 어플에 걸린 비밀번호를 부모에게 알려 주도록 해야 한다. 그리고 언제든지 부모가 그것을 열어 볼 수 있음을 인지하고 받아들일 수 있게 유도해야 한다.

일전에 학생들과 부모들이 함께 모여 있는 자리에서 이와 같은 이야기를 한 적이 있다. 대번에 중딩들 사이에서 '헐' 하는 반응이 나왔다. 그러나 이 부분은 양보할 수도 없고, 양보해서도 안 되는 부분이다. 아이와의 사이가 나빠지는 것이 두렵기도 하지만, 아이와의 관계는 소통하는 방식에 따라 아이가 받아들이는 정도가 달라지는 경우가 더 많으며, 때로는 손해를 좀 보더라도 뜻을 관철시키는 것이 중요하다. 어려서부터 이러한 것이 원칙으로 자리를 잡는다면 가장 이상적이겠지만 늦었다고 실망은 말자. 최소한 우리에게는 새로운 스마트폰으로의 교체라는 카드가 다행히 있으니까.

:: 셀카, 허영의 표현?

 2014년 샌디에이고에서 열린 미국 소아청소년 정신의학회American Academy of Child and Adolescent Psychiatry에서는 흥미로운 세미나가 열렸다. 스마트폰과 인터넷 게임, SNS에 어떻게 대처하는 것이 좋은지에 대한 자리였다. 소개된 여러 가지 흥미로운 내용 중 '셀카*'에 관한 것이 있었다. 이제는 셀카가 10대 소녀들에게 자신의 정체성을 형성하는 중요한 도구가 되고 있다는 연구였다. 오히려 셀카를 전혀 찍지 않는 것이 좋지 않다는 주장이 이어졌다. 자신을 공개해 다른 친구들과 친해질 수 있는 기회를 놓치게 되기 때문이다. 심지어 아이들이 종종 셀카를 찍을 수 있도록 부모가 격려하고 유도해 주는 것이 좋다는 내용도 있었다.

 부모들은 보통 자녀가 (특히 여자아이가) 휴대폰을 들고 이리저리 각도를 바꾸고 표정을 바꾸어 가며 사진을 찍어 대는 것을 보고는 혀를 끌끌 차기 쉽다. '머릿속에 든 건 없으면서'라는 비난의 말까지 꿀꺽 삼키면서. 그러나 이렇게 자신의 가장 아름다운 면을 찾는 노력이 청소년기 여학생의 정체성에 중요한 역할을 한다는 연구 결과들이 나오고 있는 것이다. 우리 딸이 친구를 사귀는 데 어려움을 겪는다면 예쁘

---

* 자기 모습을 스스로 촬영하는 것을 말하는 것으로 '셀프카메라'의 줄임말이다. 영어권에서는 'selfie'로 부르며 2013년 11월 옥스퍼드 백과사전에서 2013년에 가장 영향력 있는 단어로 선정되기도 하였다.

게 셀카 찍는 법을 함께 찾아 줄 일인 것이다. (절대 부모가 찍어 주겠다고 우기지 말 것. 자기가 자신을 찍는 즐거움이 핵심임을 잊지 말아야 한다.)

:: 아이들의 현실과 연결된 사이버 사회

지금은 중딩을 자녀로 둔 부모들도 어렸을 때 전화 통화를 오래 하다가 야단을 맞은 적이 있을 것이다. "학교에서 하루 종일 만나고 와서도 무슨 할 말이 그렇게 많아? 내일 학교 가서 해!"라는 핀잔을 들은 경험이 한 번 정도는 있으리라.

그런데 오늘날의 중딩들은 우리 때와는 다른 방식으로 방과 후 친구들과 소통을 한다. 동시에 여러 명과 문자를 주고받을 수도 있고, 그룹 채팅을 할 수도 있다. 카카오톡이나 밴드 같은 곳에서는 마치 교실 뒤에 모여 수다를 떨 듯이, 혹은 그보다 더 많은 친구들이 모여 이야기할 수 있다. 심지어 그룹 통화까지도 가능한 세상이다. 방과 후에 친구들과 사이버공간에서 다시 모이는 것이다. 이제 우리 아이들은 하루 종일, 손에서 휴대폰이 떨어지는 그 순간까지 친구들과 함께 있는다.

SNS로 오프라인에서는 전혀 만나 본 적 없는 친구를 사귈 수도 있다. 어제까지 아예 모르던 사람과 오늘 대화를 나눌 수도 있다. 새로운 관계 형성의 수단이 생긴 것이다. 부모 세대는 서로의 눈을 마주 보고 체온을 느끼며 신체적 접촉이 가능한 관계를 진짜라고 배우며 성장했다. 스킨십이라는 이름 아래 회식이 중요하게 여겨졌으며, 어느 모임이든 꼭 참석해서 무릎을 맞대고 이야기를 나누어야 정말 친해졌다고 생각했다. 그래서 아이들에게 사이버 세상에서 사귄 친구들은 진짜 친구가 아니라고 말하기 쉽다. 그러나 여러 전문가의 임상 사례를 통해 요즘 10대들이 스카이프나 행아웃*을 통해서 연애를 시작하고 실연을 당하기도 하며, 그 실연이 오프라인의 실제 삶에 영향을 끼치기도 한다는 것을 확인할 수 있다. 연애조차 가능한 마당에 친구 사귀기야 더욱 쉬운 일일 것이다.

설마설마하면서도 부모가 그냥 지나치기 쉬운 부분이 있다. 바로 사진 전송이다. 셀카나 인증샷**을 찍어서 자랑하고 공유하는 것을 좋아하는 10대들이 늘었다. 이런 아이들에게 많이 퍼지고 있는 사진 관련 어플 중 하나가 '스냅챗'이다. 이곳에서 전송한 사진은 일정 시간 이후 사라진다. 그 사이 사진을 저장하려고 하면 해당 사진의 주인에게 그 사실이 알람으로 전송된다. 그렇기 때문에 아이들은 이것이 안전하다고 믿고 좀 더 과감한 사진들을 보내 자신의 존재를 과시하려는 유혹을 느끼게 된다. 그러다 보면 중요한 규칙이나 법을 위반한 순간의 사진을 보낼 수도 있고, 심한 경우 성적인 사진까지 보내게 되기도 한다. 특히 여

---

* 스카이프(skype)는 인터넷을 통해 음성 혹은 화상 대화를 할 수 있는 프로그램이다. 무료와 유료 기능이 있으며 PC와 스마트폰에서 이용 가능하다. 현재 마이크로소프트사가 소유하고 있다. 행아웃(hangout)은 구글 플러스에 있는 화상 대화 기능이다. 현재 무료로 제공되고 있으며 구글 크롬을 설치하고 구글 플러스에 가입하면 이용할 수 있다. 역시 PC와 스마트폰에서 모두 이용 가능하다.
** 어떤 일이 진짜로 일어났음을 증명하기 위해 찍는 사진.

학생의 경우 자신의 누드 사진을 찍어서 보내는 경우가 자의 반 타의 반 생기게 된다.

어른들은 알겠지만, (지난 카카오톡 사례로 보아) 특히 우리나라에서는 이 모든 정보가 서버에 적어도 일정 기간 동안 보관된다. 이는 상황에 따라서 어느 누구든 볼 수 있으며 퍼져 나갈 수도 있다는 뜻이다. 우리나라 국민의 주민등록번호가 중국에서는 공공재라는 웃지 못할 이야기도 있는 요즘, 이러한 사진이 언제 어떤 식으로 유포될지는 아무도 모르는 일이다. 물론 사진 유포 사건의 가장 흔한 범인은 그 사진을 받은 당사자이긴 하다.

청소년기에 이르면서 발달하는 놀라운 기억력과 논리력, 언어적 능력과는 별개로 장기적 계획을 세우거나 장기적 영향을 평가하는 일은 우리 중딩들에게 여전히 버겁다. 이것은 두뇌의 성숙이 아직 필요한 탓이기도 하겠거니와 경험이 부족하기 때문이기도 하다. 그래서 이런 말도 안 되는 일을 할까 싶은 바로 그 일을 우리 아이들이 하게 되는 것이다.

2
엄마 아빠보다 중요한 친구와 아이돌

:: 우정으로 대동단결, 또래 집단

아이들에게 또래 집단, 특히 동성 친구가 소중해지는 이유는 무엇일까?

초등학교 때까지는 엄마 아빠가 좋다고 옆에서 떠나지 않던 아이가 어느 순간부터 친구들과 더 가까워지고 더 많은 것을 공유하기 시작한다. 심지어 부모에게는 그런 것들을 숨기려 하기도 한다. 때로는 자신을 나무라는 것은 참아도 친구들을 나무라는 것은 참지 못하기도 한다. 어째서 이렇게 친구들이 중요해진 것일까?

유감스럽게도 그 출발은 부모들이 더 이상 완벽하지 않으며 잘못을 저지르기도 한다는 사실을 아이가 깨닫게 되면서부터다. '완벽한 부모'는 많은 부모들이 빠져 있는 함정이기도 하다. 아이가 바라는 완벽한 부모는 수학을 다 풀어 주는 아빠, 영어를 척척 읽어 주는 엄마가 아니다. 아이는 자기의 어려움을 알아주고 해결책을 주는 부모를 원한다. 단, 자신이 필요로 할 때에.

대개는 초등학교 5학년을 넘어서면 (여자아이들은 초등학교 3~4학년만 되어도) 친구들과의 관계가 매우 예민해진다. 누구누구가 더 친한지, 내가 좋아하는 친구가 다른 아이를 더 좋아하는지, 누가 나를 싫어하는지 등에 대해 민감해지고 상처도 많이 받는다. 이때 부모가 하는 충고들이 있다. "걔는 나쁜 아이인 것 같아. 같이 어울리지 마." "그런 말은 무시해 버려. 너 하던 대로 해." "그럴 때는 참지 말고 너도 뭐라고 해." 이와 같은 말들은 실제 상황에서 거의 소용이 없다. 부모의 말이 별 도움이 되지 않을 수도 있다는 것을 아이가 깨닫게 되는 순간이다. 아이들은 이제 부모의 법칙이 아니라 새로운 법칙으로 친구 관계를 맺어 나가야 한다. 아이에게 '친구들'은 가장 큰 재미를 가져다줄 수도 있고 가장 큰 창피함과 두려움을 가져다줄 수도 있는 존재다. 모이면 천국이고 떨어져 나가면 지옥이다. 또래들의 압력$^{peer\ pressure}$은 시간이 갈수록 강력해진다.

이때 아이들이 택하는 첫 번째 전략은 동일해지기다. 가정과 학교, 매스컴에 의해서 형성된 몇 가지 기준들이 아이들로 하여금 '우리는 서로 같으며 친하다.'라는 생각을 갖게 한다. 가장 눈에 잘 띄는 확실한 기준

이 외모와 옷차림이다.

한여름에도 반팔 위에 카디건을 입고 다니는 초등학교 6학년, 외국 사람에게 동성애자로 오해받기 딱 좋게 교복 바지통을 바짝 줄이는 남학생, 머리를 옆으로 붙여 넘기는 것에 목숨을 거는 여학생. 모두 또래 무리에 포함되고자 하는 간절한 욕망에서 나오는 모습들이다.

어른들의 관점에서 볼 때 이런 모습들은 때로는 부질없고 비합리적으로 보이기도 한다. 그러나 아이들이 왜 이렇게 '다른 애들처럼' 입고 싶어 하는지에 대해 이해하지 못하고 겉모습만 지적해서는 아무리 이야기해도 말이 통하지 않는다. 아이가 본격적으로 사춘기에 들어서면 이런 것에 대한 지적을 오히려 덜하게 되기도 한다. '사춘기니까 그러려니……' 하게 되는 것이다. 따라서 이런 문제와 관련한 충돌은 사춘기 직전이나 중2병 시기, 즉 아이가 사춘기인지 아닌지 부모가 아직 깨닫기 전에 생기는 경우가 많다.

이렇게 중학교 입학을 전후한 시기부터 친한 친구가 생기고 소위 '우정'이라는 것을 쌓게 된다. 초등학교 때부터 계속 친하게 지내 오는 '절친'은 있어도 초등학교 때만 알았던 친구가 절친으로 남아 있지는 않다. 그러나 중학교 친구들부터는 얼굴을 못 보고 지내다 몇 년 만에 만나도 여전히 절친인 경우가 많이 있다. 중학교 때가 바로 우정이 본격적으로 성장하는 시기이기 때문이다.

심리발달적 관점에서는 이 우정을 성인이 된 후 인간관계의 기초, 즉 일종의 플랫폼*으로 본다. 친구가 사는 모습, 행동하는 모습을 보면서 사회적 관계나 역할을 더욱 폭넓게 경험하게 된다. 자신은 집에서 해결하지 못했던 문제들을 친구들이 간단하게 푸는 모습을 보고 배울 수도 있다. 반대로 자기가 친구들 무리에서 어떠한 역할을 해야 한다는 것도 느낀다. 더 마음에 드는 역할을 맡기 위해 노력하기도 한다. 무엇보다 자신의 옆에 있으면서 (진정한 우정일수록 마음속에도 존재한다.) 안정감을 주

---

* 플랫폼(platform)은 컴퓨터에서 응용프로그램이 작동할 수 있는 기본적 틀을 의미하는 말이다. 여기서는 인간관계의 여러 기술을 습득하고 발휘하는 데 기본적인 틀이 된다는 비유적 의미로 사용되었다.

는 친구의 존재를 바탕으로 새로운 도전과 모험을 할 수 있는 용기를 얻기도 한다.

우리는 아이의 친구 관계가 어떠하길 원하고 있는가?

전문가들은 학교 폭력이나 집단 따돌림, 담배나 술과 같은 것들로부터 우리 아이들을 보호하기 위해서 또래 집단에 많은 관심을 갖는다. 이는 일반 학부모도 마찬가지다. 어려서부터 우리 아이가 누구와 사귀는지 궁금해하고 사회성이 좋길 바란다. 그러면서도 동시에 또래 집단에 휘둘리지 않기를 희망한다.

사실, 부모는 누구보다 또래 집단의 힘을 활용하고 싶어 하는 사람들이다. 초등학교 입학 때부터 학군 눈치 보기와 위장 전입을 하고, 학원에 다니는 아이들이 어느 동네에 사는지를 보고, 사립학교나 국제중학교에 보내고 싶어 하는 이유가 결국 여기에 있다. 우리 아이가 또래로부터 부모가 원하는 종류의 압력을 받길 바라기 때문인 것이다. 물론, 우리 아이가 또래의 압력에 약할 것이라는 걱정 때문이기도 하다. 아이가 건강한 또래로부터는 좋은 영향을 받고, 나쁜 또래의 압력^{왕따, 폭력, 비행 등}에는 저항할 수 있도록 힘을 기를 수는 없을까?

2014년 9월 위트레흐트 대학교^{Universiteit Utrecht}의 연구 발표에 따르면, 청소년의 성격 특징에 따라서 우정의 깊이와 질의 차이가 난다고 한다. 친구를 사귀는 데 가장 좋은 성격 특징은 '회복 탄력성^{resilience}'이다. 이는 성격의 5가지 요소를 골고루 가질 때 얻을 수 있는 성격이다. 즉 외향성도 가지고 있고, 개방성도 있어야 하며, 양심적이어야 하고, 동시에 다른 사람의 마음을 수용할 수 있으며, 부정적 감정을 조절할 수 있는 능력이 모두 높아야 한다. 결국 우리 아이가 친구를 사귀고 우정을 가꾸는 데 강한 아이로 자라길 바란다면 이렇게 길러야 하는 것이다.

부정적인 또래 집단의 압력에 저항하는 능력에 대한 연구*도 있다. 이 연구 결과를 보면 문제 해결 능력과 논리적 사고력이 우수한 아이들이 또래 집단의 압력에 저항하는 힘도 강했다. 결국 또래 집단이 권하는 위험한 행동들이 어떠한 결과를 가져올 것인지를 잘 예측하는 아이들이 저항을 잘할 수 있었다는 뜻이다.

두 가지를 모아 보면 간단한 결론에 이르게 된다. 우리 아이들 옆에 좋은 친구들이 있도록 하기 위해서는 그 아이들이 좋아할 만한 외향적이면서 개방적이고 타인의 마음에 공감하며 자신의 마음을 조절할 줄 아는 아이로 키우는 것이 중요하다. 더불어 위험하고 부정적인 또래 집단의 압력으로부터 버티기 위해서는 행동의 결과를 예측하고 "아니."라고 말할 수 있게 논리적인 사고력을 키워 주면 되는 것이다.

문제는, 이것이 하루아침에 이루어지지 않는 일이라는 점이다.

---

* Marie-Helène Grosbras, Marije Jansen, Gabriel Leonard, Anthony McIntosh, Katja Osswald, Catherine Poulsen, Laurence Steinberg, Roberto Toro and Tomaš Paus, "Neural Mechanisms of Resistance to Peer Influence in Early Adolescence", *The Journal of Neuroscience*, July 25, 2007, 27(30):8040~8045.

:: 이성인 친구에서 이성 친구로

'벌써 이성 친구라고?'

이렇게 생각하는 부모도 있겠지만, 초등학교 때에도 이성 친구가 있는 학생들을, 특히 6학년이 되면 드물지 않게 볼 수 있다. (빠른 경우 5학년부터도 친구들 사이에서 소문나는 커플이 생기기도 한다.) 사실 이때의 이성 친구는 이성 친구라기보다 하나의 '배지' 같은 것이라고 보는 게 더 합당하다. '나는 다른 아이들이 갖지 못한 것을 가질 능력이 있는 사람이다.'라는 것이 이성 친구를 사귀는 동기의 상당 부분을 차지한다.

이러한 경향은 초기 청소년기* 까지, 즉 중딩 때까지 이어지는 경향이 강하다. 이성 친구를 가지고 있는 중학생들과 이야기를 나누어 보면 "여자 친구와 만나서 뭐하니?"라는 물음에 "친구들이랑 같이 만나요. 그래서 햄버거 같은 거 먹거나 분식집에 가서 떡볶이 먹으면서 이야기해요."라는 대답이 가장 많이 돌아온다.

단둘이 하는 데이트의 경우에도 "극장에 가서 영화 보고요, 그 전에 밥 먹고요, 버스 정류장에서 버스 태워 주고 그러고 나서 집에 와요."인 경우가 많다. 이성 친구를 다른 친구들 중 한 사람으로서 생각하거나 다른 친구들에게 과시하는 정도로 여기는 일이 많다. 둘이 있더라도 특별히

---

* 만 10~14세까지를 가리키는 말이다. 이 중 만 10~12세까지를 소아(child)와 청소년(adolescent)을 이어 주는 시기라는 의미에서 'tween'이라고 구분하여 부르기도 한다. 흔히 이야기하는 중2병이 나타나는 시기는 초기 청소년기라고 할 수 있다.

'성적인' 성향은 보이지 않는 경우가 대부분이다. 아이들이 서로 손을 잡고 눈을 맞추고 마음을 나누며 친밀감을 느끼기에는 아직 뇌가 충분히 발달하지 않았기 때문이다. 아이들에게 연애는 그저 재미있는 놀이일 뿐이다.

유감스럽게도 이것이 중딩의 이성 교제를 안심하고 봐도 좋겠다는 근거로만 작동하지는 않는다. 아직 사랑을 깨닫지 못한 우리 중딩들에게 '성sexuality'이라는 것이 '욕정'의 동의어로 보이기도 하는 것이 사실이기 때문이다. 사랑이라는 관점에서 볼 때 '욕정'이라고 하는 것은 즉각적인 성적 끌림이라고 표현할 수 있다. 이는 주로 뇌에 작용하는 테스토스테론testosterone*에 의한 것이라 할 수 있다. (남녀 모두 같다.) 사춘기의 2차성징이 나타남에 따라 테스토스테론의 분비가 늘어나는데, 바로 이 시기쯤 야동**도 보게 되고 육체적 성에 대한 관심이 높아진다.

이 시기가 지나면 한 이성에 대해 완전히 몰입해 버리는 단계가 따라온다. 아무것도 생각이 나지 않고 오로지 그 사람에 대해서만 생각하게 되는 때가 오는 것이다. 아이들의 우스갯소리 중에 '롤L.O.L., League of Legends' 게임을 할 때 여자 친구 문자에 답하면 정말 그 여자 친구를 좋아하는 것이라는 말이 있다. 롤 게임의 중독성과 몰입성을 보여 주는 농

---

* 남성호르몬의 일종이다. 2차성징의 발달 및 성욕에 관련된 작용을 한다. 남성의 경우 99%가 고환에서 생성되며 여성의 경우는 부신(adrenal gland)에서 분비된다.
** '야동'은 남녀 사이의 성적 관계가 노골적으로 나타나는 영상을 말한다. 최근 들어 청소년들이 동성 간의 혹은 인간 이외의 종과의 성적 관계를 담은 영상을 보는 일도 자주 있다.

담이지만, 거꾸로 생각해 보면 오직 게임만이 여자 친구에 대한 생각을 벗어나게 할 수 있다는 것인지도 모른다.

어떤 아이가 먼저 경험하게 되는가?

이성 교제는 우리 중딩들이 드디어 입문하게 되는 새로운 세상임에 분명하다. 그러나 그 시기는 조금씩 다르다. 그럼 누가 먼저 이 새로운 세상에 발을 들이게 될까?

한 가지 분명한 것은 신체적으로 성숙한 아이들, 그리고 인기가 있는 아이들이 유리하다는 점이다. 이렇게 되는 데는 두 가지 이유가 있다. 첫째, 아이들에게 이성 교제라는 것은 일종의 성취와 같은 것이다. 〈친구〉라는 영화를 보면 높은 바위에서 뛰어내리기 시합을 하는 모습이 나온다. 기어이 높은 곳에서 뛰어내리고 싶은 마음, 그 아이를 바라보는 다른 아이들의 시선. 이것은 이성 교제에도 거의 똑같이 적용된다. '너희들이 못하는 걸 나는 한다.'라는 일종의 성취감이 존재하고, 인기 있는 아이들은 그 인기를 활용해서 남들이 하지 못하는 것을 먼저 (점점 더 진도를 나가면서) 성취해 나가기에 이로운 위치에 있다.

신체적 성숙도가 빠른 아이들은 이에 대한 충동도 강하며 소위 '어른 흉내'를 내기에 유리한 측면이 있어서 이성 교제나 성적 행동에 대한 시도를 더 많이 하는 경향이 있다. 여기에 한 가지 힘이 더 가해지는데 바로 또래의 압력이다. '부추김'이라고 할 수 있는 이것은 누군가의 등을 떠밀어 판을 벌여 보고 이들이 어떻게 행동하는지 알고 싶어 하는 또래들의 바람이다. 이로 인해 몇몇 아이들에게는 기회가 더 자주 만들어질 수 있다. 친구들의 선망을 받을 수 있으면서 호기심도 채울 수 있는 이 기회를 마다할 아이가 과연 몇 명이나 될까?

중딩의 이성 교제에는 어떤 특징이 있을까?

중딩의 성과 고딩의 성은 다소 차이가 있다. 중딩들은 성에 대한 뜨거운 관심에도 불구하고 아직은 이성에 대해서 부끄러움이 많으며 쉽게 당황하고 자신감이 없다. 여학생들이 남학생들보다 신체적으로 빨리 성숙되어 있는 상태다. (그래서 여학생들은 더욱 연상의 오빠들을 찾는다.) 동성애에 대해서는 막연한 두려움이 많은 시기며 이성애에 더 끌리는 시기이기도 하다. 또한 이성 친구가 자주 바뀌는 시기이기도 하다. 중학교에서는 100일 만나면 오래 만났다고 한다. 그래서 기념일을 더 챙기기도 한다.

2010년도 기사*를 살펴보자. 우리나라 중학생의 53%가 이성 교제의 경험이 있으며, 여학생의 14%는 포옹이나 키스 같은 스킨십을 해 본 적이 있다고 한다. 2015년도의 연구 결과**를 보면 중학생의 성 경험 비율은 약 2% 내외 남학생 2.5%, 여학생 1.6% 라고 한다. 종합해 보면 감정이나 친밀감에는 많이 서툴지만 신체적으로는 성적 행동이 충분히 가능한 때라고 할 수 있다.

---

* 박은혜 · 박현구, "중학생 50%가 연애 경험 · 확 달라진 청소년 성 풍속도", 〈우먼센스〉, 2012. 3. 2.
** 권석현 · 이정열, 〈중학생의 성관계 경험 영향요인〉, 대한간호학회지 45권 1호, 2015, 76~83쪽.

부모가 할 일은 '허용'과 '모니터링'이다.

학교에서 동성 친구를 사귀는 것도, 이성 친구를 사귀는 것도 막을 수만은 없는 일이다. 좋은 친구를 사귀도록 하는 방법은 앞에서 말한 바와 같다. 외향적인 면도 있으면서 공감 능력이 있는, 자기와 다른 사람을 포용할 수 있으면서 부정적 감정도 조절할 수 있는 아이로 키우는 것이 근본적인 방법이다.

그런데 학년이 올라갈수록 성에 대한 관심이 부족하거나 친구들끼리 야한 이야기를 하고 야동을 찾아보는 등의 활동에 참여하지 않는 것은 아이들 사이에서 중요한 결격 사유가 될 수도 있다. 또한 이 시절의 이성 교제 경험이 성인에 이르렀을 때의 이성 교제에도 영향을 준다는 연구도 있다. 그러니 오히려 적절한 경험이 더 중요하다고 할 수 있다. 어려서부터 이성 친구를 만난 친구들이 결국 더 좋은 배우자를 만나 잘 사는 일을 우리도 주변에서 어렵지 않게 확인하지 않았는가.

그러므로 부모가 현실적인 목표로 삼아야 하는 것은 자녀가 이성 교제에 대해 '숨기지 않도록' 하는 것이다. 사실 부모가 아무리 잘 대해 주어도 아이들은 이성 교제를 숨기게 된다. 이는 부끄러움이 많이 작용하기 때문이기도 하다. 이럴 경우, 진짜 이성 친구가 생긴 것을 알게 되었을 때 개방적으로 인정해 주는 모습을 보이는 것이 중요하다. 염려되는 것도 많고 당부하고 싶은 것도 많지만 일단은 관심을 가지고 즐거이 대화를 나누는 것이 먼저 이루어져야 한다. 성적 접촉이나 성관계에 대하여 어떻게 알고 있고 어디까지 알고 있는지 이야기하며 정보를 줄 필요가 있다. 어차피 부모가 정보를 주지 않아도 아이들은 이미 인터넷이나 친구를 통해 너무 많은 것들을 알고 있다. 그러므로 부모가 쿨하게 이런 부분을 먼저 오픈해서 말을 꺼내 주는 것이 오히려 좋다. 부모가 괜히 말해서 없던 호기심이 생기지 않을까 걱정하는 것은 아직도 아이를 어리게만 보는 데서 오는 착각인 경우가 대부분이다.

그렇다고 해도, 적절한 모니터링은 필수다. 과거에는 부모가 있는 곳에서 자주 만나게 하고 공개된 곳에만 있도록 교육하였다. 하지만 최근 스마트폰의 발달과 미디어의 발달 등으로 인해 부모가 예상하지 못한 곳에서 여러 가지 일들이 발생하기도 한다. 따라서 피임이나 성병 등에 대한 현실적인 교육이 필요하며 동시에 자신의 몸을 찍은 사진을 누군가에게 보내는 실수 등을 하지 않도록 주의시켜야 한다. 이 시기까지는 부모가 아이의 메신저 프로그램이나 SNS의 아이디와 비밀번호를 알고 있는 것이 좋다.

:: 완전무결한 10대의 우상, 아이돌

예전에는 아이들이 나오는 TV 프로그램만 보던 귀여운 아이가 더 이상 그런 프로그램에는 관심이 없다. 누가 누군지 도무지 구분도 안 되는 젊은 친구들이 떼 지어 나오는 음악 방송만 찾아가면서 보려고 한다. 이 역시 중2병의 시작을 알리는 주요 증상 중 하나다. 우리 아이들은 왜, 그토록 아이돌을 좋아하게 되는 것일까?

왜 아이돌인가?

아이돌^{idol}이라는 말은 우상이라는 뜻이며, 아이돌 스타는 결국 청소년들이 우상처럼 떠받드는 존재라는 의미다. 아이들에게 우상이 필요해지는 이유도 두뇌의 발달과 연관이 깊다.

중학교 무렵이 되면서 발달하는 전두엽$^{frontal\ lobe}$*은 아이들의 상상력과 환상을 훨씬 더 정교하고 이상적인^{ideal} 것으로 만든다. 그러면서도 감정을 관리하는 편도체^{amygdala}는 아직 충분히 성숙되지 않아 본인 스스로에 대해서는 자신이 없고 두려움이 많은 이중적 상태에 놓여 있게 된다. 여기에 이성적인 사고로 판단해 보니 부모는 더 이상 완벽한 존재가 아니다. 하고 싶은 것은 더욱 많아져 간다. 그래서 독립^{independence}에 대한 욕구가 더 커져 가는 시기다.

이러다 보니 부모 말고 다른 존재, 즉 아이들이 멋있다고 느끼고 닮고 싶어 할 만한 존재가 필요해진다. 그 존재는 부모보다 훨씬 더 전능한, 자신이 생각할 수 있는 만큼 완벽하게 전능한 존재이기를 원한다.

그렇다고 우리 아이들이 실제로 아이돌이나 한류 스타가 자신의 문제를 해결해 줄 것이라고 생각하고 있는 것은 아니다. 이들은 일종의 '놀

---

* 두뇌 중 대뇌피질(cerebral cortex)을 이루고 있는 6개 부위 중 하나. 두뇌의 가장 앞쪽, 이마 부위에 해당한다. 그래서 '이마엽'이라고도 한다.

이'를 하고 있는 것이다. 예전에 우리 부모들이 국어 선생님이나 영어 선생님을 생각하며 가슴앓이했던 것과 마찬가지다. 아이들은 자신이 이상적이라고 생각하는 것이 이 세상에 있음을 통해 독립하기 위한 용기와 그것을 소유하고 싶은 열망을 채우는 것이다. 따라서 아이돌에 관심을 갖고 열중하는 것 자체는 중딩 무렵의 아이들에게 지극히 자연스럽고 정상적인 일이다.

아이돌에 빠지는 것이 해롭지는 않을까?

요즘 '사생팬'이라는 용어가 나오는 것을 보면 아이돌에 대한 청소년들의 집착은 예나 지금이나 비슷한 것 같다. 사생팬이란 자기가 좋아하는 연예인의 사생활을 쫓아다니며 캐내는 팬을 말한다. 다른 말로는 스토커라 할 수 있다. 1980년대 무렵 레이프 가렛^{Leif Per Garrett}이라는 미국 팝 스타의 내한 공연장에서 무대로 던져진 팬티 때문에 나라가 곧 망할 것처럼 떠들어 대던 신문 기사를 읽은 기억이 난다. 그러나 그때의 소녀들이 지금은 모두 엄마가 되어서 일찍이 세상에 존재한 적 없는 교육 열풍을 불러일으켰으니, 생각해 보면 꽤 아이러니하지 않을 수 없다. 게다가 아이돌을 쫓아다니는 것이 그 사람들의 인생에 결정적 피해를 주었던 것도 아닌 것 같다.

우리나라에서 아이돌이 문제되는 것은, 팬 활동을 할 시간에 공부를 해야 한다는 중압감 때문일 것이다. 이 부분에 있어서는 어쩔 수 없는 피해를 인정해야 할 것 같다. 아직 공식적인 연구가 이루어지지는 않았지만, 특별히 공부에 재능이 있거나 좋은 학습 전략을 가지지 않은 다음에야 절대적 시간이 부족한 것을 메우기는 어렵기 때문이다.

그렇지만 꼭 단순히 판단하기 어려운 경우가 있다. 필자가 상담했던 당시 중3 지혜가 그랬다. 엄마가 지혜와 함께 찾아온 이유는 두 가지였다. 공부로 인한 스트레스와 아이돌에 빠져 있다는 사실 때문이었다. 성적도 상위권으로, 매우 얌전하고 여성스러운 성격의 여학생이었다. 속으로는 경쟁심도 강해서 성적에 대한 욕심도 많았지만, 아무리 공부를 열심히 해도 시험 때 긴장해서 자기 실력이 나오지 않는 바람에 속상함도 많은 친구였다. 그래서인지 목소리도 작고 힘이 없는 편이었다. 하지만 '빅뱅'에 대한 이야기를 하자마자 눈빛이 초롱초롱해지고 목소리도 '미'에서 '솔'로 올라가며 커졌다.

이 친구는 '팬픽'에 빠져 있었다. 팬픽이란 자신이 좋아하는 연예인을 주인공으로 하여 그들의 일상과 그들 간의 관계 및 사랑에 대해 픽션fiction을 만드는 것을 말한다. 지혜는 팬클럽 사이트에 이러한 글들을 경쟁적으로 올리고 있었는데 거기에서 독보적인 존재감을 보여 주고 있었다. 그 팬픽을 모아 책으로 만들어 소장하고 싶다며 구매 의사를 밝혀 오는 팬들이 있을 정도였다.

의사인 아빠와 그 집안 식구들은 참 전형적이게도 모두 공부를 잘했고 소위 좋은 직업들을 가지고 있었다. 지혜의 아빠 역시 성취를 무척 중요시하는 편이었다. 지혜는 그런 아빠를 기쁘게 해 드리고 싶어 우수한 성적을 받길 원했지만, 강남 지역의 치열한 경쟁 속에서 생각대로 되지 않아 스스로에게 많이 실망하고 자책하는 중이었다. 그때 자신을 즐겁게 해 주고 기쁘게 해 주는 존재가 바로 가수 빅뱅이었다. 아이돌에 빠져들어 팬픽을 쓰게 되었고, 자신의 글에 대한 열렬한 반응이 상처 받은 자존감에 큰 위로와 기쁨이 되었던 것이다. 그리고 그 힘으로 계속 공부를 하고 좋은 성적을 받기 위해서 노력하고 있었다.

지혜의 경우에서 보듯이, 아이돌에 빠지는 아이들에게서 자주 발견되는 공통점이 있다. 바로 '결핍'이다. 부모의 관심과 사랑이 부족한 경우나 지나친 입시 경쟁으로 가정에서 따뜻함을 충분히 얻지 못한 경우에 자신이 얻고자 하는 것을 아이돌에서 찾고 그것에 탐닉하는 경향이 커지는 것이다. 너무 지나쳐 병적일 정도로 아이돌에 집착하는 이유는 결국 가정과 부모에게서 오는 경우가 많다.

그 후로 지혜는 간간히 상담을 하러 왔지만, 중간에 1년 정도 만나지 못한 기간이 있었다. 고2가 되어 오랜만에 만난 지혜에게 다시 한번 '빅뱅'에 대해서 물어보았다. "요즘도 팬찮기는 해요. 근데 요새는 다른 그룹의 멤버가 눈에 들어와요. 엑소요. 잘생겼어요." 하고 웃었다. 그렇다고 엑소 팬클럽 회원인 것도 아니고 팬픽 활동도 하지 않는다. 그렇게 지혜는 중학교 시기의 아이돌 증후군을 잘 넘겼던 것이다.

이렇게 대부분의 아이들은 '내가 그때 왜 그랬을까?' 하는 심정으로, '그땐 어렸잖아요.'라며 그 시기를 회상한다. 그런데 지혜에게는 한 가지 특이한 점이 있었다. 팬픽에서 인정받은 능력을 기획력으로 발휘하게 된 것이다. 지혜는 학교 축제에서 직접 스토리 라인을 짜 행사를 기획하여 큰 호응을 얻었다. 그리고 방송국 PD가 꿈이 되었다. 나중에 드라마를 만들 때 쓰려고 몇 개의 습작 시나리오도 썼다고 한다. 이렇게 팬픽은 지혜의 스펙이 되어 가고 있었다.

아이돌을 좋아하는 아이, 어떻게 대해야 할까?

첫째, 너무 걱정할 필요는 없다. 지극히 자연스러운 현상이며 우리 아이에게 문제가 생기고 있는 것이 아니라는 점을 기억해야 한다.

둘째, 그 속에서 아이가 어떤 면을 보는지, 무엇에 매료되는지를 관심을 가지고 알아봐야 한다. 그래서 어느 그룹의 누가 좋은지, 왜 좋은지, 보면 어떤 느낌인지 대화를 나눌 필요가 있다. 어떤 경우는 모녀가 같이 콘서트에 가기도 한다. 겉으로는 참 아름다워 보이지만, 같이 가는 중학생 입장에서는 정말 모양 빠지는 일이기도 하다. 진짜로 아이가 같이 가길 원하는 것인지, 부모도 그 가수를 좋아해서 가는 것인지, 아니면 아이를 감시하기 위해 가는 것인지도 돌아볼 필요가 있다. 방송으로 만난 한 학생의 부모는 아이가 공연장에서 어찌하나 보기 위해 같이 갔다고 밝히기도 했다.

셋째, 이렇게 지켜보다가 정도를 넘어서거나 한다면 적절한 대책을 세워야 한다. 때로는 명확한 한계도 필요하다. 이를테면 공개방송은 중간고사나 기말고사가 끝난 후 일주일 동안에만 가기로 한다든지, 다른 지역에서 열리는 공연에는 가지 않는다든지 하는 제한이 필요할 수도 있다. 지나친 음반 구입도 어느 정도 조절해 주어야 한다.

하지만 이와 동시에 생각해야 할 부분이 있다. 아이가 아이돌에 빠지는 데 부모의 문제는 없는지 돌아보는 것이다. 흔히 아이돌에 빠지고 열중하게 되는 심리를 '보상 모델'로 설명한다. 자신이 얻고자 하는 것을 부모나 가정, 주변에서 얻지 못하기 때문에 팝 스타나 연예인에 빠져든다는 것이다.

아이들이 얻고 싶어 하는 것은 심리적인 것뿐만이 아니다. 2012년 홍콩의 청소년들을 대상으로 한 연구*에서는 실제적 · 경제적 · 정신적인 모든 면에서 부모 중 한쪽이 부재한 경우 아이들의 아이돌 집착이나 탐닉이 더 커진다는 결과가 보고되었다. 만일 우리 아이가 결핍을 느껴서 아이돌에 열중하는 것이라면 아이돌을 못 쫓아다니게 한다고 해서 모든 문제가 해결되지는 않을 것이다. 그 결핍은 다른 곳(이를테면 이른 성관계, 담배나 술, 우울과 같은 정신장애)에서 나타날 수 있다는 점을 기억해 두자. 밖으로 도는 아이들은 집안부터 살펴야 한다.

---

* Chau-kiu Cheung, Xiao Dong Yue, "Idol worship as compensation for parental absence", *International Journal of Adolescence and Youth* vol. 17, issue 1, 2012, pp.35~46.

3
중2가 원하는 것, 싫어하는 것

:: 중2가 원하는 것

아이들은 '내 마음대로 하기'를 원한다.

　우리 아이들이 어떤 세상을 만나고 있는지 쫓아가기도 버거운데, 아이들의 속내는 쫓아가기가 더 어렵다. "엄마는 알지도 못하면서!"라는 말을 날리며 저만치 가 버리는 아이의 뒷모습을 어정쩡하게 바라보게 되는 일이 한두 번이 아니다. 도대체 이 녀석들이 원하는 것은 뭘까? 또 그렇게 싫어하는 것은 뭘까?

무엇을 할지 말지를 결정하는 것도 '내 마음'이고 그것을 언제, 어떻게, 누구와 할지도 모두 '내 마음'이다. 이들에게는 무엇을 하느냐보다 그것이 자기 마음대로 결정된 것인지 아닌지가 더 중요하다. 숙제도, 집안일도, 동생을 돌보는 일도 마찬가지다. 일단 마음만 먹으면 아주 잘하지만, 한번 어긋나면 엉망으로 해 버린다.

이는 중2 시기, 즉 초기 청소년기 시기에 '자율성^{autonomy}'에 대한 욕구가 급격히 증가하는 탓이 크다. 어른들은 효율성이나 적절성을 따지지만 우리 중딩들은 '내 마음대로' 하는 것인지 아닌지를 따지게 된다. 독립성이 증가하는 것도 이유가 된다. 중2 나이에는 (만 3세 무렵에 이어) 전두엽의 발달이 다시 한번 크게 일어나고 이에 따라 기억력과 논리력이 증가한다. 그러다 보니 은근히 자신감도 생기고 자기 마음대로 해도 괜찮을 것 같다는 생각이 들기 시작한다. 친구들을 보니 더욱 그렇다. 그리고 가만히 살펴보니 부모도 더 이상 완벽하게만 보이지는 않는다. 이런 이유들이 모여서 '내 마음대로'가 중요해진다.

아이들은 '재미있는 것만 하기'를 원한다.

이 시기의 뇌를 최고로 자극하는 것은 '즐거움'이다. 그래서 이 즐거움에 더욱 강하게 탐닉하려고 한다. 초등학교 시절에는 부모의 눈치를 보느라, 또 몸이 안 따라 주어서 하지 못했던 여러 가지 일들을 할 수 있게 되었다. 그러고 나서 보자 이때까지의 즐거움이란 시시하기 그지없는 일들이었던 것이다. 앞에서 말한 '새로운 것들을 만나서 새로운 즐거움을 알게 되면' 아이들의 두뇌는 크게 반응하게 된다. 이러한 충동과 감정을 조절하는 능력을 아직 얻지 못한 우리 중딩들은 마치 술과 약물에 반응하듯 이 즐거움에 홀리게 된다. 그것이 운동이거나 음악 활동 같은 것이었으면 좋겠지만, 유감스럽게도 현실은 게임, SNS, 밤늦게 돌아다니기, 아이돌 좋아하기 등인 경우가 훨씬 많다. 이런 활동 자체가 더 많은 쾌감을 주기 때문이기도 하거니와 또래 친구와 함께 한다는 점이 그 즐거움을 증폭시키기 때문이다. 이런 시기에 운동에 재미를 붙이는 '건전한' 중딩들은 틀림없이 운동을 같이 하는 절친이 있는 경우가 많다. 초딩 때보다 중딩 때 친구나 환경의 영향을 더 많이 받는다.

그렇게 친구들을 좋아하고 친구들과 동질감을 느끼고 싶어 하면서도 아이들은 자신이 '특별한 존재'라는 생각을 가지고 있다. 부모 입장에서는 그렇게 재미있는 것만 쫓아다니다 보면 공부를 못하게 되고 좋은 직장이나 경제적 풍요도 얻지 못하게 된다는 정도의 인식이 있기를 바라지만, 유감스럽게도 중딩들은 그렇지 못한 편이다. 물어보면 다 안다고, 공부 못하면 좋은 대학 못 가고 돈 벌기도 어렵다고 판에 박힌 정답을 읊어 댄다. 하지만 행동은 전혀 다르게 한다. 그리고 다 안다면서 그렇게 사느냐는 지적에는 '발끈'하며 말한다.

"내가 다 알아서 한다고!"

초등학생 때는 자기의 능력에 대해서 자신감을 갖고 있어야 학습이나 발달에 필요한 동기 형성이 된다. 즉 '내가 괜찮은 사람이고, 능력이 있는 사람이다.'라고 생각해야 공부도 하려고 하고, 칭찬과 인정도 받으려고 하며, 어려운 것에도 도전하게 된다. 중학교 때는 자신에 대한 이런 믿음(자기효능감self efficacy*이라고 한다.)이 줄어드는 시기다. 하지만 여전히 자기가 '괜찮은 사람'이라는 생각은 유지하고 있다. '혹시 아닐지도 몰라.' 하는 의심이 점점 커지면서 말이다. 그래서 이 시기는 버티는 시기다. 자신감은 없어지지만 직면하기는 싫다. 지적받으면 아프다. 원래 어른들도 자아 존중감이 낮으면 다른 사람의 비판에 더 방어적이 되고 오히려 공격적이 된다. 필자가 만나 본 아이들은 지적에 민감하면 민감할수록, 마음속에서는 불안과 자신감 저하가 두드러지고 있었다.

그런데 여기에서 사춘기 아이들이 싫어하는 것이 무엇인지 그 단서를 얻을 수 있다. 과연 아이들이 싫어하는 것은 무엇일까?

∷ 중2가 싫어하는 것

아이들은 '자신이 못하는 것을 실감하는 것'을 싫어한다.

못하는 것이 있다는 것을 알게 되면 '노력하면 된다.'는 것이 어른들, 즉 부모들의 입장이다. 그러나 아이들은 (어른도 사실 마찬가지다.) 못하는 것을 억지로 했다가 안 되면 손해라고 생각한다. 시간도 손해고, 기분도

∗ 어떤 상황에서 자기 자신이 적절한 행동과 반응을 할 수 있다는 믿음.

나빠진다. 재미있는 것만 하기에도 모자란 시간인데 그것을 쪼개어 못하는 것을 했으니 결과가 없으면 손해라는 뜻이다. 또한 실패한다는 것을 자신의 능력이 없다는 것과 동의어로 생각해서 자신의 정체성, 구체적으로 자기효능감에 상처가 되니 불쾌해진다. 그래서 중2 전후의 아이들에게 '과정의 중요성'을 설득하는 것은 대단히 어렵다. 아이들의 뇌는 아직 먼 장래의 계획이나 추상적이고 고차원적 가치를 받아들일 만큼, 또 현재의 불쾌한 감정을 잘 다스릴 만큼 성숙하지 않았다.

아이들은 '다른 사람에게 무시당하는 것'을 싫어한다.

그러나 여기서 그 다른 사람이 부모인 경우는 아직 많지 않다. 부모로부터 독립하고 싶은 마음보다는 친구들과 동질감을 형성하고 싶은 마음이 더 큰 시기이기 때문이다. 다시 말해, 부모의 무시는 그리 큰 문제가 되지 않는다. 따라서 이 시기에 부모와 자녀 간의 충돌은 결정적이거나 큰 문제(학교를 안 가겠다든지, 공부 말고 다른 진로를 찾겠다든지)에서가 아니라 사소한 문제에서 발생하는 경우가 많다. 왜 방에 말도 없이 들어오느냐, 왜 친구들과 더 놀다가 오면 안 되느냐, 시금치를 꼭 먹어야 하느냐, 가방에 책을 넣어 다닐 필요가 있느냐 등등 이런 사소한(아이에게만, 부모에게는 매우 중요한) 문제들인 경우가 대부분이다.

그런데 부모와의 관계에서 보이는 '분노'와 달리, 친구들에게 무시당하고 싶지 않다는 생각은 거의 '공포'에 가까운 감정이다. 청소년기, 특히 초기 청소년기인 중2병 시기를 이해하는 데 이 사실은 매우 중요하다. 여러 부분에서 이 감정이 강력하게 작용하고 있기 때문이다. 얼마 전 '등골 브레이커'로 불릴 정도로 남자아이들 사이에서 유행했던 패딩 점퍼의 경우에서도 우리는 중딩 아이들이 친구들로부터 무시당하는 것을 얼마나 싫어하는지를 알 수 있었다. 물론 우리 사회의 부작용이기도 하고, 아이의 행동을 그저 두둔할 수만은 없는 일이지만 왜 그토록 그 패딩 점퍼에 열광하며 매달리는지를 헤아릴 필요가 있다. 아이들이 '다른 아이들처럼 보이고 싶다.'고 생각하는 이유를 이해하는 것이 중요하기 때문이다. 그래야 패딩 점퍼 문제뿐만 아니라 사춘기 아이들이 보이는 여러 가지 행동들의 의미를 파악할 수 있다. 아이들에게 또래 친구와 다르다는 것은 자신에게 무언가 문제가 있다는, 즉 열등하다는 뜻이며, 이 친구들로부터 배제될 수 있다는 위협이기도 하다. 이것은 생존의 문제처럼 여겨질 정도로 절박하다. 우리는 이 절박감을 헤아려야 한다.

마지막으로 '착한 아이가 되는 것'을 싫어한다.

독립성이 강해지는 시기이기 때문이다. 초딩 때에는 TV 보며 놀고 싶은 것을 참고, 게임도 덜 하고, 공부하고 숙제만 잘하면 얻을 수 있는 것이 있었다. 부모의 인정, 그리고 인정의 결과로 얻게 되는 보상이 좋았다. 칭찬, 용돈, 놀이동산, 맛있는 외식, 게임이나 TV 시청 시간 등등. 그런데 중학생이 되고 보니 부모의 칭찬은 시들하고, 용돈은 어차피 부족하고, 놀이동산은 친구들과 가야 제맛이다. 외식도 친구들과 먹는 떡볶이나 분식이면 된다. 게임이나 인터넷은 엄마 아빠 몰래 할 수 있는 능력(?)이 생

졌다. 이제는 부모로부터 얻을 것이 많이 줄었다. 대신 부모가 금지하고 있던 것들을 하고 싶은 마음은 더 커졌다. 왜냐하면 알고 보니 세상에는 재미있고 즐거운 일이 많았던 것이다. 여기에 독립적으로 자기 마음대로 해 보고 싶은 생각이 들다 보니 어렸을 때의 '착한 아이'라는 것은 '시시한 아이'라는 말과 같은 뜻이 되어 버렸다. 일부러 삐뚤어져서 부모를 속상하게 만들지는 않더라도 초등학생 때처럼 그런 착한 아이가 되고 싶은 마음은 이제 없다. 그러니 부모들도 예전과는 다른 당근(보상)을 가지고 아이들을 대해야 한다. 예전에 좋아하던 것을 좋아하지 않게 되었다고 서운해하거나 노여워할 이유는 없다.

1교시 연습 문제

1. PC방부터 스마트폰까지
■ 다음 상황에 알맞은 답을 고르시오.

> 올해 들어 시완이가 학교에서 돌아오는 시간이 점점 늦어지고 있다. 시완이의 부모는 시완이가 친구들과 어울려 PC방에 다니는 것 같다고 생각한다. 시완이의 부모가 어떤 반응을 보여야 할까?

① PC방도 안 가면 요즘 아이가 아니다. 언제든 마음껏 갈 수 있게 한다.
② 일정 정도의 PC방 출입은 허락해야 한다. 단, 한 번에 30분이 딱 적당하다.
③ 가끔 아이와 PC방에 함께 가서 공감대를 형성한다. 그리고 PC방에 대해 이야기해 본다.
④ PC방은 악의 소굴이다. 절대로 출입하지 못하게 엄포를 놓는다.

2. 엄마 아빠보다 중요한 친구와 아이돌
■ 다음 빈칸에 알맞은 단어를 고르시오.

> 수지 아빠는 청천벽력 같은 소식을 들었다. 아직 어리기만 한 줄 알았던 수지에게 남자 친구가 있다는 말이었다.
> "남자 친구라니, 어느 녀석이야! 당장 쫓아가서 혼쭐을……!"
> 흥분한 수지 아빠를 말리며 수지 엄마는 이렇게 말했다.
> "여보, 그렇게 반응하면 안 돼요. 이성 친구가 생긴 것을 알게 되었을 때 개방적으로 ( ) 해 주는 모습을 보이는 것이 중요하다고요."

① 인정　　　　　　　② 협박
③ 현실 부정　　　　　④ 호적을 정리

3. 중2가 원하는 것, 싫어하는 것

■ 다음을 읽고 아래 내용이 반영된 적절한 예를 찾으시오.

<mark>부모와의 관계에서 보이는 '분노'와 달리, 친구들에게 무시당하고 싶지 않다는 생각은 거의 '공포'에 가까운 감정이다. 청소년기, 특히 초기 청소년기인 중2병 시기를 이해하는 데 이 사실은 매우 중요하다.</mark>

① 형식이는 요즘 무엇이든지 '내 마음대로', '재미있는 것만' 하고 싶어 한다.
② 동준이는 중학생이 되고 보니 부모님의 칭찬이 시들하게 들린다.
③ 경수는 엄마가 생활 태도를 지적하면 "내가 다 알아서 한다고!"라며 발끈한다.
④ 찬열이는 얼마 전에 '등골 브레이커'로 불린 겨울 외투를 고집부려 사기도 했다.

정답: 1문-③ | 2문-① | 3문-④

2교시

방황하는 중딩, 당황하는 부모 Ⅰ

'그냥.' '몰라.' '친구랑 할 거야.' '알아서 할게.' 중2병의 시기가 오면 아이들은 이런 말을 입에 달고 산다. 밖에서는 재잘거리다가도 집에만 오면 침묵하고, 게임과 친구에 빠져 헤어 나오지 못한다. 대화 좀 하자고 해 봤지만 오늘도 아이는 묵언 수행 중이다.

2교시

1
밖으로 도는 중딩, 집에만 있는 중딩

:: **밖으로 도는 중딩**

중2 남학생 우선이. 우선이 엄마는 아이가 하교할 시간이 되면 늘 조마조마하다. 아들이 과연 집으로 곱게 들어올까 하는 걱정 때문이다. 중학교 들어서면서 우선이는 학교에서 집으로 곧장 오는 일이 없이 늘 어디선가 놀다 들어왔다. 처음에는 친구들과 모여서 스마트폰 게임을 하느라고 늦었는데, 점차 PC방에 들러서 3시간도 넘게 놀다 오고, 그러다가 연락도 없이 밤을 새고 집에 들어오지 않는 일이 자주 생겼다. 찾고 보면 건물 구석이나 지하철역 근처에서 자고 있었다.

어려서는 잠시도 엄마를 떠나지 않으려고 하던 아이가 점차 혼자서 시간을 보내거나 친구들과 지내려고 하더니 이제는 집에 있는 시간이 점점 짧아진다. 이는 정상적인 과정이다. 그러나 우선이처럼 집에 있지 않기 위해 기를 쓰는 듯이 보이는 중딩들이 꽤 있다. 청소년들을 상담할 때 개인적으로 예후(?)를 짐작하는 기준 중의 하나가 외박이다. 지지고 볶고 하더라도 집안에서 그 일들이 일어나면 그나마 나은데 집 밖으로 돌기 시작하는 아이를 되돌리기는 참 어려운 것 같다.

사실 밖으로 도는 중학교 아이들의 90%는 그다지 큰 비행을 저지르지 않는다. 나이가 많은 형이나 언니들하고 어울리지 않는 한 술을 마시기도 쉽지 않으며, 성적인 행동들도 그렇게 심각한 수준까지 가는 경우는 많지 않다. 밖에서 자고 들어와도 친구 집이나 PC방에 있었던 것이 대부분이고 특별한 문제를 일으키고 다니지도 않는다. 그렇지만 고등학생이 되어서도 계속 같은 생활 패턴을 지속할 가능성이 있다는 것이 문제다.

왜 밖으로 돌게 되는 것일까?

중딩들이 집보다 밖을 좋아하는 첫 번째 이유는 '재미'있기 때문이다. 논리를 담당하는 전두엽보다는 감정을 담당하는 편도체의 영향 아래 있는 우리 중딩들은 재미있는 일을 하고 싶은 마음을 이기기가 어렵다. 그래서 해야 할 일보다 하고 싶은 일을 먼저 한다.

두 번째 이유는 '인정'을 받을 수 있기 때문이다. 친구들 사이에 자신이 속해 있고 받아들여지고 있다는 것을 확인하는 것이 일단 중요하다. 거기에 자신의 존재감을 뽐낼 수 있으면 더욱 좋다.

세 번째 이유는 집안에서의 '결핍'이다. 앞의 두 가지 이유 때문에 안 그래도 밖이 좋은데 여기에 부모님의 비난이 더해지거나 부모가 자신을 인정하지 않는다고 느끼게 되면 (사춘기 아이들은 부모의 조그마한 비난이나 지적도 이렇게 느껴 버리는 경향이 강하다!) 밖에서 받는 '인정'이 더욱 절실해진다.

아이들이 처음 집 밖으로 돌게 되는 계기는 대부분이 게임과 PC방이다. 함께 농구를 하다가도, 분식집에서 군것질을 하다가도 마치 어른들이 '한잔할까?' 하듯 PC방으로 가는 일이 많다. 그러나 이런 경험은 우리나라 청소년의 대다수가 하는 것이므로 이것만으로 밖으로 돌기 시작한다고 할 수는 없다.

상담해 보면 여기에 '인정 욕구'와 그에 대한 '결핍'이 공존하고 있는 경우가 대부분이다. 우선이의 경우는 초등학교 때, 엄마가 주변에서 인정하는 '헬리콥터맘*'이었다. 아이의 스케줄을 완전히 장악하고 관리하며 분 단위의 시간 계획하에 아이가 움직이도록 했다. 매우 논리적인 엄마여서 우선이 입장에서는 말로 당할 도리가 없었다. 그래서 시키는 대로 할 수밖에 없었다고 한다. 머리는 우수했기 때문에 성적은 나쁘지 않았지만 마지못해 공부하고 열의를 보이지 않는 것이 불만이었던 엄마는

---

* 자녀의 주위를 헬리콥터처럼 맴도는 부모의 모습을 빗대어 일컫는 말.

그런 면을 계속 지적하며 아이를 비난해 왔다. (이게 정말 어렵다. 부모의 지적이 사춘기 아이에게는 비난이 된다.)

다시 우선이의 이야기로 돌아가 보자.

그러다 중학생이 된 어느 날 우선이는 학교 끝나고 집에 가는 것이 너무 싫더라고 했다. 이대로 가면 또 학원에 가야 하고, 잔소리를 들어야 하고. 그래서 '에라, 모르겠다.'라는 심정으로 친구들과 놀이터에서 스마트폰 게임을 하고 놀다가 PC방을 가게 되었다. 저녁이 훨씬 넘어서 집 앞에 온 우선이는 차마 벨을 누를 용기가 나지 않았다. 그래서 그길로 다시 PC방에 되돌아가 더 늦게까지 놀다 친구 집에 가서 잤다고 했다. 그 후로 종종 비슷한 일들이 반복되기 시작했다.

이런 경우에 상황이 어려워지는 이유는 밖에서 자고 집에 들어오지 않는 일이 반복되기 때문이다. 그래서 기본적으로는 이러한 상황이 거듭되지 않도록 하는 강력한 억제가 필요하다. 강력한 억제란 표면적으로는 권익^{privilege}을 제한하는 것이다. 그리고 그것을 유지할 수 있는 부모의 권위가 있어야 한다. 사회의 사법 체계처럼 가두어 두고 벌을 주는 것이 아닌 만큼 아이가 스스로 납득할 수 있는 수준의 제한이어야 한다. 스마트폰의 사용, 컴퓨터의 사용, TV 시청, 친구들과의 외출 등을 제한하는 방법이 이에 속한다. 그러나 애초에 이것들을 하고 싶어서 밖으로 돌게 된 경우가 많아 아이의 반발을 불러오게 된다. 그래

서 적절한 기간, 적절한 조치가 중요하다.

이때 필요한 것이 부모의 협력이다. 특히 아빠의 역할이 중요하다. 대부분의 경우 엄마는 권위를 이미 잃은 시기지만 아빠의 권위는 남아 있기 때문이다. 그러나 너무 과한 벌을 주게 되면 그 권위에 마저 반발할 수 있으므로 부모가 먼저 상의하여 적당한 선을 정해야 한다. 실제로 상담을 하다 보면 이혼을 하고 엄마 혼자 아이를 키우는 가정에서 이런 문제가 발생하는 것을 보게 될 때가 있다. 그때 전남편과 아이 문제에 대해 의논이 가능하고 협력이 가능한 경우 훨씬 잘 해결된다. 우선이 아빠의 경우 평소에 아내의 양육 방식에 불만이 많았다. 그래서 처음 한동안은 매우 방관자적인 입장을 보였다. 이는 우선이의 행동이 더 심해지는 데 영향을 주었다. 방관하는 동안, 아이에게 다가가려는 노력을 하지 않았기 때문이다.

이렇게 틀을 유지하려는 시도가 성공하려면 집 밖으로 아이를 내모는 요소들이 집안에서 사라져야 한다. 부정적 요소란 부모와 자녀의 관계에서 발생하는 것이므로 결국 부모와 자녀 관계가 호전되는 것에 집중해야 한다. 만일 아이가 학업에 대한 부담을 많이 느끼고 있었다면 이를 과감히 없애 주어야 한다. 특목고[특수목적고등학교]나 자사고[자립형사립고등학교]에 가는 것만이 명문대에 가는 길도 아닐뿐더러 명문대에 진학한다고 모든 것이 무조건 해결되던 시대는 이미 지나갔다. 부모와 소통에 문제가 있고 서로 사이가 나빴다면 이를 좋게 만들기 위한 다양한 노력을 해야 한다. 기본은 서로 함께하는 시간을 늘려 나가는 것이다.

우선이네도 그런 노력을 기울이고 있다. 주말에 아빠와 아들이 기차 여행을 다녀오기도 했고, 엄마도 우선이와 대화하는 방법을 개선하려 많이 애쓰고 있다. 당장 모든 습관을 버리지 못한 우선이지만, 스스로도 노력하며 서서히 집안에서 지내기 시작했다.

:: **집에만 있는 중딩**

중3 때 만난 소윤이는 친구들을 만나 사귀는 것이 유난히 힘들었던 아이다. 해마다 3월이 되면 머릿속은 온통 새로운 친구를 사귀어 같이 점심 먹으러 갈 그룹에 끼는 것들로 가득 찼다. 그래서 공부도 뒷전이 되고 그러다 보니 성적도 조금씩 처지기 시작했다.

하지만 문제는 그렇게 어렵게 사귄 친구들하고 한 학기를 마칠 때쯤이 되면 다 멀어져 버린다는 것이었다. 처음에는 같이 잘 지내던 친구들이 자꾸 자기를 따돌리고 멀리한다고 했다. 그렇게 몇 해를 상처 받은 소윤이는 결국 친구 사귀기를 포기하고 학교 가기도 거부해 버렸다.

밖으로 도는 학생도 문제지만 집안에만 있으려고 하는 아이도 답답하기는 매한가지다. 집안에만 있으려는 아이들의 유형은 크게 세 가지로 나누어 볼 수 있다.

첫 번째, 외부에 관심이 없는 은둔형이다.

일본에서는 '히키코모리^{ひきこもり, 은둔형 외톨이}'라는 말로 소개되기도 하는데, 외부나 다른 사람에 관심이 없고 혼자만의 세계에 머무르는 것을 좋아하는 유형이다. 분열형 인격장애 환자도 이런 모습을 보이는 경우가 있으나 대개는 18세 정도에 발병하므로 청소년기, 특히 초기 청소년기에는 이런 모습을 잘 보이지 않는다. 이런 경우라면 장기적인 심리치료가 필요하며 치료의 과정도 매우 어렵다.

두 번째, 주위 사람들에게 받은 상처와 분노가 큰 경우다.

이런 아이들은 자기가 부당한 대우를 받고 있다고 생각하며 이에 대한 복수나 화려한 부활을 꿈꾸지만 현실이 따라와 주지 않아 혼자 지낸다. 복수나 복귀를 시도했다가 실패했거나, 그런 실패가 두려워 혼자서만 분을 삼키는 경우다. 왕따나 집단 괴롭힘으로 인해 상처를 받은 아이들에게 이러한 일이 많다. 그러므로 아이의 억울함을 부모가 이해해 주는 것이 중요한 열쇠가 된다. 그런데 이런 유형의 친구들은 친구를 사귀는 방법 자체에도 서툰 경우가 많다. 그래서 가능하다면 주변의 친구나 선배가 멘토처럼 챙겨 다니면서 사회성을 보고 배울 수 있는 기회를 주는 것이 좋다.

세 번째 유형은 두려움 때문에 피하고 있는 경우다.

이런 아이들은 대개 다른 사람들이 자기에 대해서 부정적으로 생각할 것이라고 지레짐작한다. 그래서 용기가 나지 않아 자기 방에 틀어박혀 있는 경우가 많다. 혼자 있지만 정말 혼자 있고 싶지 않아하는 유형이다. 이러한 성향의 뿌리를 찾아가 보면, 만 3세 무렵까지 부모와의 애착 형성* 과정이 불안정했던 경우가 많다. 그래서 겉으로는 별로 심한 문제가 없어 금방 나아지리라 생각되지만, 예상 외로 변화시키기 매우 어려운 유형이다. 다른 사람의 의도를 부정적으로 해석하는 성향 때문에 아이가 속한 학교의 친구나 선생님으로부터 좋은 인상을 얻기 어려워진다는 연구 결과도 있다. 마음속에 두려움이 있는 데다가 실제로 주변에서도 호의적이지 않은 경우가 많다. 따라서 전문가의 도움을 받는 것이 필요하다.

소윤이의 경우 음주와 폭력을 일삼는 아빠에 대한 분노, 어려서부터 충분한 애착이 형성되지 않은 엄마와의 관계 등이 원인이었다. 이로 인해 소윤이는 자신을 사랑하지 않게 되었고 자신감이 부족하며 콤플렉스가 지나치게 많은 아이로 성장한 것이다. 1년 넘게 상담을 하면서 소윤이는 이제 학교를 거부하지 않고 다니게 되었다. 아쉽게도 자신감을 회복해 용기를 내서 친구를 믿는 정도에는 다다르지 못했는데, 앞으로도 꾸준한 치료가 필요할 것이다.

---

* 양육자(주로 엄마)와 아이가 정서적 유대감을 형성하는 것을 애착 형성이라고 한다.

2
대화를 거부하는 중딩, 게임에 빠진 중딩

:: 대화를 거부하는 중딩

　중3 영석이는 부모와 이야기를 거의 하지 않으려고 한다. 사회적 덕망이 높은 법조인인 영석이의 부모님은 영석이가 말썽을 피우는 것은 아니지만 피상적 수준 이외의 대화를 거의 피한다며 걱정했다. 부모는 아이가 너무 의욕이 없어 보여 타일러도 보고 다그쳐도 보았지만 도무지 그 속을 알 수 없어 더욱 답답하다고 했다. 영석이를 만나서 이야기를 들어 보니 '부모님이 너무 기득권을 중요시하고 타인의 삶이나 배려에 대해 무관심한 것에 실망했다. 부모와 나는 다른 사람이라고 생각하고 나니 별로 말할 것도 없고 말하고 싶지도 않다.'고 했다.

중2병의 시기가 오면 아이에게 가장 많이 듣게 되는 3종 세트가 있다. '그냥.' '몰라.' '내가 알아서 할게.' 교실이나 학교 앞을 지날 때 남녀를 불문하고 뭐라고 끊임없이 떠들고 이야기를 주고받는 아이들의 모습을 더 이상 집에서는 볼 수 없다. 그나마 아이들과 대화를 나눌 때에도 어딘가 마음 한편이 개운하지 않다는 느낌을 받게 된다. 사춘기 아이와의 대화 단절은 절대량 부족이 아니라 질적 빈곤으로 더 많이 나타난다.

영석이도 학교에 가거나 집에 돌아왔을 때의 인사, 묻는 말에 대한 답은 잘했다. 그렇지만 학교에서의 친구 관계나 공부, 성적, 진로 등에 대한 이야기만 나오면 입을 다물어 버리고 말았다.

이렇게 입을 다물어 버리는 아이들의 공통적인 심리는 '엄마 아빠는 내 마음을 모른다.'는 것이다. 자신에게 간섭을 많이 하는 게 싫어지면 싫어질수록 아이들은 좀 더 의도적으로 자신의 상황이나 생각을 숨긴다. 때로는 거짓말도 하게 된다. 실제로 간섭이 있지는 않더라도 혹시 간섭할까 지레 말을 하지 않기도 한다. 간섭을 하지 않는 부모라 할지라도, 우리는 자기 마음을 몰라주는 사람에게는 별로 말을 하고 싶지 않다. 말을 해 봤자 좋을 것이 없기 때문이다. 생기는 것은 없고 위험하기만 한 일, 그게 부모와의 대화다. 따라서 우리 중딩들에게 부모와의 대화는 줄일수록 득이다. 게다가 이 상황을 부모가 괴로워한다면 그것은 은연중에 복수가 되기도 한다.

재잘거리던 아이는 어디로 갔나?

 아이가 왜 이렇게 변하는 것일까? 우리가 그토록 나쁜 부모였던 것일까? 한 가지 분명한 것이 있다. 부모는 아이에게 스스로 생각하는 것보다 훨씬 더 많은 상처를 준다. 가장 흔한 것이 '거부'다. 어렸을 때 옆에 붙어서 계속 이야기하고 싶어 하던 아이를 시간이 없다고, 바쁘다고 밀쳐 낸 적은 없는지 돌아보자. 아이가 간절히 원하던 요청을 단칼에 잘라 버리거나 오히려 꾸중한 적은 없는지 생각해 보자. 이런 순간들이 쌓이면 부모에 대한 실망감이 더해져 아이가 자란 후에도 부모는 그저 '내 마음을 몰라주는 사람'으로 인식되기 쉽다. 정말 순식간에 생기는 일인 데다가 자꾸 반복되면서도 겉으로는 보이지 않는 일이라 부모들이 이를 피해 가기가 무척 힘들다. 따라서 아이가 유아기나 초등학생일 때부터 자꾸 조심하며 노력해야 할 부분이다. 그래도 나타나기 십상인 현상이니, 아이가 부모를 믿지 못하고, 부모가 자신을 이해하지 못한다고 생각하더라도 너무 서운해하지는 말자. 아이가 부모의 실수를 견뎌야 했듯, 우리도 아이의 변심을 어느 정도는 견뎌 주어야 한다.

 이런 상황에서 자신감이 떨어져 있거나 부모가 자신을 믿고 인정하지 않는다고 생각하는 아이들은 더욱 말을 하려고 하지 않는다. 자기에게 묻는 말이나 궁금해하는 것이 자신의 잘못을 드러내는 것만 같은 느낌이 들면 더 움츠러들고 감추고 싶어진다. 마음 한구석에서는 이런 식으로라도 부모에게 영향을 주는 것에 대한 만족감이 자리 잡고 있을 수도 있다. 방금 말한 수동-공격적 욕구 충족* 은 부모와 아이의 관계가 악화

된 상태일수록 강력하고 뚜렷하게 작용한다. 서로 날 선 말로 상처를 주기도 하지만, 대화를 단절하고 투명 인간처럼 취급하거나 냉랭하게 대하는 것 역시 공격의 한 종류다.

아이가 자기를 몰라준다고 생각하는 또 다른 이유는 아이가 부모를 자신의 관점에서 보기 때문이다. 청소년기 아이들은 다른 사람의 감정이 자신의 감정과 같을 것이라고 생각하는 무의식적 실수를 여전히 하고 있다. 그래서 자기에게 재미있는 것을 부모가 재미없어 하는 것, 자기가 예쁘다고 생각하는 것을 부모가 그렇게 보지 않는 것, 자기보다 부모가 외모에 관심이 적은 것을 이해하지 못한다. 다르다는 것을 존중하는 게 아니고 '엄마 아빠는 원래 그래.'라고 생각해 버린다. 이상하다고 생각하는 것이다. 그러니 엄마 아빠는 이해할 수 없는 사람, 재미없는 사람이 되어 버린다.

그렇다면 아이와의 대화를 복구하는 방법은 무엇일까?

그것은 역설적으로 대화에 매달리지 않는 것이다. 앞서 부모와의 대화가 적어지는 이유를 정리해 보면 재미가 없어서, 비난받을 위험이 커서, 복수(?)를 하고 싶어서라고 할 수 있다. 어느 경우라고 하더라도 부모가 대화를 하고 싶어서 안달한다고 상황이 달라질 것은 없다. 오히려 더 나빠질 가능성이 크다.

---

* 겉으로는 순응적이지만 실제로는 반대되는 행동을 하여 공격적 욕구를 충족하는 방어기제를 말한다. 방 청소를 하라는 말에 "네." 하고 대답하면서 청소를 제대로 하지 않는 경우를 예로 들 수 있다.

스스로에게 질문해 보자. '나는 왜 아이와 대화하려고 하는가?'

가장 흔한 첫 번째 이유는 '알고 싶어서'다. 이것을 자녀에 대한 관심으로 포장하는 것은 좀 곤란하다. 우리가 알고 싶은 것은 '정보'다. 아이가 무엇을 하고 지내는지, 혹시 하지 말아야 할 것을 하고 있지는 않은지에 대한 것이다. 필자에게 상담을 의뢰한 부모들 중 아이와의 상담 내용이 부모에게 공개되지 않는 것에 대해서 불만을 표시하는 경우가 있다. 이런 부모들의 마음은 아이에 대해서 알고 싶은 것이지 이해하고 싶은 것이 아니다. 아이에 대한 믿음이 작을수록 이런 경향은 더 강해진다. 필자도 아이에 대해 의심이 생기거나 믿음이 가지 않을 때 더욱더 아이의 생활이 궁금해진다. 아이들이 이런 사정을 안다면 오히려 우리를 안심시키기 위해서 먼저 대화하자고 할지도 모를 일이다.

두 번째 이유는 '조종하고 싶어서'다. 결론은 정해 놓고 그 방향으로 몰고 가기 위한, 또는 특정 이야기를 하기 위한 수단으로 대화를 활용하려고 하는 경우다. 이 부분도 피해 가기가 상당히 어렵다. 특히 합리적이고 민주적인 부모가 되고자 하는 부모일수록 더 어렵다. 공부를 더 열심히 하라는 이야기, 놀지 말라는 이야기, 학원을 다른 곳(부모 마음에 드는 곳)으로 옮기자는 이야기와 같이 결론이 뻔한 이야기를 위한 대화가 아니었는지 생각해 볼 필요가 있다.

세 번째는 '내가 원해서'다. 배우자에게 속상하거나 회사에서 속상한 일이 있을 때, 적적하거나 외로운 기분이 들 때, 어떤 상황이든 부모가 필요해서 다가가는 것이다. 이는 비교적 순수한 의도인 것은 맞으나 종종 '타이밍'의 문제를 불러온다. 아이는 지금 이야기하고 싶지 않거나, 부모의 마음에는 관심이 없는 상황일 수도 있다.

거꾸로 생각해 보자. '나는 언제 대화를 하고 싶은가?'

첫 번째, 필요한 게 있을 때다. 일반적으로 대부분의 대화는 필요한 정보를 얻거나 도움을 청할 때 이루어진다. 부부와 가족끼리는 꼭 그렇지는 않지만 역시 필요한 것이 있어서 대화를 하게 되는 경우도 많다. 청소년기 아이에게 필요한 것이란 용돈일 수도 있고, 시간일 수도 있고, 정보일 수도 있다.

두 번째, 공유하고 싶을 때다. 자랑이 되었든, 좌절이 되었든 우리는 무언가를 공유하고 싶을 때 대화를 시도한다. 여기서 무언가는 '감정들'이다. 부부 간의 시시콜콜한 이야기들, 친구들 간의 시시껄렁한 이야기들도 그 내용보다는 그렇게 하는 동안 '공유'를 한다는 것이 더 중요하다. 요즘 아이들은 (어른들도 마찬가지지만) 이 공유를 SNS를 통해 훨씬 더 자주, 더 수월하게 하고 있다.

세 번째, 재미를 위해서다. 감정적 공유가 일어날 때에도 재미있는 대화가 일어나겠지만 그냥 소소한 이야기나 관심사에 대한 이야기 자체가 재미를 주기 때문이기도 하다.

그렇다면, 올바른 대화는 무엇일까?

이제, 대화의 원칙이 눈에 들어올 것 같다. 대원칙은 대화하려고 애쓰지 말자는 것이다. 독립심도 커지고, 자기주장도 강해진 데다가 감정적으로도 불안정한 아이와 대화를 하려고 애쓰는 것 자체가 그려 놓은 그림에 덧칠하는 일일 때가 많다. 대신 다음의 경우에만 대화를 하려고 하자.

첫째, '필요한 것'을 주는 대화를 하자. '필요한 때'에 하는 것도 중요하다. 아이가 원하는 게 있을 때, 원하는 타이밍에, 원하는 이야기를 해 주는 것이 좋다. 부모가 필요할 때가 아니라 아이가 필요할 때까지는 내버려 두는 것이 좋다. 아이가 필요한 것이 많아지게 하기 위해서는 아이가 스스로 결정할 수 있는 것도 많은 것이 좋다. 모든 것을 부모가 결정하면서 대화도 많이 하자고 요구하지는 말자.

둘째, 재미있는 대화는 재미있는 대화로 끝내자. 아이가 연예인 이야기나 친구 이야기를 할 때, 어느 순간 그 이야기의 교훈을 꺼내 들어 이야기하고 있는 자신을 발견한 적이 있을 것이다. 사석에서 이런 친구가 있다면 그 친구는 여지없이 왕따다.

셋째, 감정 공유를 먼저 하자. 아이가 말도 안 되는 소망을 이야기하면 한심해 보이고 철없어 보여 답답하게 느껴지기까지 한다. '언제 정신 차릴래?'라고 말하고 싶은 생각이 목젖까지 차오른다. 그러나 이때, 아이의 느낌과 감정에 먼저 초점을 맞추어 주는 것이 좋다. 아이가 이성 친구와 멀리 놀러 가고 싶다고 할 때, 그래도 일단 되는 쪽으로 생각해 보고, 그 다음에 현실적인 어려움들을 이야기하는 것이 더 좋은 접근이다. 믿을 수 있을지 모르겠지만, 이럴 때 아이에게는 고마움이 남는다.

부모에게 가장 좋은 대화 상대는 부부이다. 대화할 상대가 필요하다면 부부끼리 나누는 것이 옳다. 사춘기에 들어간 아이들에게는 아이가 좋아하는 내용을 좋아하는 때에 즐겁게 이야기할 수 있는 권리를 주자. 그렇게 생각하다 보면 오히려 대화의 질이 향상될 것이다.

:: **게임에 빠진 중딩**

초등학교 때까지는 말 잘 듣는 모범생이었던 남학생 규원이. 규원이는 학교에서 유명할 만큼 착실하게 공부도 잘하던 학생이었다. 그러다 6학년 때 처음 PC방에 가 보고 게임에 빠지더니 밤에 몰래 나가서 PC방에 다니기 시작했다. 공부를 해 보려고 마음을 먹었다가도 게임하고 싶다는 생각을 이기지 못하고 밖으로 나간다. 정신을 차려 보면 후회도 하지만 한번 하고 싶은 생각이 들면 머릿속이 게임 생각으로만 가득 찬다고 한다.

닭이 먼저인지 달걀이 먼저인지 알기 어려운 경우가 많지만, 부모와 멀어지는 것과 친구나 게임과 가까워지는 것은 거의 동시에 일어난다. 둘 중에 한 가지가 심해지면 나머지도 같이 심해진다.

규원이의 경우는 이 과정에 엄마 아빠와의 관계가 영향을 주고 있었다. 규원이 엄마는 완벽주의적인 경향이 강해서 아이의 생활 습관에 대한 높은 기준을 가지고 있었다. 초등학교 때는 그럭저럭 따라 주던 아이가 중학교 가면서 이 기준에 벗어나는 행동을 하기 시작했다. 그러자 엄마는 공부는 공부대로 잡으면서 생활 습관과 자기 관리 능력까지 커버해 주려고 했고 부딪히는 일만 더 많아졌다. 엄마의 기준이나 근거는 일관성도 있고 타당한 것이었다. 그 점은 규원이도 인정했는데, 다만 엄마의 표현이 너무 강해서 마음에 상처가 되는 것으로 보였다. 그러다 보니 엄마와의 사이가 점점 멀어지게 된 것이다.

규원이는 사실 엄마로부터 많은 관심과 인정을 받기 원하는 친구였다. 갈등이 없을 때면 엄마에게 가서 스킨십도 하고, 때론 응석도 부리는 귀여운 철부지 아들의 모습을 그대로 가지고 있었다. 엄마의 요구가 이치에 맞다고 생각해서 뭐라고 대놓고 말하지는 못했다. 그러면서도 따라하기는 싫어 마지못해 매사에 수동적으로 임했다. 이런 규원이가 엄마를 더욱 실망시키는 악순환이 계속되었다.

게다가 유감스럽게도 규원이는 아빠와의 사이에서 약간의 경쟁심을 느끼고 있었다. 이는 초기 청소년기에 해당하는 중2병 시기에 나타나서 청소년기를 마치기 전에 다시 한번 등장하는 아들들의 성향이다. 아빠에게 자신의 부족한 점을 들키기 싫고 의논하기는 더욱 싫다. 고등학교 시기에 나타나는 전형적 사춘기와는 차이가 있는데, 자신이 아직 아빠에게 밀린다는 것을 인지하기 때문에 갈등이 생겼을 때 맞서거나 논쟁하기보다 피하려는 경향이 좀 더 자주 나타난다. 아직은 아빠가 무섭기 때문이라고 할 수도 있다.

이런 경우에 아이가 가장 먼저 찾게 되는 것은 친구다. 소속감은 어른에게든 아이에게든 매우 중요하지만, 특히 사춘기 아이들에게는 세상에서 살아남느냐 그렇지 못하느냐 만큼 중요한 문제다. 그래서 부모로부터 멀어지게 되면 더욱 친구를 찾게 된다. 이 친구들을 가장 쉽게 만날 수 있는 공간이 사이버공간이기 때문에 PC방에 가게 되는 것이다.

규원이의 문제를 해결하기 위해 우선은 엄마에게 강한 표현부터 줄일 것을 권유했다. 규원이가 여전히 엄마를 좋아하고 엄마의 인정을 받고 싶어 한다는 점도 설명했다. 그리고 엄마의 의견이 합당한 부분에 대해서는 인정하고 지지해 주었다. 더불어 부모와 멀어지면 친구와 가까워지는 현상에 대해서도 이야기를 나누었다. 규원이의 엄마는 확실히 노력하기 시작했다. 그런 면을 규원이도 확연히 느끼게 되었고, 엄마의 요구를 받아들여서 행동을 바꾸려고 애쓰기 시작했다. 이런 모습을 보이자 엄마도 조금씩 규원이의 진심을 믿기 시작했다.

하지만 PC방에 가는 것에 대한 충동은 여전히 억제할 수 없었다. 가끔은 밤에 PC방에 다녀오기도 하고 학원에서 돌아오는 길에 옆길로 새서 한참 동안 게임을 하다 들어오기도 했다. 그러나 이 문제를 해결하려는 가족의 태도는 확실히 달라졌다. 규원이는 자기가 스스로 통제할 힘이 없다는 점을 인정했고, 엄마도 (규원이를 비난하는 것이 아니라) 같이 해결책을 찾는 쪽으로 대화의 방향을 바꾸어 나가고 있다.

중2 때 겪는 모든 문제를 해결하는 것은 불가능할 수도 있다. 그러나 그 문제들을 대하는 가족의 접근법만은 분명히 달라질 수 있다. 서로 비난하는 것을 멈추고 새로운 방향의 해결 방식을 찾아 나선 규원이네 가족의 용기와 지혜는 큰 감동을 남겼다.

3
친구에 빠진 중딩, 친구와 싸우는 중딩

:: 친구에 빠진 중딩

승원이는 친구를 좋아하는 중2 남학생이다. 밖에서 친구를 만나기라도 하면 더 오래 있고 싶고 헤어지기 싫어 집에 데려오거나 친구 집에 가서 자려고 한다. 혹여 친구에 대해서 부정적인 이야기를 하면 맹렬히 반항한다. 공부든, 학원이든, 친구가 놀자고 하면 그것이 제일 우선이다.

친구에게 빠지는 것은 남학생이나 여학생이나 차이가 없다. 모여서 하는 활동들에 다소 차이가 있을 뿐이다. 이 시기에 친구가 중요해지는 것은 정상적 현상이고 어느 정도 필요한 것이기도 하다. 그렇다면, 왜 문제가 되는 것일까? 그 이유는 가정에서 자꾸 충돌이 일어나기 때문이다. 쉽게 말해서, 아이는 더 많이 놀고 싶어 하고, 부모는 (우리나라의 부모들은 특히) 가능하면 적게 놀게 하고 싶어 하기 때문이다.

아이가 원하는 대로 마음껏 친구들과 놀게 하면 어떨까? 필자는 그다지 옳다고 생각하지는 않는다. 실컷 놀만큼 놀면 만족할 것이라는 추측이 어른의 뇌에는 합당할 수 있다. 그러나 중딩 시기의 감정적 뇌는 쾌락을 추구하는 힘이 강하기 때문에 그 추측이 맞지 않는다. 그렇다고 자칫 지나치게 제한하다가는 실제적 교우 관계에서 문제가 생길 수도 있고 사회성이 발달할 기회도 빼앗는 결과가 된다. 승원이의 엄마도 처음에는 그렇게 생각하고 지켜보려 했다. 하지만 점점 도가 지나쳐 가자 제한을 시도하였고, 그 과정에서 아이와의 관계가 매우 악화되어 클리닉에 찾아온 것이었다.

이런 경우 일반적으로 아이의 친구 관계를 조정하는 원칙이 있다. 무엇이 중요한지에 대한 기준을 세우는 것이다. 학교 공부, 학원, 학원 숙제, 안전 문제 등은 지켜져야 한다. 이 원칙 자체에 반기를 드는 초기 청소년기의 아이들은 많지 않다. 승원이도 그랬다. 학교는 당연히 가야 하는 곳이고, 학원도 다니기로 약속했으니 빠지지 않는 것이 맞으며, 숙제도 원칙적으로 (너무 말도 안 되는 양만 아니라면) 해 가는 것이 맞다는 점에 수긍했다. 하지만 안전 문제에 대해서는 쉽게 동의하지 못했다.

"애들하고 여럿이 있는데, 위험하긴 뭐가 위험해요?"

이런 승원이의 반박에 (사실 그렇기는 하다. 근처의 어른들이 더 위험할 수도 있다. 하지만……) 이렇게 설득했다.

"네가 생각하는 것보다 밤늦은 시간은 여러 가지 위험을 품고 있단다. 뜻하지 않은 싸움에 휘말려서 1년을 소년원에 가게 된 친구도 있고, 친구들에게 등 떠밀려 자기도 모르게 나쁜 행동을 할 수도 있어. 이런 경우는 아무래도 부모님들이 훨씬 더 많이 알고 있다고 봐야 해. 부모로서 안전을 두고 너와 타협을 할 수는 없지 않겠니?"

이렇게 원칙이 정해지면 이 원칙을 지키지 못했을 때의 벌칙도 결정이 되어야 한다. 이 부분도 사실 어렵다. 벌칙이 너무 강하면 이 역시 지키지 못할 수 있고, 약하면 의미가 없기 때문이다. 승원이의 경우는 아빠가 계시지 않았다. 그래서 아주 강하게 하기는 어려웠고, 느리고 어려운 방법이지만 약한 벌칙을 정하고 이를 어겼을 때에도 잘 타이르는 정도에서 그쳐야 했다.

아이가 친구에 빠졌다고 생각하는 부모들이 공통적으로 하는 착각이 있다. '우리 아이는 착한데 주변에 나쁜 친구가 있어서…….'라는 것이다. 자기 자식이 예쁘지 않은 부모는 없다. 그러니 부모라면 이런 생각이 당연히 들 수밖에 없다. 게다가 우리 아이가 문제라고 해 버리면 이는 곧 부모인 자신이 문제라는 말과 동의어로 들린다. 그러나 사실, 아이의 입장에서 '친구를 의심하고 비난하는 것'은 '나를 의심하고 비난하는 것'과 같다. 또한 (아직 뇌의 성숙이 덜 이루어져서) 자기가 생각하는 것처럼 다른 사람도 생각할 것이라고 여기는 경향이 있기 때문에 부모의 지적이나 판단에 잘 동의하지도 않는다.

승원이는 '밤늦게 돌아다니는 친구들은 좋지 않은 친구들일 가능성이 높다.'는 엄마의 말에 강렬하게 저항했다. 생각해 보면 당연하다. 엄마는 친구와 아이를 구분해서 말한 것이지만, 아이가 듣기에는 친구와 자신을 싸잡아 비난하는 듯이 느껴졌을 것이기 때문이다. 그래서 그 비난을 무마하기 위해 '화'를 내고 입을 막는 것이다. 의도가 입을 막기 위함이므로 논리적 설득이 먹히지도 않는다.

승원이 엄마에게는 우선 '친구를 흉보거나 탓하는 이야기'는 일절 하지 않도록 부탁했다. 아이가 화를 내는 의도가 '입'을 막기 위함임을 설명하자 충분히 이해하고 실천에 옮겼다.

친구들 집에 가서 자고 오는 것도 아이와 부모가 자주 부딪히게 되는 문제 중 하나다. 친구네 집에서 자는 것을 대체적으로 허용하는 집도 있고 그렇지 않은 집도 있다. 이는 부모의 가치관에 따라 결정할 문제다. 하지만 기본적으로 '안전'을 확인하는 것이 필요하다. 친구 집의 어른과 통화를 하고, 그 집에 들어가는 시간을 미리 알고 있어야 하며, 도착하면 연락하도록 하는 등의 원칙들이 필요하다. 반대로 아이가 친구를 우리 집에 데려와 자겠다고 하면 어떨까? 승원이 엄마는 아이들이 집에 오는 것은 부담스럽다고 하였다. 그래서 승원이에게 솔직히 말하도록 권유했다. 아이들은 손님맞이 같은 일이 엄마에게 얼마나 힘든 일인지 직접 경험해 보지 않았기 때문에 '전혀' 모르는 경우가 많다.

이 정도까지는 그럭저럭 대처할 수 있는데, 공부하기로 했다가도 친구들이 놀자고 한다며 밖에 나가려는 아이를 만나면 어떤 면에서는 가장 힘들다. 미리 하기로 한 공부도 놀다 와서 다 할 수 있다며 일단 나가 놀겠다고 한다. 여기에는 여러 가지 요인이 있을 수 있다. 낙천적이고 충동적인 사내아이처럼 '일단 나가서 놀기형'인 것일 수도 있고, 친구들하고 멀어질까 붙어 있으려는 '노심초사형'일 수도 있다.

낙천적이고 충동적인 성향의 아이들은 눈에 콩깍지가 씌어 있는 상태라 무슨 약속이든 하고 나간다. 그러나 돌아와서는 약속을 지키지 않는다. 가장 이상적인 것은, 미리 나가는 기준을 정해 놓고 (이를테면, 하루 전 약속을 미리 해야 외출할 수 있는 예약제) 이를 따르는 것이다. 그러나 여의치 않을 때는 다녀와서 하기로 약속할 수밖에 없는데, 만약 다 하지 못했을 때는 다음번 '번개'는 허용하지 않는 것이 필요하다. 물론 아이가 꾀를 내 가상의 번개를 만들어 그 벌칙을 일찍 소진시킬 수도 있다. 그러나 충동적인 아이들은 그렇게까지 정교하지 않은 경우가 더 많다.

친구들에 빠진 것은 아니지만 친구들로부터 독립하지 못하고 계속 눈치만 보는 경우도 있다. 특히 여학생에게서 더 많이 볼 수 있는 경우다. 친구들이 자신을 어떻게 볼지 늘 걱정하기 때문에 무리한 부탁이나 요구를 거절하지 못한다. 이런 경우에는 정말 속을 터놓고 대화할 필요가 있다. 학교 친구들이 세상의 전부가 아님을, 학교 밖에는 더 큰 세상이 기다리고 있음을 알려 주어야 한다. 또한 항상 같은 편인 가족이 있음을 말해 주는 것이 좋다. 중요한 것은 아이가 이를 인정하기까지 우리가 생각하는 것보다 훨씬 큰 용기를 필요로 한다는 점이다. 용기를 내지 못하고 있다며 비난하지 않아야 한다. 격려하고 기다려 주도록 하자.

:: 친구와 싸우는 중딩

여중을 나온 우정이는 고1이었다. 상담을 온 이유는 중2 때부터 조금씩 시작된 시험 불안 때문이었다. 시험 불안은 결과에 대한 부담이나 집착 때문에 생기는 경우가 많다. 그래서 우정이는 시험에 대해서 어떤 생각을 가지고 있는지 들어 보았다.

우정이는 시험을 잘 봐야 하는 이유가 "친구들에게 본때를 보여 주기 위해서"라고 했다. 원칙을 중요하게 생각하고 철저히 지키는 편인 우정이가 그렇게 이야기하는 것이 놀라웠다. 이유는 이랬다. 우정이의 원칙주의가 친구들에게는 답답하게 느껴지고 때로는 얄밉기까지 했던 모양이다. 그래서 우정이를 놀리고, 때로는 '뒷담화'도 하면서 소위 '왕따'를 시킨 것이다. 결정적인 사건도 있었다. 친구들이 우정이의 과학 과제물을 몰래 쓰레기통에 버린 것이다. 필요한 성적을 못 받게 되어 과학고 진학을 시도도 못하게 된 후부터 우정이는 더욱 시험에 대한 집착이 강해졌다고 한다. 우정이는 친구들이 자신만 이유 없이 미워한다고 생각하고 있었고, 그러다 보니 조금만 자신을 비난하거나 놀리는 것 같으면 친구들하고 격렬히 부딪혔다. 처음에는 우정이 편에서 생각해 주던 담임 선생님도 너무 자주 충돌이 일어나자 우정이까지 나무라기 시작하셨다. 이런 것이 상황을 더욱 나쁘게 만들었다. 우정이는 자신이 공부를 잘해서 친구들도 선생님도 꼼짝 못하게 하고 싶어졌다. 그러나 성적에 매달릴수록 시험 볼 때 긴장은 더해지고 그래서 성적은 더 떨어져만 간 것이다.

모든 중딩들이 친구들에게 빠져 있는 것은 아니다. 친구들과 계속 부딪히는 사춘기 아이들도 있다. 필자의 경험으로 볼 때, 친구들과 자주 다투는 아이들은 또래 친구들보다 고지식하고 도덕적 기준이 높은 경우가 많다. 친구들보다는 자기 기준이 더 중요해 충돌하게 되고 절대 자신의 견해를 굽히려고 하지 않는다. 우정이와의 상담도 처음에 생각했던 것보다 훨씬 오래 걸렸다. 예상치 못한 문제가 드러났기 때문이다.

우정이의 경우 엄마가 원칙주의자였다. 그런 엄마의 원칙에서 보면, 학교에서 생긴 문제는 우정이 스스로 푸는 것이 맞았다. 또한 엄마는 우정이가 친구들과 잘 못 지내는 데는 우정이의 탓도 크다고 판단했다. 그래서 우정이가 더 양보하고 배려해야 한다고 생각하고 우정이에게 그것을 요구했다. 이것이 우정이의 큰 분노를 일으켰다. 그렇다고 뜻을 바꿀 엄마가 아니었으므로 두 사람의 관계는 급격히 악화되어 갔다. 얼마 후, 우정이는 이제 남자로 살아 가고 싶다고 선언하는 데 이르렀다.

우정이와의 상담은 친구들에 대한 우정이의 분노를 공감해 주는 것에서 시작해야 했다. 그러나 그 분노가 스스로를 해치고 있다는 사실을 깨닫게 하기까지 많은 벽에 부딪혔다. 그 벽은 친구들이 괴롭히고 따돌려도, 키가 작고 외모가 예쁘지 않아도 자신이 소중하다는 것을 느낀 다음에 허물어지기 시작했다. 그 계기는 엄마에게 우정이의 '성적 정체성'을 선언하는 것이었다. 우정이는 이런 이야기를 하면 엄마가 불같이 화를 내고 자기를 집에서 쫓아낼 것이라고 생각했다. 그런데 엄마는 우정이의 이야기를 듣고 "네가 그렇게나 힘들었구나. 엄마가 미안해. 엄마 딸로 옆에만 있어 주면 좋겠어."라고 이야기하며 눈물을 보였다. 우정이는 충격을 받았다. 엄마로부터 자기가 얼마나 소중하게 생각되는 존재인지를 깨달은 것이다. 그러자 분노가 많이 줄어드는 것을 느꼈다고 했다.

　우정이의 성적 정체성 사건은, 엄마와 여중 친구들에 대한 분노가 '여성'이라는 점에 옮겨진 것으로 보는 게 더 적절하다. 그 후로 얼마 가지 않아 성적 정체성 문제는 더 이상 이야기되지 않았다. 이제는 친구들에게 보여 주기 위한 것이 아니라, 자신의 꿈을 향해 공부하기 위한 상담이 이어졌다.

2교시 연습 문제

1. 밖으로 도는 중딩, 집에만 있는 중딩
■ 아래 상황에 대한 설명으로 가장 적절하지 않은 것을 고르시오.

> 광희는 요즘 밖으로 돌고 있다. 어제는 친구들과 PC방에 모여 밤새도록 게임을 했다. 오늘은 친구 시원이네 집에서 예능 프로그램을 보며 시간을 보냈다. 잦은 외박 때문에 부모님께 혼이 났지만, 그래도 왠지 집에 들어가기가 싫다.

① "중딩들이 집보다 밖을 좋아하는 이유는 재미있기 때문이지."
② "이렇게 하면 친구들 사이에서 인정받을 수도 있어."
③ "광희 방에 최신형 PC와 대형 TV를 들여 넣어 줘야겠어."
④ "광희가 부모에게 많은 지적과 비난을 받고 있는지 살펴봐야 해."

2. 대화를 거부하는 중딩, 게임에 빠진 중딩
■ 아이와의 대화를 복구하기 위한 행동으로 적절하지 않은 것을 고르시오.

> "수정아, 요새 학교생활은 어때?"
> "그냥."
> "친구들이랑은 별일 없니?"
> "몰라."
> "공부는 잘되고?"
> "내가 알아서 할게."
> 집에만 오면 입을 꾹 닫아 버리는 수정이 때문에 오늘도 수정이 엄마는 답답하다.

① 아이와의 대화에 적극적으로 매달리자.
② '재미있는 이야기'에서 교훈을 끄집어내지 말자.
③ 아이와 대화할 때 '감정 공유'를 먼저 하자.
④ 아이가 대화를 원할 때까지 내버려 두자.

3. 친구에 빠진 중딩, 친구와 싸우는 중딩
■ 다음 빈칸에 알맞은 단어를 고르시오.

중2 시기, 즉 초기 청소년기 시기에는 (   )에 대한 욕구가 급격히 증가한다. 그래서 어른들은 어떤 일에 대해 효율성이나 적절성을 따지지만 우리 중딩들은 '내 마음대로' 하는 것인지 따지게 된다.

① 자율성   ② 방사성
③ 아우성   ④ 애니팡 사천성

정답: 1번-③ | 2번-① | 3번-①

3교시
방황하는 중딩,
당황하는 부모 II

중2병의 시기가 오면 아이들이 밖으로만 도는 줄 알았다. 그런데 우리 아이는 좀 다르다. 방에서 도통 나올 생각을 하지 않는다. 사고는 치지 않으니 다행인가 싶다가도, 그 속을 알 수가 없어 더욱 힘들다.

3교시

1
세상 무엇에도 관심이 없는 중딩, 세상 물정 모르는 중딩

:: 세상 무엇에도 관심이 없는 중딩

영삼이를 처음 만난 것은 중3이 거의 끝나 갈 무렵이었다. 놀이치료사의 연결로 만난 영삼이는 정말 '아무것도 하지 않으려는 아이'였다. 등교를 하지 않으려고 하여 결국 학교도 중단한 상태였으며 사는 데 아무런 의미도 못 느끼고 살아야 할 이유도 못 느낀다고 했다. 사는 게 너무 힘든데 죽는 것도 힘들어서 어서 그냥 삶이 끝났으면 하고 바란다고 했다. 하루 종일 집 밖에 나가려고 하지 않아 부모가 어떻게든 밖으로 데려 나가서 이것저것 시켜 보기도 하고 사람들을 소개해 주어도 이내 만나지 않고 혼자 외톨이로 지냈다. 게임, 인터넷을 하기는 하지만 결코 많이 하지도 않는다. 영삼이의 삶의 목표는 '아무것도 하지 않는 것'으로 느껴졌다. 상담을 하는 동안에도 고개를 아래로 푹 숙인 채 있다가 말을 할 때만 눈을 가끔씩 쳐다볼 뿐 말수도 적었다. 상담 중의 침묵에 대해서는 '이골'이 나 있는 필자도 그 시간을 어찌 보내야 할지 걱정이 슬그머니 들 정도였다.

영삼이와 상담하면서 이런 말을 했었다. "지금처럼 아무것도 안 하고 계속 살 수는 없지 않니? 아빠 엄마도 언젠가 돌아가실 테고, 그때부터는 네가 스스로 살아가야 하잖아?" 그러자 영삼이는, "저는 힘든 건 아무것도 하기 싫어요. 부모님에게 도움 받고, 그러고 살 거예요. 그만큼은 해주실 거예요. 제가 많은 걸 필요로 한 것도 아니고요."라고 했다. 같은 부모의 입장에서 너무 답답했다. "그럼 부모님은 좀 억울하시지 않을까? 두 분은 어떤 것도 누리지 못하시고 돌아가실 때 영삼이 때문에 마음도 놓이지 않으실 거야. 부모님 인생은 뭐니?" 하고 물었다. 그러자 영삼이는 "그건 부모님 사정이지 제 사정은 아니에요. 저는 두 분 옆에 꼭 붙어 있다가 두 분 돌아가시면…… 모르겠어요. 그땐 어서 죽었으면 좋겠어요."라고 했다. 그저 캥거루키드*여서 하는 말이 아니었다. 부모님의 행복 따위는 신경 쓰지 않겠다는 결연한 다짐마저 느껴졌다.

---

* 캥거루처럼 부모의 품에 안겨서 독립하지 않으려고 하는 성인을 부르는 말이다. 2006년경부터 국내에서도 사용되기 시작하였다.

부모님과 주변으로부터 영삼이가 살아온 이야기를 들었다. 초등학교 저학년 때부터 중학교 입학하고 나서까지 아빠가 갑자기 화를 내는 일이 잦았다고 한다. 그럴 때면 아빠는 어김없이 영삼이를 가혹하게 대하며 신체적 체벌도 가했다고 한다. 처음에는 아빠에게 화도 내고 집을 나가는 등 반항하였으나 아빠가 변하기는커녕 더 크게, 더 오래 화를 냈다고 했다. 중2를 마칠 때 즈음부터는 아빠에게 대들거나 집을 나가지는 않았지만 말수가 없어지고 아무것도 하지 않으려는 모습을 보이기 시작했다고 했다.

영삼이는 자신의 감정을 알아채는 데 무척 서툴렀다. 인간관계도 논리적으로 정리하고 나서 더 이상의 의미를 부여하지 않으려 했다. 자신에게 관심을 가지며 미술을 가르쳐 보려고 애쓰는 엄마 친구분의 정성에 대해서도 "엄마랑 친하셔서 그런 거니까 저는 고맙거나 그런 거 없어요."라고 하였다. 이렇게 감정을 분리하고 논리로만 바라보려는 것은 감정이 올라오는 것에 대한 두려움 때문인 경우가 많다. 영삼이는 아빠에 대한 기억조차 담담하게 말하며 이제는 다 지난 이야기라고 했다. 아무 감정도 느껴지지 않는다며.

그러던 어느 날 영삼이는 아빠가 아래층 사람과 층간 소음으로 다투는 것을 들었다. 영삼이는 갑자기 가슴이 뛰고 숨이 답답해지는 것을 느꼈다. 그리고 이내 그것이 어린 시절의 기억을 되살린 것임을 알아챘다. 그러고는 자신이 부모님에 대한 분노를 누르려고 세상의 모든 것으로부터 피해 왔었다는 사실을 깨닫기 시작했다.

영삼이의 경우 무척 긴 시간에 걸쳐서 상담과 변화가 진행되었다. 밖으로 폭발하는 아이들은 긴박한 상황이 자주 펼쳐지기 때문에 문제가 빨리 노출되고 치료의 필요성도 크게 느껴져 일찍 의사를 찾아온다. 그러나 집안에만 있고 세상과 담을 쌓고 사는 아이들은 겉으로는 별문제가 없기 때문에 가족이나 본인이 치료의 필요성을 잘 못 느껴 늦게 찾아오는 경우가 더 많다. 그래서 변화하는 데 훨씬 오랜 시간이 걸린다. 영삼이처럼 부모에게 강한 분노나 실망, 두려움이 있는 아이는 세상에 대한 탐색을 하기가 어렵다. 부모에 대한 분노와 실망을 처리하는 데 많은 에너지를 쓰기 때문에 세상이나 타인에 대해 호기심을 갖거나 알아보려는 시도도 하지 않는 것이다. 이들 중에는 임상적으로 우울증을 가지고 있는 아이도 다수라 전문적 치료가 있어야 좋아지는 경우가 많다.

한편 이런 아이도 있었다.

현도는 초등학교 5학년일 때부터 필자와 만나 왔던 아이다. 그러나 정식으로 상담을 받은 것은 아니었다. 현도의 누나를 상담하다가 1년에 한두 번 이야기를 나누는 정도였다. 현도에게 조금씩 문제가 보인 것은 부모님의 이혼 이후였다. 친구들과 사귀는 일이 점점 줄어들다가 학교만 다녀오면 자기 방에서 전혀 나오려고 하지 않았다. 밥만 먹고 몇 시간씩 자기도 하였다. 겨우 설득해서 만나 보았더니 우울해서 그런 것으로 설명하기에는 부족함이 있었다. 그보다는 두려워하고 있다는 편이 더 적절해 보였다. 반 아이들이 다 유치하고 자신은 아이들이 좋아하는 것에 관심이 없다고 말했지만, 사실 친구들이 자기를 어떻게 생각할까 하는 걱정이 앞서고 있었다. 아빠가 안 계시다는 것에 대해서도 일종의 자격지심을 가지고 있었다.

현도가 세상과 만나려 하지 않고 아무 관심이 없어 보였던 것은 사실 세상과 마주치기 두렵기 때문이었다. 이것은 대인기피증이라고 알려진 사회공포증과도 유사한 면이 있다. 자신감이 결여된 상태가 되면 사람들이 자기를 싫어할 것이라고 확신하고는 사람들의 시선이나 호의적이지 않은 태도가 두려워 먼저 관심을 끊는 것이다. 사춘기 아이들은 대개 친구들을 중요하게 생각하고 그들과 더 잘 어울리고 싶어 한다. 그렇지만 그들로부터 내쳐질 것이라고 생각되면 오히려 스스로 그들로부터 멀어져 자기를 보호하며 지내는 경우도 나타나게 된다. 현도가 이런 두려움을 극복하는 데는 시간이 많이 필요했다. 자신과 가족을 떠난 아빠와 아빠를 보내 버린 엄마에 대한 분노까지 같이 있었기 때문이다.

이렇게 세상을 '적극적으로' 등지려는 아이들의 내면에는 가정이나 학교에 대한 불만과 두려움이 있는 경우가 많다. 이런 두려움을 알려 주고 극복할 수 있는 용기를 갖도록 해 주는 것이 필요하다. 이때 반드시 필요한 것이 있다. 이들을 이해하고 받아들여 주는 모습을 먼저 보여야 한다는 점이다. 부모의 입장에서는 빨리 이 굴레에서 벗어나기를 바라는 마음에 격려가 아닌 요구를 하는 경우가 있다. 하지만 특히 중학생의 경우 이러한 용기를 내는 것이 결코 쉽지 않다는 점을 잊지 말자.

:: 세상 물정 모르는 중딩

중1 남학생 승연이는 무조건 공부를 잘하고 싶어 하는 아이다. 1등은 하고 싶은데 그게 잘 안 돼서 짜증이 늘고 예민해진 데다가 친구들과의 관계가 매끄럽지 못해서 클리닉에 찾아왔다. 시험 기간이면 경쟁에서 지는 것이 싫어서 집에서도 늘 안정을 취하지 못하고 주변에 신경질만 낼 뿐 막상 공부는 하지 못하고 있었다.

앞서 현도의 경우처럼 사연이 있고 좀 극단적인 경우에만 이러한 두려움이 있는 것은 아니다. 겉으로 보기에는 세상 물정 모르는 철부지 같은 아이에게도 이런 마음이 숨어 있는 경우가 있다.

공부를 왜 하느냐는 물음에 조금도 망설이지 않고 '좋은 고등학교 가기 위해서'라고 대답하는 아이. 좋은 고등학교는 왜 가고 싶으냐고 물었더니 '공부하는 분위기가 좋기 때문'이라고 한다. 그런 분위기에서 공부하면 '좋은 대학에 갈 수 있지 않겠냐'고 덧붙인다. 그런데 그런 아이가 미래에 대해서는 딱 부러지는 답을 못 한다. '과학자가 되고 싶기도 하고, 좋은 회사에 취직을 할 수도 있고…….'라며 말을 흐린다. 되고 싶다는 것에 열정이 보이지도 않는다. 뭔가 이상하다.

"성적이 잘 안 나오면 뭐가 제일 문제니?"
"좋은 고등학교랑 좋은 대학에 못 가는 거죠."
"좋은 대학에 못 가면 네가 행복하지 않을 것 같니?"
"아니요. 그렇지는 않겠지요. 하지만 사람들이 저를 공부 못하는 아이로 볼 거 아니에요. 그게 제일 싫어요."

자신의 실력이 이만큼 높은데 다른 사람들이 그것을 몰라주게 되는 것이 가장 속상하고 걱정되는 일이란다. 결국 다른 사람에게 인정받는 것이 승연이에게는 공부의, 아니 성적의 의미였던 것이다.

세상에 아무런 관심이 없거나 세상 물정을 모르는 가장 큰 원인은 스스로 세상에 적극적인 호기심을 보이지 않기 때문이다. 부모가 잘 알려 주지 않아서 그런 것이라고 생각할 수도 있지만, 경험상 그것은 큰 이유가 아닌 것 같다. 이미 인터넷이 널리 보급되어 있고 많은 아이들의 손에 스마트폰이 쥐어져 있다. 정보는 부모 아니어도 얼마든지 얻을 수 있다.

이런 아이들에게는 세상에 대한 커다란 상처나 두려움이 있는 경우가 많다. 다른 사람의 평가나 시선을 중요하게 생각하기 때문에 진짜 세상이 어떤지에 관심을 두지 못하게 된다.

이들이 세상에 흥미를 보이고 남의 시선을 의식하는 것에서 벗어나기 위해서는 먼저 '자기를 사랑하는' 아이가 되어야 한다. '뭐든지 할 수 있다.'는 자신감에 찬 아이도 좋지만 '그렇지 못하더라도 지금 모습 그대로가 소중해.'라며 자신을 사랑하는 아이가 먼저 되어야 한다는 것이다. 그러려면 부모가 아이의 있는 그대로를 정말 사랑한다는 느낌을 전해 주어야 한다. 자기 스스로 다른 사람의 시선을 신경 쓰지 않고 용기 있게, 생긴 대로 살 수 있어야 세상에 대해 도전도 하고 탐험도 할 수 있다.

2
성적이 떨어지는 중딩, 목표가 없는 중딩

:: 성적이 떨어지는 중딩

얼마 전에 만난 중1 남학생 윤이는 중학교에 올라와서 엄마와 싸우는 일이 늘었다. 게임에 빠지게 되면서 학교 성적이 떨어졌다. 부모는 지금 아이의 행동이 어이가 없지만 그토록 얌전하던 아이가 이렇게 변했다는 것이 더 당황스럽다고 했다.

윤이는 경쟁이 치열한 강남의 중학교에 입학을 했고 그 전까지 선행 학습도 많이 해서 상도 타며 주변에서 칭찬과 기대를 받았다고 한다. 그런데 중학교에 가 보니 시험도 너무 어렵고 진짜 잘하는 아이도 정말 많더

란다. 지금까지 학원도 힘들게 다녔는데 뭘 더할 엄두도 안 나고 어떻게 해야 할지 모르겠고 짜증만 났다고 했다. 이때 윤이의 엄마는 "중학교 가면 더 열심히 해야지. 성적 봐라. 그런데 그러고 있음 어떡하니?"라며 윤이를 더욱 다그쳤다. 엄마 말 잘 듣고 지금까지 시키는 대로 했는데 모든 잘못이 자기에게 있다고 하는 것 같아 서운하고 엄마가 미워졌다고 한다. 그래서 공부도 더 하기 싫어지고 숙제를 하지 않으니 학원도 빠지게 되면서 PC방을 다니기 시작하게 되었다고 했다.

윤이뿐만 아니라 중1 때 시험을 보고 나서 성적에 실망한 아이들에게 부모의 비난은 각성의 계기가 아니라 오히려 탈선의 계기가 되기 쉽다. 필자의 아들이 중학교에 다닐 때 들려준 이야기가 있다.

"지금 생각해 보면 초등학교 6학년 때는 내가 '신'이라도 된다고 생각했던 거 같아. 학교에서는 제일 높지, 선생님들은 다 파악이 되어 있지…… 무서운 것이 없었지."

그 말을 듣고서야 6학년 한 해 동안 아이가 왜 그토록 콧대 높게 행동했는지, 왜 세상 모든 것을 다 아는 것처럼 행동했는지 알 것 같았다. 그리고 이 생각이 중학교 첫 학기에 어떤 영향을 주는지도 이해하게 되었다.

상담을 하다 보면 유독 여름 방학부터 중1 학생들이 찾아오는 경우가 많다. 초등학교까지는 잘 지내다가 중학교 들어와서 공부를 놓고 게임이나 친구에 빠졌다는 게 가장 흔한 스토리다. 그런 학생들을 만나 이야

기를 들어 보면 공통점이 중학교 첫 시험에서 당황했다는 것이다. 자기가 생각한 것보다 성적이 안 나왔다는 말이다. 이것은 성적이 좋은 학생이든 나쁜 학생이든 공통적인 소감 같았다. 모두들 자신이 이것보다는 공부를 더 잘한다고 생각하고 있었던 것이다. 동기 이론$^{motivation\ theory}$에 관한 연구에서 보더라도 초등학교 시절은 자기효능감이 높은 시기다. 6학년을 지나며 근거 없는(?) 자신감, 요즘 아이들 말로 '근자감'까지 정점을 찍고 있는 시기이니 어쩌면 당연한지도 모른다. 또한 초등학교 시기에 벌써 '난 공부가 안 돼. 이 길이 아닌가 봐.'라는 생각이 든다면 정서적으로 문제가 있을 가능성이 제법 높다.

첫 시험에서 이렇게 화들짝 놀란 중1이 선택하는 길은 대부분 '한 번 더'이다. '다음에는 나아지겠지.'라는 생각을 한다. 이렇게 희망을 갖는 것은 좋은 일이지만 사실 그에 따른 적절한 대책은 없다. 아직 '이 정도 공부하면 되겠지.'라는 생각만 있을 뿐이다. 그래서 조금은 나아지는 것 같지만 큰 차이 없는 성적표를 받는 경우가 많다.

문제는 여기서 생긴다. 이때 아이들은 '난 안 되나 보다.'라는 생각을 많이 한다고 한다. 그러면서 공부가 싫어지고 피하고 싶어진다고 한다. 이런 현상은 공부 잘하는(?), 아니 공부를 미리 많이 하는 아이들이 꽤 있는 대치동 지역에서 더 흔하게 볼 수 있다. 엄마 말대로 학원도 열심히 다니고 선행 학습도 하고 했는데 시험을 보면 예상보다 훨씬 못한 점수(알다시피 시험도 정말 어렵다.)와 등수(이제 공식적으로 가르쳐 주지는 않지만 부모들이 다 알고 있고 아이들도 다 안다.)를 받으니 스스로의 능력에 의문이 드는 것이다. 그래서 자신감이 떨어지고 공부를 피하고 싶고 다른 재미있는 것들이 눈에 들어오기 시작한다.

이렇게 자신을 책망하는 아이들이 있는가 하면, '이 정도면 그래도 괜찮은 거야.'라고 생각하는 아이들도 있다. 이들은 이솝우화 속의 〈여우와 신 포도〉처럼 공부 잘하고 성적 우수한 아이들을 '별에서 온 그대'쯤으로 생각해 버린다. 오르지 못할 나무는 쳐다보지도 않겠다는 확실한 결심을 한 채 양심에 찔리지 않고 부모님께 크게 혼나지 않을 만큼만 공부한다.

여기에 그 수는 적지만 추가해야 할 유형이 있다. 바로 '시시포스Sisyphos* 형'이다. 계속해서 돌을 산으로 밀어 올리는 시시포스처럼 공부를 계속해서 열심히 하는데도 성적이 오르지 않아서 실망하는 아이들이 있다. 이런 학생들은 중학교 2학년을 마치거나 3학년이 될 때쯤엔 도저히 그 좌절감을 견디지 못하고 우울해져서 필자를 찾아오기도 한다.

이와 같은 상황을 피하기 위해 더욱 완벽하게 선행 학습을 시키려는 부모도 있다. 그러나 그런 시도는 별로 성공적이지 않다. 부모의 예상보다 공부를 잘하는 다른 학생들이 많기도 하고, 선행을 한다고 꼭 시험을 잘 보는 것도 아니기 때문이다. 따라서 이럴 때는 다른 준비가 필요하다. 그 준비란 '성적이 생각보다 낮게 나올 수도 있음'을 미리 예상하는 것이다. 그래서 당황과 혼란을 줄이고 성적이 예상보다 낮게 나온 경우의 대책을 제때 마련할 수 있도록 해야 한다. 이런 준비는 꼭 중1 신입생에게만 해당되는 것은 아니다. 새 학년에 올라가는 경우에도 마찬가지로 활용될 수 있다.

이런 과정을 거친다고 우리의 중딩들이 순순히 자신을 변화시키지는 않는다. 특히 아직 기세등등한 예비 중1이라면 더욱 그렇다. 그러나 이렇게 점검하고 확인하는 것은 반드시 필요하다. '너의 이런 부분은 좋은 점

---

* 그리스 신화에 등장하는 코린트의 왕. 죽은 후 지옥에서 돌을 굴려 올려야 하는 벌을 받았다. 산꼭대기에 올려놓은 돌이 자꾸만 다시 떨어져 내려와 같은 일을 되풀이해야 하는 신세가 된다. 흔히 '시지푸스'라는 잘못된 표기를 많이 사용한다.

이야. 그리고 저런 부분은 좀 더 좋아지면 좋겠어. 어떻게 생각해?'라는 식으로 동의를 구하고 의견 교환을 하는 선까지만 하면 된다.

그리고 시험을 보고 나면 '봐, 내 말이 맞지?'가 아니라 '어때? 첫 시험을 본 소감은?' 같은 말로 부드럽게 물어보면서 시작하는 것이다. 첫 단추부터 잘 꿰어야 한다는 생각으로 아이를 무작정 끌고 가려고 하기보다는 상황을 잘 파악하고 정리해서 아이가 어느 정도의 실패를 경험할 수 있게 해 주고, 그리고 같이 발전할 수 있는 방향을 찾는 것이 좋다. 이런 접근법이 사춘기 아이들에게는 장기적으로 더 효과적이다.

: : 목표가 없는 중딩

공부를 하는 것도 아니고 안 하는 것도 아닌 중3 윤희는 어려서부터 늘 똑똑하다는 이야기를 들었지만 공부를 열심히 한 적이 없다. 초등학교 때에 해 본 지능검사에서는 지능지수가 150이 넘게 나왔다. 공부는 하지 않았지만 그래도 성적은 좋았다. 강남의 중학교에 와서 성적이 떨어졌는데도 공부를 할 이유가 와 닿지 않아 성적은 늘 그 자리에 머물러 있다.

윤희의 엄마는 아이에게 학습 동기가 너무 부족한 것 같아 걱정이라며 아이를 데리고 왔다. 사람들에게 친절한 편인 윤희는 자기가 왜 이곳에 와야 하는지 모르겠다고 했지만 고맙게도 필자와 이야기하는 동안에는 성실히 대화해 주었다. 윤희에게 "성적이 걱정되지는 않니?"라고 묻자, "성적이 좋은 편은 아니지만, 그렇게 걱정은 안 돼요."라는 답이 돌아왔다. 이유를 물었더니, "저는 별로 욕심, 특히 돈 욕심이 없어요. 살 만큼만 있으면 되죠."라고 대답한다. "뭐, 그냥 지금 우리가 사는 집 정도에, 차는 있으면 좋고, 없으면 말고요."라고 덧붙이면서.

맙소사. 윤희의 집은 30평대 중반의 아파트. 그것도 강남의 알토란 같은 자리에 있었다. 그 아파트를 물려받을 생각이라도 하고 있는 것인지, '그 정도'라니. 세상 물정 모르는 아이라고 볼 수 있지만 꼭 그게 전부는 아니다. 윤희에게 부족한 점은 원하는 것을 얻기 위해서 무엇이 필요하고 무엇을 해야 하는지 모른다는 것이고, 더 중요한 점은 자신이 지금 어느 위치에 있는지 모른다는 것이다. 무슨 말인가 하면, 자기가 어느 정도 수준의 생활을 하고 싶어 하는지도 모르고, 그 정도 생활을 유지하려면 얼마만큼의 수입이 필요한지도 모를뿐더러, 그 정도 수입을 올릴 수 있는 일에 어떤 일들이 있는지도 모른다. 그런 일들 중 자기가 어떤 일을 하면 좋을지, 그 일을 하려면 앞으로 어떤 대학을 가야 하는지, 그 대학을 가려면 지금 자기 수준에서 얼마나 더 해야 하는지까지 아무것도 모른다. 그런 것도 모르면서 지금 자기는 마음만 먹으면 잘할 수 있고, 그런데 꼭 해야 할 이유를 몰라서 안 하고 있을 뿐이라고 한다. 그리고 하고 싶은 것도 무엇인지 모르겠단다.

이럴 때, 우리가 제일 먼저 생각하는 것이 진로다. '아이가 하고 싶은 것이 있으면 공부를 할 텐데…….'라며 진로 지도실을 기웃거린다. 하지만 막상 그렇게 해 보면, 아이들은 우스꽝스러운 질문들과 공감되지 않는 결론에 실망하고는 그것들을 더욱 비웃는 경우가 많다. 잘못된 진로 지도와 진로 상담의 탓이긴 하지만, 과연 하고 싶은 것이 있어야만 꼭 공부를 하는 것일까?

그렇지 않다. 물론 당연히 하고 싶은 일이 있으면 그에 맞는 공부와 준비를 하게 된다. 이런 친구들은 적극적이고 자기주도적인 공부를 한다. 반대로 그저 부모가 시키는 대로만 착실히 따라오는 아이들도 있는데, 이들은 수동적이지만 순응적으로 공부한다. 이런 두 유형의 친구들은 어느 정도 성적이 좋다. 그런데 이 두 유형 사이에 정말 많은 아이들이 존재한다. 이 아이들이 공부를 하는 이유는 경쟁심인 경우도 있고 인정받는 것이 좋아서이기도 하다. 이 두 가지는 흔한 이유이지만 그다지 권장할 만한 이유는 아니다. 왜냐하면 지나치게 부담을 느끼게 되고, 과정보다는 결과를 중요시하며 과정의 즐거움을 모르게 되기 때문이다. 이보다 좀 더 나은 이유가 있다. 자기가 '잘하는 느낌'이 좋아서 공부하는 것이다. 공부를 해서 실력이 늘어나니까 이해되는 것도 많고, 문제도 잘 풀리고 성적도 오르니까 그게 재미있는 것이다. 이걸로 나중에 뭘 할지는 모르겠지만 지금 이렇게 하는 것에 일종의 즐거움을 느낀다.

문제는, 이런 즐거움을 느끼려면 먼저 '공부를 잘해야 한다.'는 것이다. 닭이 먼저냐 달걀이 먼저냐 하는 문제 같기는 하지만, 분명한 것은 먼저 공부를 해야 '느낄 수 있다는 것'이다. 필자는 목표가 없는 아이에게 목표를 만들어 주려고 애쓰는 것이 별로 효과적이지 않다는 것을 그동안의 상담 경험을 통해서 분명히 체감하고 있다. 그보다는 자기가 오늘의 자신보다 발전하고 있는지를 물어보고 그 부분을 확인하는 것이 더 효과적이다. 비뚤어져 있지 않으면서 공부도 죽어라 하지 않는 이른바 '만만디' 스타일의 아이들은 자기가 발전하고 있다는 것에 흥미도 느끼고 자부심도 느낀다. 이런 친구들에게는 '전략적으로' 공부하기를 들이밀면 잘 먹힌다.

윤희도 그랬다. 영어 단어를 많이 외우는 것에는 관심이 없지만 효과적으로 외우는 것, 같은 노력으로 더 오래 기억하는 것에는 관심이 있었다. 하루 중 언제 공부하는 게 수학 문제가 가장 많이 풀리는지를 알아보는 것에도 흥미를 느꼈다. 이런 식으로 공부에 필요한 습관과 전략을 찾아 나가는 것이 중학생 아이에게 더 선행되어야 하는 요소다. 정말 하지 않으려고 하던 학원 숙제(특히 단순 반복 과제)도 해 나가기 시작했고, 공부 시간을 늘려 보기도 했다. 무의미하게 흘려보내는 시간도 줄여 보려고 노력했다. 문제를 빨리 푸는 것에 재미를 붙이기도 했다. 윤희가 오래 다니던 학원 선생님이 부모님에게 "윤희가 능력이 있는 건 알았지만, 정말 이런 날도 오네요."라며 달라진 모습에 감탄할 정도였다.

그래도 윤희가 고등학교를 가기 전에는 (적어도 고1 여름 전에는) 한번 많은 양을 공부하는 경험을 하게 할 계획이다. 이때는 타의에 의한 관리가 필요할 수도 있다. 왜냐하면 이런 아이들의 가장 큰 약점은 자기 한계에 안주하는 성향이 강하다는 것이기 때문이다. '어떻게 그렇게 해요? 그건 못해요.'가 많다. 필자가 좋아하는 방식은 아니지만 스파르타식 훈련이 도움이 되는 유형이다. 스스로 이런 훈련이 필요하다는 것을 인정해야 효과를 볼 수 있는데, 그러려면 '능력만 갖추면 진짜 원하는 걸 할 수 있다.'는 생각이 들어야 한다. 원하는 일을 찾게 될 그날까지, 무엇을 할지만 고민하기보다는 무엇을 하든 필요한 기초 능력을 갖추는 데 더 집중하는 것이 좋은 방법이다.

3
거짓말하는 중딩, 비행을 저지르는 중딩

:: 거짓말하는 중딩

중2병이 무서운 이유는 순하고 착하던 아이가 순식간에 바뀌기 때문이다. 용우도 불과 1년 전까지는 정말 착실한 학생이었다. 그런데 2학년이 되면서 학교 수업 태도가 나빠지고 PC방에 다니느라 학원을 빠지는 일도 잦아졌다. 타일러 보아도 그때뿐, 그 다음에 똑같은 일이 반복되었다. 부모님이 학교에서 연락을 받고 가 보니 요즘은 약한 친구를 괴롭혀서 학교폭력위원회에 회부되는, 작년까지만 해도 '상상할 수조차 없었던' 일들이 벌어졌다.

7세 무렵의 아이들이 하는 거짓말은 그 의도가 명백하다. '부모'를 기쁘게 하기 위한 것이다. 그런데 사춘기에 들어서면서 거짓말은 좀 다른 양상을 보인다. '독립'하기 위해서 거짓말을 하는 경우가 많아지는 것이다. 자기가 하고 싶은 대로 해야겠는데 그것을 허락해 줄 것 같지 않아서 하는 거짓말이 늘어난다는 뜻이다. 대개 중딩들이 하고 싶은 것은 '재미'를 위한 것이 많다. 그리고 그 재미에 대해서 부모들은 부정적이다. 예전에는 부모가 모든 것을 알고 있다고 생각했지만 이제 보니 부모는 그렇게 완벽하지도, 심지어 똑똑하지도 않다는 것을 알게 되면서 아이들은 좀 더 쉬운 길을 택하게 된다.

시험 성적을 속이거나 감추는 것은 수십 년 전에도 있어 왔던 일이고, 친구들 만나러 가면서 다른 핑계를 대는 것도 마찬가지다. 최근 들어서는 PC방이나 스마트폰 게임, 인터넷 사용 시간을 두고 부모에게 하는 거짓말이 늘고 있다. 이런 거짓말은 점점 커져서 나중에 걷잡을 수 없이 큰 거짓말을 낳기도 한다. 하지만 의학적 관점에서 이렇게 거짓말을 하는 아이들이 품행장애나 반사회적 인격장애와 같은 정신질환이 있어서 그렇다고 보지는 않는다. 중딩들의 마음에는 거짓말이 가장 편리하고 쉽고 별일 아닌 방법이다.

그렇지만 이 거짓말만큼 부모 마음에 상처를 주는 일도 없다. 아이가 부모에게는 학교 숙제하러 간다고 하고 친구와 놀러 간 사실을 알았을 때, 남자 친구 없다고 펄쩍 뛰던 아이가 학교에서 유명한 커플이란 말을 들었을 때, 부모가 뻔히 눈으로 본 것을 물었는데 거짓말하는 것을 들었을 때 부모는 자다가 벌떡 일어날 만큼 가슴이 답답해진다. 그렇다고 그것을 일일이 들춰 야단을 치기도 애매하다. 어떻게 하면 좋을지 당황스럽다. 이러한 거짓말에 대처하려면 사춘기에 하게 되는 흔한 거짓말들을 몇 개의 범주로 구분해서 볼 필요가 있다.

첫 번째 유형은 '충동형' 거짓말이다.

이 거짓말의 특징은 눈에 빤히 보인다는 것이다. 도대체 얘가 몇 살인지 의심될 만큼 다 들여다보이는 거짓말을 한다. 학원 수업이 없어졌다는 둥, 친구 누구를 만나서 늦었다는 둥(사실은 다른 친구를 만났지만), 심지어 양치질을 안 했으면서 했다고 우기는 둥 짧게는 3분에서 길게는 며칠 내로 드러날 거짓말들이다. 이런 거짓말은 치밀한 계산에 의한 것이 아니다. 순간적·반사적으로 나오는 것이다.

두 번째 유형은 '방어형' 거짓말이다.

이는 지레 거짓말을 하여 분란의 소지를 없애고 싶어 하는 것이다. 이성 친구가 없다고 우기는 것이 이 유형의 대표적인 예다. 방에서 인터넷으로 TV 프로그램을 봤으면서도 하나도 안 봤다고 하는 것도 그렇다. 부모는 구태여 감시하거나 꾸중하려고 하는 것이 아닌데, 아이는 한사코 아니라고 하는 경우다.

세 번째 유형은 '수익형' 거짓말이다.

이것은 자신의 이득을 위해서 계획적으로 거짓말하는 것을 말한다. 여기서 이득은 친구와 놀 시간이나 용돈인데, 이를 마련하기 위해 미리 알리바이를 만들고 친구와 입을 맞추는 단계의 거짓말을 한다. 이런 유형의 거짓말은 부모의 마음에 가장 상처를 주는 유형이고, 가장 사회적 문제를 불러일으킬 수 있는 유형이다.

충동형 거짓말에 대처하는 기본적 원칙은 '도덕적 비난'은 하지 않는다는 것이다. '너 그래서 뭐 될래?', '너 그것밖에 안 되니?', '거짓말이 가장 나쁘다고 했지?' 등을 포함한 도덕적 비난은 변화를 가져오지 못한다. 이 거짓말의 동기는 재미를 위한, 또는 무서운 것을 피하기 위한 충동적 선택이기 때문에 양심과 관계가 적다. 이런 경우에는 아이의 재미를 어느 정도 충족시켜 줄 수 있는 기회가 마련되어 있는지 보아야 한다. 너무 놀지 못하게 하거나 다른 '짓'을 하지 못하게 아이를 쥐고 있는 것도 거짓말을 반복시키는 결과를 가져온다. 대신에 그렇게 기회를 주고도 거짓말을 하는 경우에는 '벌칙'이 주어져야 한다.

예를 들어 몰래 인터넷을 하다가 들킨 경우를 생각해 보자. 그럼 인터넷 할 수 있는 시간을 좀 더 허용해 주는 것이 좋다. 대신, 몰래 하다 들킨 경우에는 며칠간 아예 인터넷을 할 수 없도록 스마트폰이나 컴퓨터를 회수하는 조치가 필요하다. 이때 벌칙은 부모가 완전히 통제 가능한 것이어야 한다. 부모를 다시 속이지 못하게 하는 것이 중요하다. 인터넷을 하지 못할 경우 PC방으로 가는 일이 많으므로 외출이나 귀가 시간도 통제하는 것이 낫다.

여기서 중요한 것이 있다. 벌칙의 범위는 광범위하게, 기간은 짧게 하는 것이 좋다는 점이다. 그리하여 강렬한 경험이 충동을 억제하는 데 도움이 되도록 접근하는 것이다.

방어형 거짓말은 독립에 대한 욕구가 강하고 부모에 대한 부정적 이미지가 마음속에 있는 경우가 많다. 물론 아이가 겁이 많고 고지식하기 때문에 부모를 더욱 무서워해서 그럴 수도 있다. 이런 경우의 기본적 접근법은 아이가 부모를 무서워하지 않도록 관계를 개선해 나가는 것이다. 또한 부모가 거짓말을 알게 되었을 때, '너 남자 친구가 생겼다며? 이야기 들었어. 학교에서도 다들 안다고 하더구나. 그런데 네게 직접 들었더라면 더 좋았겠다 싶어 서운했어.'라고 이야기하는 것이 필요하다. 칭찬할 만한 일은 아니지만 꼭 꾸중할 일도 아니라면 구태여 혼낼 필요가 없다. 이런 경우에 '너 그건 괜찮은데 거짓말은 정말 나빠.'라는 논리로 꾸중하게 되면 아이는 사실은 이성 친구 사귄 것이 싫으면서 거짓말을 한 걸로 꼬투리를 잡는다고 생각한다.

수익형 거짓말인 경우에는 좀 더 집중적인 접근이 필요하다. 이 경우에는 '도덕성'에 대한 지적이 필요하다. 부모를 속이기 위해서 계획을 세우고 그것을 실행에 옮긴다는 것은 어떤 경우에도 정당화될 수 없다는 점을 분명히 알려 주어야 한다. 그 다음에는 거짓말을 통해서 얻은 것을 회수해야 한다. 얻은 것이 노는 시간이거나, 인터넷이나 스마트폰 사용 시간이었다면 그만큼의 시간이 회수되어야 한다. 그리고 여기에 더해서 재발하지 않는지 살펴볼 수 있는 장치를 마련해야 한다. 스마트폰이나 인터넷, SNS의 비밀번호를 확인하는 것이 이에 해당한다. 초기 청소년기의 아이들인 경우에는 이렇게 모니터할 수 있는 방법을 가능한 한 유지하는 것이 좋다.

 수익형 거짓말을 처리해 나가려고 하면 아이들이 격렬하게 저항하는 경우가 있다. 이는 무의식 중에 국면을 전환하기 위한 행동이다. 부모를 성나게 해서 자기에게 화를 내게 하고 그 화를 지렛대 삼아 더욱 열을 올려서 부모를 통제하려는 것이다. 따라서 이러한 이야기를 할 때 자녀가 흥분한다고 그에 따라 흥분하는 것은 좋지 않다. 뉘우치지 않는다고 더 큰 제재를 가하려고 하다가 꾸중이 정당성을 잃고 서로 감정싸움으로 빠져 부모가 기분 나빠 벌을 주는 것이 되지 않도록 해야 한다.

:: 비행을 저지르는 중딩

 민이는 좀 가냘프게 보이기는 해도 훤칠한 키에 잘생긴 중2 남학생이었다. 초등학교 때까지 평범한 아이였던 민이는 중학교에 들어와서 달라졌다. 남학생들끼리 누가 센지 서열을 정하느라 벌인 싸움에서 뜻밖에 일등(?)을 하게 된 것이다. 그 후 친구나 학교 선배들과 돌아다니느라 집에 늦게 들어오며 오토바이를 타고 술과 담배를 배우게 되었다. 민이의 부모는 고민 끝에 이사를 결심했고 민이도 전학을 가게 되었다. 하지만 민이는 공부에 자신감을 잃어 음악을 하겠다고 나서는 한편, 이전 학교에서 알던 친구들과도 여전히 어울렸다. 게다가 새로운 학교에서 흡연을 하다 적발이 된 후로는 그나마 다니던 학교도 출석하지 않고 집을 나가 버리고 말았다.

사춘기 아이들을 상담하다 보면 처음에는 순간의 일탈이었던 것이 점점 큰 일로 번지는 경우가 많다. 여기에 아이 본인의 기질^{temperament}이나 성격, 부모의 양육 태도나 가정환경이 영향을 주게 되면 일탈이 더욱 반복되기 쉽다. 그러다 보면 나중에는 스스로 원해서 일탈 행동을 하는 상황이 되고, 자신을 바꾸려 시도하지 않게 되어 계속 같은 생활을 거듭하게 된다.

보통 이런 시점에 상담이 시작된다. 상담의 예후를 생각해 보면 (즉 상담의 성공과 실패의 경계가 어디인지 생각해 보면) 기준은 외박과 무단결석 두 가지인 것 같다. 집에 안 들어오기 시작하면, 특히 며칠씩 지속적으로 안 들어오는 일이 생기면 가정의 틀에서 아이가 빨리 벗어나 버리게 돼 가정 내에서 그 문제를 해결하기가 어렵다. 또 학교를 마음대로 빠져 버리면 상담을 통해서 아이를 변화시키기가 매우 힘들다. 물론 이런 아이들에게 변화의 희망이 없다는 뜻은 아니다. 그러나 그런 행동을 기준으로 보았을 때 모습을 바꾸고 제자리를 찾기까지 드는 노력에는 엄청난 차이가 있다고 생각한다.

민이의 일탈에 제동이 걸린 것은 예상치 못한 사건 때문이었다. 민이가 밤에 친구들과 돌아다니다가 조폭들과 시비 끝에 잡혀가 큰 위협을

당한 것이다. 이후로 이전처럼 나가서 며칠씩 안 들어오는 일은 없어졌지만, 여전히 학교는 의미 없이 다니고 있고 (선생님들에게는 이미 미운 털이 박혔고 학교 친구들은 경계하는 분위기였다.) 주말에는 나가서 밤늦게 놀다 돌아오는 생활이 지속되었다. 결국 민이와 가족들은 민이가 대학을 갈 때까지 미국에서 생활하기로 하고 한국을 떠났다.

앞에서 말한 '수익형' 거짓말이 보이는 경우에는 정신을 바짝 차리고 아이를 살펴야 한다. 아이에 대해서 잘 모르겠다거나 대화가 잘 안 된다고 생각될 때는 전문가를 찾아가는 것이 좋다. 왜냐하면 이런 경우에는 아이의 마음속에 충동조절장애나 품행장애, 기분장애가 숨어 있는 경우가 많기 때문이다. 이 문제를 방치하면 부모가 재벌이든 대통령이든 상관없이 아이를 구할 수 없는 일이 생길 수도 있다.

3교시 연습 문제

1. 세상 무엇에도 관심이 없는 중딩, 세상 물정 모르는 중딩
■ 다음 상황을 읽고 재범이와 같은 아이들의 마음과 관련해 적절하지 않은 것을 고르시오.

> 재범이는 세상과 만나려 하지 않고 방에만 틀어박혀 있다. 방에서 무엇을 열심히 하는 것도 아니다. 세상에 대한 관심도 호기심도 없다. 살아야 하는 이유도 잘 모르겠다고 한다.

① 아이들의 내면에 가정이나 학교에 대한 불만과 두려움이 있는 경우가 많다.
② 아이들이 두려움을 극복하려면 주변에서 이해하고 받아들여 주는 모습을 보여야 한다.
③ 중학생 정도의 아이들이 두려움을 극복할 용기를 내는 것은 결코 쉬운 일이 아니다.
④ 아이들이 빨리 이 굴레를 벗어날 수 있도록 부모는 격려가 아닌 요구를 해야 한다.

2. 성적이 떨어지는 중딩, 목표가 없는 중딩
■ 다음 빈칸에 가장 알맞은 말을 고르시오.

> 초등학교 시절은 자기효능감이 높은 시기다. 그러다 중학교 입학 후 첫 시험에서 생각보다 낮은 점수를 받고 화들짝 놀라는 아이가 많다. 대부분 '다음에는 나아지겠지.'라는 생각을 한다. 이렇게 희망을 갖는 것은 좋은 일이지만 사실 그에 따른 적절한 대책은 없다. 그래서 조금은 나아지는 것 같지만 큰 차이 없는 성적표를 받는 경우가 많다. 문제는 여기서 생긴다. 이때 아이들은 (   )라는 생각을 많이 한다고 한다. 이런 상황을 방지하려면 준비가 필요하다. 그 준비란 '성적이 생각보다 낮게 나올 수도 있음'을 미리 예상하는 것이다.

① '치킨이나 먹어야겠다.'
② '난 안되나 보다.'

③ '교과서를 중심으로 철저히 예습·복습해서 수능 만점까지 노려야겠다.'
④ '나는 천재인가 보다.'

3. 거짓말하는 중딩, 비행을 저지르는 중딩
■ 다음의 상황은 어떤 유형의 거짓말에 해당하는지 고르시오.

> 혜리는 친구들과 놀러 다닐 용돈이 필요했다. 그래서 집에 거짓말을 했다. 학교에서 단체로 준비물을 구매하기로 했다며 친구들과 미리 알리바이를 만들어 입을 맞추는 등 계획을 세웠고, 이를 행동에 옮겼다. 그러나 며칠 뒤 혜리의 말이 거짓임을 안 혜리의 부모님은 마음에 큰 상처를 입었다.

① 충동형 거짓말　　　　　② 방어형 거짓말
③ 수익형 거짓말　　　　　④ 애교형 거짓말

정답: 1번-④ | 2번-② | 3번-③

4교시
중2병은 있다

'그분'이 오시고 나면 도무지 이해할 수 없는 우리 아이. 중2병이란 게 진짜 있는 것인지, 그냥 어쩌다 우리 아이도 걸리게 된 것인지 도통 알 수가 없다. 괴로운 중2병, 도대체 그 실체는 무엇이며 왜 시작되는 것일까?

4교시

1
중2병의 실체

:: 우리 아이도 중2병일까?

"우리 아이에게 '그분'이 오신 것 같아요."

　진료실에 찾아오는 사춘기 아이를 둔 엄마들이 흔히 하는 표현이다. 작년과 확연히 달라진 아이를 도무지 이해할 수가 없다는 뜻이다. 게다가 일관성도 없다. 어떤 때는 예전에 알던 아이의 모습인 것 같다가도 어느 순간에는 눈빛도 낯빛도 행동도 모두 판이해진다. '이 아이가 내 아이가 맞나?'라는 생각이 들다가도 시간이 지나면 엄마에게 치대기도 하고 엄마를 찾아 대기도 한다. 이럴 때 보면 영락없는 초등학생이다. 이런 아이들을 둔 엄마들이 모여서 이야기를 나누다 보면 공감 백배다. 저마다 우리 아이가 왜 이러는지 모르겠다고 하면서 드디어 결론에 이른다.

'우리 아이도 드디어 중2병에 걸렸구나!'

그 다음 단계는 이 시기를 먼저 겪은 선배 엄마들의 이야기를 듣는 것이다. '이래야 한다. 저래야 한다.'는 등의 말부터 '다 소용없다. 시간이 약이다.'라는 말까지 듣고 나면 어떻게 해야 맞는 것인지 마음만 무겁다.

그렇게 집에 돌아와 보면 아이는 다시 '그분'이 와 계신지 말끝마다 퉁명스럽고 괜히 신경질이다. 뭘 물어보려 해도 '몰라'와 '그냥'으로 일관해 버린다. 혼자 방에서 문 닫고 있는 건 예사다. 밤늦게까지 스마트폰과 컴퓨터로 뭘 하는지 잠도 잘 안 자는 것 같다. 옷에는 어찌나 신경을 쓰는지 아침에 늦을까 조마조마한데도 화장실을 몇 번씩 들락거린다. 게다가 왜들 그렇게 교복 바지통을 줄이고 치마 길이를 줄이려 하는 건지. 이러다 말는지, 아니면 이대로 더 심해져서 크게 엇나갈는지 아이를 등교시켜 놓고 나서도 한동안 심란하다. 아이 아빠와 의논이라도 좀 하려면 애들 다 그렇게 큰다고, 자신은 어릴 때 더했다고 무용담인지 성공담인지 모를 말들만 늘어놓는다. 우리 아이가 정말 중2병에 걸린 것일까? 이대로 두어도 괜찮은 것일까?

　엄밀한 의미에서 중2병은 의학적 용어가 아니다. 중2병은 초기 청소년기를 뜻하는 말이라고 보는 것이 가장 적합하다. 청소년기는 크게 세 부분으로 나뉜다. 만 10~14세까지를 초기 청소년기, 만 15~16세까지를 중기 청소년기, 만 17~21세까지를 후기 청소년기로 나눌 수 있다. 이렇게 볼 때 중2병은 초기 청소년기에 해당하는 시기에 나타나는 현상이라고 하겠다. 이맘때는 아이의 심리적인 부분에서 이전과 다른 뚜렷한 변화가 보이는 시기다. 이 시기의 특징을 살펴보자.

　첫 번째 변화는 좀 더 독립적으로 성장하는 방향으로 나아간다는 것이다. 이는 자신의 정체성, 즉 '나는 어떤 사람인가?'가 중요하게 여겨지는 것을 포함한다. 이 시기 청소년들에게는 '내가' 중요하고, '내 느낌이' 중요하다. 자신에 대한 다른 사람의 의견에 신경을 쓰지만, 유감스럽게도 부모의 의견은 제외다. 자신의 생각이나 마음을 표현할 수 있는 언어적 능력도 증가하여 말대답도 꼬박꼬박 하지만 말이 통하지 않는다 싶으면 아예 입을 닫아 버리기 시작한다.

그렇다고 완전히 이성적이지도 않아서 말보다는 행동이 앞서는 경우가 많다. (특히 사내아이들은 더 그렇다.) 그리고 감정 기복도 크다. 이런 인지기능과 정서의 부조화는 청소년기를 시작하는 데 있어서 가장 큰 특징이며 청소년기 전체를 관통하는 현상이기도 하다. 그리고 부모들이 가장 많이 당황해하고 상처 받는 지점이기도 하다.

독립적 성향은 친구 관계가 중요해지는 것으로 이어진다. 이제 부모보다는 친구가 먼저다. 부모가 더 이상 전지전능한, 언제나 정답을 가지고 있는 존재가 아니라는 깨달음과, 부모가 말리는 세상 너머에 신나고 짜릿한 것들이 많다는 깨달음이 이러한 성향을 더욱 촉진시킨다. 이렇다 보니 부모의 말이나 부모와 시간을 보내는 것을 등한시하게 되며 때로는 무례한 행동을 하기도 한다. 부모 이외의 사람들을 사귀고 그 집단에 소속되고자 하는 마음은 아이들이 또래끼리의 코드, 좋아하는 음악, 옷 입는 스타일, 사용하는 어휘나 말투까지 닮아 가도록 만든다.

두 번째 변화는 미래에 대한 관심이다. 이 시기는 막연하기는 해도 무엇을 해야 할지에 대한 생각들이 자라나는 시기다. 다만 먼 장래까지 보지는 못해 기껏해야 고등학교 어디 갈지 정도를 생각하는 수준이다. 그러나 아이들이 이런 생각을 하는 것만은 틀림없다. 학교와 공부에 마음을 못 붙이고 필자에게 상담을 하는 아이들 중 거의 대부분은 친구들끼리 PC방에서 나와 동네 놀이터나 산책로에 모여 앞으로 뭐해 먹고살지에 대해 잠시나마 고민을 하기도 한다. 이렇게 미래에 대해 생각하는 것은 그래도 인지기능, 전두엽의 기능이 발달하고 있다는 증거이기도 하다.

세 번째는 성적인 변화다. 초기 청소년기에는 여학생이 남학생보다 성적으로 빠르게 성숙한다. 하지만 남녀 모두 부끄러움이 많고 이성 앞에 서면 얼굴만 붉히는 단계라는 특징을 보인다. 그러면서도 멋있게 보이고 싶어 하다 보니 평범해 보이는 것에 대한 거부감이 커진다. 또한 은밀한 성적 비밀들이 서서히 증가한다.

네 번째는 신체적 변화다. 이 시기에는 키가 많이 자라는 경우가 많다. 2차성징으로 체모와 음모가 자라기 시작하고 피지의 분비도 늘어나 여드름이 나기 시작한다. 여학생의 경우 가슴이 커지고 생리를 시작하는 시기다. 남학생의 경우 고환의 크기가 자라는 과정에서 통증을 느끼기도 하며 몽정을 경험할 수도 있다. 목소리가 변하는 시기이기도 하다.

다섯 번째 변화는 사회의 관습과 규칙에 대한 도전이다. 이 시기에 담배를 처음 피우게 되는 경우가 가장 많다. 술을 마시기도 하며 그 밖의 여러 가지 규범에 대해 도전하게 된다.

　이상의 내용들은 미국 소아청소년 정신의학회 등 청소년 분야의 여러 전문가들이 말하는 초기 청소년기의 특징을 정리한 것이다. 가만히 들여다보면, 우리가 걱정하는 중2병의 모습들이 다 들어 있다. 결국 중2병은 정상적인* 청소년기의 모습이라고 보는 것이 맞다. 문제는 이 증상(?)들이 어디에서 시작되었으며, 왜 나타나는지, 어떻게 해야 다른 문제로 번지지 않는지를 알고 슬기롭게 대처하는 것이리라. 여드름은 병이 아니고 성장기에 나타나는 신체적 현상이지만, 사람에 따라서는 심하게 나기도 하며, 잘못 대처하면 2차감염이나 흉터로 남게 되는 것과 같은 이치라고 생각하면 된다.

:: 중2병의 유래와 원인

　중2병이란 말의 정확한 유래에 대해서는 알 수 없다지만, 1999년 일본 배우 이주인 히카루^{伊集院光}가 〈이주인 히카루의 심야의 엄청난 힘^{伊集院光 深夜の馬鹿力}〉이라는 라디오방송 중 "나는 아직 중2병에 걸려 있다."라고 말한 데서 유래했다고 보는 것이 통설이다. 여기서의 중2병은 '중학

---

* '정상(normal)'의 개념 중 발달상의 관점(developmental perspective)에서 정상이라는 뜻으로 성장 과정에서 있을 수도 있는 현상이라는 의미. 예를 들어, 성인이 두 발로 걷지 못하면 비정상이지만 생후 6개월의 아기에게는 정상적인 현상이다.

교 2학년 정도의 철이 안 든 시절에 한번쯤 겪을 법한 감정 상태'라는 의미로 쓰인 것으로 보인다. 이것이 한국으로 건너와 '종잡을 수 없는, 제멋대로인, 감정 기복이 심한 아이'를 부르는 말로 사용되고 있다. 일부에서는 성인이 되어서도 일탈 행위를 하는 등 어른스럽지 못한 행동을 비난하는 데도 이 말이 쓰이는 것 같다. 일리는 있는 것이, 세상에서 자기가 제일 불행하고 고독하다고 생각하며 자신은 세상을 등진 존재라 여기는 성향은 중2 시기를 겪는 아이들에게 흔히 보이는 특징이다.

중2병을 청소년기의 특징적 현상이 아니라 모든 연령대에서 발견할 수 있는 일종의 행동 특징이라고 보는 견해도 있다. 이는 사회가 피폐해지고 스트레스가 늘면서 분노를 조절하지 못하는 성인이 증가하고 있다는 의미로 해석할 수도 있다. 이 관점에서 중2병은 모든 연령대의 불안한 심리 상태를 반영하는 말이라는 뜻도 된다. 하지만 개인적으로 중2병은 지나가는 현상이며, 아이에서 어른으로 성장해 가는 과정 중 겪는 성장통이라고 보는 것이 더 맞다고 생각한다. 어른들의 미성숙한 행동에 이런 말을 붙이는 것이 그다지 좋아 보이지는 않는다.

중2병이 일본에서 생겨난 단어라고 해서 꼭 한국과 일본 등지에만 있는 현상이라고 보기는 어렵다. 미국에도 '2학년병 sophomoric illness'이라는 말이 있다. 이 말에는 '아는 체한다'는 의미가 담겨 있다고 한다. 대학에 갓 입학한 1학년 새내기일 때는 낯선 환경에 적응하느라 숨죽이고 있다가, 2학년이 되고 나면 이제 뭘 좀 안다고 생각해 오만하고 경솔한 태도를 보이는 학생을 뜻하는 말이다. 이는 마치 우리가 알고 있는 중2병의 증상과 많이 닮아 있다. 그런 점에서 '2학년병'이라는 말에는 자기 생각이 옳다고 여기는 강한 경향, 특히 어른이나 기성세대의 충고 따위는 무시하려는 성향이 비춰진 것으로 생각된다. 공감되는 것이, 중2병이 나타난 학생들을 보면 '내가 제일 잘 안다.'거나 '내 생각이 다 맞다.'는 사고에 사로잡혀 있는 경우가 많다. 그래서 부모의 말이나 어른들의 충고를 잔소리나 간섭으로 느낀다.

중2병 현상에 대한 관심도 높아져서 일각에는 '경쟁 위주 교육의 스트레스'에 시달리는 현대 청소년들이 '인터넷 세상'에 빠져 누군가 자신에게 '주목해 주길 바라는 마음이 극대화된 것'으로 보는 견해도 있다. 한편에서는 질풍노도 청소년 시기의 정상적 모습으로 보기도 한다. 그러다 보니 이에 대한 대책도 다양해서 청소년기 정서장애나 행동장애로 판정하여 약물치료를 하기도 하며, 정신 건강상의 문제라고 보고 그 대책으로 체력을 키우기 위해 학교 체육에 단축마라톤을 의무적으로 포함하는 정책을 발표하기도 한다.*

'뇌과학적 관점'에서는 중2병을 어떻게 바라볼 수 있을까?

중2병이 생기는 시기의 두뇌 변화에서 그 실마리를 찾을 수 있다. 뇌과학적으로 볼 때, 초기 청소년기는 유년기를 지난 두뇌가 폭발적인 성장을 다시 시작하는 시기다. 이때는 양적인 성장뿐만 아니라 질적인 성

---

* 〈학교체육 업무 매뉴얼〉, 서울시교육청, 2013. 3. 12.

장도 준비하는 시기여서 전두엽의 신경연결*이 증가하고 동시에 호르몬의 변화도 생긴다. 이로써 성에 대한 관심도 증가한다. 이전보다 자신의 주변 상황이나 상대방의 의도가 명확하게 눈에 들어온다. 문제는 힘이 생기는 것을 느끼지만 아직 이 힘을 다룰 수 있는 감정적 조절 능력이 충분히 성장하지 않았다는 것이다. 이것이 우리가 이해할 수 없는 '모든 것을 다 아는 것처럼 굴면서도' 자기 마음에 안 들 때는 '말도 안 되는 행동들을 하곤 하는' 중2병 현상에 대한 뇌과학적 견해다. 결국 성장통인 셈이다.

이렇게 중2병이라는 것을 정상적인 발달 및 성장 과정에서 나타날 수 있는 현상이라고 본다면, 그래서 앞서 비유했듯이 심한 여드름처럼 생각한다면, 이 여드름이 곱게 가라앉지 않고 덧나는 이유는 무엇일까?

무시할 수 없는 첫 번째 이유는 '아이의 기질'이다. 성격은 자라난 환경에 의해서 영향을 받는다고 생각하기 쉬운데, 일반적으로 우리가 생각하는 것보다 타고나는 부분이 많다. 옛말에도 씨도둑은 못한다고 겉모습뿐만 아니라 기질까지도 부모 중 한 사람(사실은 두 사람 모두)을 닮아서 태어나는 것이다. 성격에 미치는 유전적 영향에 대한 연구를 기반으로 발전한 성격 척도가 이른바 '빅파이브$^{\text{big 5}}$'다. 이에 따르면 사람의 성격을 '외향적', '신경증적', '개방적', '수용적', '양심적' 성향 등 다섯 가지로

---

* 뇌신경세포 사이의 연결을 말한다. 신경세포에는 이웃한 신경세포들과의 연결 부위가 있는데, 이를 시냅스(synapse)라고 한다. 시냅스가 많아지면 더 많은 신경세포들과 연결이 가능해 같은 시간 내 더 많은 정보 처리가 가능하다.

나눌 수 있다. 이 성향들이 각각 도파민^{dopamine}이나 세로토닌^{serotonin} 같은 신경전달물질^{neurotransmitter}*, 안와전두엽^{orbito-frontal cortex}** 및 대상회^{cingulate gyrus}***와 같은 뇌신경회로의 특성에 따라 결정된다는 것이다. 다른 연구를 통해 또 다른 과학적 증거와 결과가 등장할 수도 있겠지만 타고나는 부분이 많다는 것은 변하지 않을 것 같다.

　두 번째 이유는 '부모와의 궁합'이다.

　부모의 성격과 아이의 성격이 잘 맞으면 적어도 중2병을 수월하게 넘길 수 있다. 만일 성격이 외향적인 아이의 부모가 조심성이 많고 다른 사람과 어울리기를 싫어하는 성격이라고 해 보자. 이런 경우 아이의 성격을 걱정스럽게 생각하여 통제하려고 하다가 충돌이 심해지면 부모와 자식 간의 사이가 나빠질 수 있다. 반면 부모가 개방적이고 수용적이라면 적어도 아이의 성격이나 행동에 대해 충돌하는 경향은 훨씬 줄어들 수 있다. 이 부분은 아이와의 관계뿐만 아니라 부부 간의 관계에서도 동일하게 적용된다. 자녀의 행동이나 성격이 이해가 안 된다는 엄마들의 푸념(?)을 들어 보면 아이가 남편하고 꼭 닮아 있더라는 이야기가 자주 나온다. 남편이 미우면 남편의 행동과 닮은 아이의 행동도 더 미워질 수 있

---

* 신경세포와 신경세포 사이의 정보를 전달하는 데 관여하는 물질들을 말한다. 이 물질들이 부족하면 신경세포 간의 신호가 제대로 전달되지 않으며 파킨슨병, 조현병, 우울장애, 공황장애와 같은 다양한 질환이 발생할 수 있다.
** 뇌 부위 중 안구 바로 윗부분에 닿아 있는 전두엽 부위를 가리키는 말. 충동 억제, 주의 집중, 강박장애와 관련이 깊다.
*** 뇌의 가운데 깊이 자리하고 있으며 감정을 담당하는 변연계(limbic system)와 그 외부의 대뇌피질을 연결하는 역할을 한다. 다양한 뇌 기능에 관여하고 있다.

다. 게다가 엄마가 속으로 '기필코 두 번 당하지는 않으리라.'며 결의를 다지는 사태가 벌어지기 십상이다.

세 번째 이유는 환경이다.

필자의 클리닉이 있는 대치동의 아이들은 일반적으로 중2병이 더 심한 것 같다. 정확한 통계는 알 수 없지만, 상담을 오는 아이들로부터 친구들의 언행을 들어 보면 욕을 사용하고 말고의 문제가 아닌 수준의 일들이 꽤 있다. 자신의 공격적 충동이나 분노, 권위에 대한 도전을 조절하지 못하고 약자를 괴롭히거나 따돌리거나 폭언을 하는 경우를 많이 듣게 된다. 경쟁에 대한 부담, 자신의 감정을 조절하고 배려하고 수용하는 경험을 하기에 충분하지 않은 피상적인 친구 관계, 부모와 아이가 서로 즐거움과 믿음을 주고받으며 의미 있는 시간을 충분히 보내지 못하는 현실과 같은 요인들이 중2병의 증상을 더욱 심화시키는 것으로 볼 수 있다.

2
아이들의 '마음'과 '머리'는 다르게 성장한다

:: '마음'은 이렇게 성장한다

소아정신과 의사로서 아이 마음에 결정적인 순간이 언제일까 생각해보면 아무래도 만 2세를 꼽을 수밖에 없다. 생각하기에 따라서는 마음이라는 것이 배 속에서 아이가 출생하기 이전부터 결정되어 있다고 볼 수도 있겠고, 18세가 넘어서도 정해지지 않는 부분도 있는 것이 사실이지만, 그래도 결정적 순간은 만 2세 무렵이라고 보는 것이 맞을 듯하다. 이 시기가 이렇게 중요한 것은 바로 '애착'이 이루어지기 때문이다.

애착이라는 것은 존 보울비^{John Bowlby}라는 학자에 의해서 그 의미가 처음 부각되었다. 애착은 어린아이가 자신을 주로 돌보는 주양육자와 지속적이고도 일관성 있는 관계를 형성하는 것을 일컫는 말이다. 애착은 생후 6개월 이후부터 생기기 시작해 생후 2~3년 정도까지 그 근본이 형성된다고 한다. 그리고 이렇게 형성된 애착의 패턴은 그 사람이 성장하는 동안은 물론 어른이 되어서까지도 장기간의 인간관계에 결정적 영향을 끼친다고 한다. 애착이 안정적으로 잘 형성된 아이는 긍정적이며 역경에 강하고 독립적이면서도 타인에 대해 신뢰를 가질 수 있는 사람으로 성장할 가능성이 높다. 반대로 애착이 불안정하게 형성된 아이는 자신감이 떨어지고 세상과 사람들을 잘 믿지 못하며 사람들을 피하거나 다른 사람의 사랑을 끊임없이 의심하게 되기도 한다.

그러나 이런 애착의 패턴이 어린 시절부터 금방 눈에 띄는 문제로 이어지지는 않는다. 만 3세 이후부터 만 6세까지는 대부분의 아이들이 부모 외의 다른 사람과의 관계보다는 자신의 머릿속에서 궁금한 것들을 찾아다니는 것에 더 열심인 시기이기 때문이다. 배변 훈련과 같이 자신을 통제하고 조절하고 호기심을 충족하기 위해 뛰어다니는 것이 어린아이들의 주된 행동들이다. 그리고 남녀의 차이에 따라 그에 맞는 행동을 배우게 된다.

초등학교에 들어가는 만 7세가 되면 아이들의 마음속에는 규칙과 규율이라는 것에 대한 개념이 형성되고 비로소 가족 외의 친구들과 좀 더 적극적이고 상호 교환이 있는 관계를 만들 준비를 갖추게 된다. 쉽게 말하면, 이제 선생님의 말씀이나 학교의 규칙을 지켜야 한다는 것을 알고, 친구와 사이좋게 지내기 위해 노력하기 시작한다는 뜻이다. 엄마들이 흔히 하는 말들 중에 '초등학교 1학년 친구는 엄마의 친구'라는 말이 있다. 엄마가 여러 다른 엄마들과 친해져야 그 아이들끼리 놀 기회가 생기고, 그래야 아이들이 친구가 된다는 뜻으로 이 말은 엄마가 다른 엄마와 친하게 잘 지내야 한다는 것을 강조하고 있다. 한편 1학년 중에는 친구를 사귀기에 아직 충분히 자라지 못한 아이도 많다는 의미에서 일리가 있다.

그런데 앞서 말한 애착의 안정도와 성격 기질의 영향에 따라서 어떤 아이는 쉽게 낯선 곳에서 낯선 사람과 어울리기도 하고, 반대로 어떤 아이는 친구를 잘 못 사귀거나 친구 한 명에게 목을 매기도 한다. 친구를 독점하려고 하거나 작은 일에도 금방 삐쳐 버려 엄마의 애를 먹이는 일도 있다. 그 과정에서 자신감 있는 아이로 성장하기도 하고 불안함과 수줍음, 불만이 많은 아이로 성장하기도 한다. 그래도 여전히 친구의 영향보다는 부모, 특히 엄마의 영향력이 큰 시기가 초등학교 1학년부터 3학년 정도까지의 시기다. 이 시기에는 규칙을 받아들이고 지키는 것이 가장 큰 과업이다. 그래서 이맘때 아이들은 규칙을 어기면 이유가 무엇이든 잘못되었다고 생각한다. 옳고 그른 것에 아직 미숙하고 경직된 기준을 갖고 있기 때문에 끝까지 누가 잘못했는지 따지면서 싸우는 초등학교 3학년을 어렵지 않게 볼 수 있다.

4학년이 넘어서면서부터, 좀 더 정확히는 만 10세를 기점으로부터 더욱 뚜렷한 변화가 보인다. 그것은 바로 친구들 사이에 녹아들기다. 튀지 않는 것이 무엇보다 중요한데, 이때가 아이들 인간관계의 중심이 가정에서 친구들 사이로 넘어가는 중요한 시점이다. 남자다운 것, 여자다운 것이 중요한 행동 기준이 되기는 하는데 그 남자다움이나 여자다움이 부모의 관점이 아니라 또래 친구들의 관점에 따라 결정된다. 여기서부터 서서히 부모와 어긋나기 시작하는 것이다. 이 시기에는 친구와 달라 보이는 것이 가장 싫다. 친구에게는 의존적이 되지만 부모로부터는 독립하기 시작한다. 그래도 5학년까지는 부모의 통제가 수월하게 통하지만 6학년만 되어도 이제 아이는 부모로부터 어느새 저만치 떨어져 있게 된다.

앞에서 초등학교 6학년은 '신神의 학년'이라고 했다. 학교에 6년이나 다니다 보니 학교와 선생님에도 익숙해지고, 최고참 학년이다 보니 자신들이 마치 '신'과 같은 존재라고 생각한다는 뜻이다. 그래서 이 시기의 아이들은 전반적으로 자기 능력에 비해 지나친 자신감에 차 있고, 누군가 자신을 지적하거나 비난하는 것에 반감을 갖는다. 그러나 아직은 가만히 듣고 있어야 할 때와 자신의 생각을 노출해도 되는 때를 비교적 구분한다. 정면으로 부딪히기보다는 부모나 선생님 눈에 안 띄게 자기가 하고 싶은 것을 해 나가는 편이다.

그에 반해 중학교 1학년은 낯선 학교, 낯선 시스템에 무서운(?) 선배들까지 있어 지위가 하루아침에 땅으로 떨어지는 느낌을 경험한다. 그러다 보니 자신에게 좀 더 만만한 대상을 만나면 더욱 함부로 하는 경향이 생긴다. 집에서 동생들에게 그러기도 하고 이전보다 만만해진 엄마한테 그렇게 하기도 한다.

초등학교 6학년과 중학교 1학년 사이의 시기는 초등학교 3~4학년 때와 마찬가지로 과도기적 시기다. 부모에게 순응하며 선생님에게 인정받고 규칙을 잘 지키는 사람이 되고 싶은 초등학생 때의 성향과 자기 마음대로 하고 싶고 규칙과 다르게 행동하고 싶으며 또래에게 인정받고 싶은 사춘기적 성향이 공존하는 시기다. 게다가 아이마다 개인차도 커서 중2병이 온 초등학교 6학년도 있는가 하면 아직 초등학생 같은 중1도 볼 수 있는 것이다. 따라서 초등학교 6학년부터는 '아직 초등학생인데……' 라고 생각할 게 아니라 '이제 사춘기가 시작되는구나.'라는 시각으로 바라보는 것이 더 적절하다. 언젠가는 중2병이라는 말 대신 '초6병'이란 말이 생겨날지도 모른다.

:: '머리'는 이렇게 성장한다

아이들의 정서적 발달과 함께 머리, 즉 두뇌도 항상 발달하고 있다. 결정적 역할을 하면서 말이다. 태어나서부터 만 1세 사이의 기간에는 애착을 형성하기 위해 부모에게 자기의 감정들을 표현하는 데 필요한 얼굴 표정을 움직일 수 있는 뇌가 발달한다. 만 3~6세 사이에는 언어적 발달이 폭발적으로 일어난다.

초등학교에 입학할 무렵^{약 만 7세}이 되면 아이들은 간단한 수의 개념이나 크고 작음에 대한 개념을 알게 되고 이것들을 실제적으로 경험해 보고 판단할 수 있다. 그렇지만 아직 추상적인 개념은 발달하지 않았기 때문에 아이들의 논리는 아주 단순하다. 이것을 피아제$^{\text{Jean Piaget}}$라는 학자는 '구체적 조작기$^{\text{concrete operational stage}}$'라는 용어를 사용하여 설명하였다. 이 시기에는 쇠구슬과 유리구슬이 모양은 같아도 서로 다른 것이라는 걸 알 수 있다. 눈앞에서 진흙을 동그랗게 뭉쳤다가 길게 늘여 주어도 그것이 같은 양이라는 것을 알 수 있다. 이렇게 눈으로 직접 보고 알 수 있는 구체적 내용을 바탕으로 간단한 추론도 할 수 있는 시기가 구체적 조작기다.

생후 2년 이내에 뇌의 신경전달을 담당하는 시냅스라고 하는 것이 급격히 증가하고 그 이후부터 시냅스의 수가 감소한다는 이유로 두뇌 발달과 관련하여 이 시기를 조기교육의 결정적 시기로 생각하는 사람들도 있다. 그러나 사실 질적으로 결정적인 시기는 만 10세를 넘어서는 때다. 뇌세포를 전자현미경으로 관찰해 보면 만 6~7세 무렵에 비해 만 14세 무렵에 뇌세포의 시냅스가 줄어들어 있다. 이것은 두뇌가 퇴화했다는 뜻이 아니고 더욱 정교해지고 효율성이 높아졌다는 뜻이다. 이것을 가지치기^{pruning}라고 한다.

한편 만 11~12세 사이를 형식적 조작기$^{\text{formal operational stage}}$라고 한다. 이 시기가 되면 소위 말하는 추상적 사고가 가능해진다. 길고 짧은 걸 대보지 않고 생각해서 알 수 있는 시기가 되는 것이다. 이 시기가 되면 과거의 경험을 토대로 처음 보는 문제를 해결할 수 있고, 가설을 세운 뒤 실험을 통해 확인할 수 있는 사고력이 생긴다. 그리고 눈으로 보고 측정하지 않고도 말로 이루어진 내용(명제)의 참과 거짓을 판단할 수 있을 만큼 사고력이 발달한다. 예를 들면 '정사각형은 직사각형에 포함된다.'라는 명제가 참인지 거짓인지 알려면 정사각형의 뜻과 직사각형의 뜻을 이해해야 한다. 이는 초등학교 4학년 교과과정에서 나오는데, 이렇게 약속에 의해서 다음 결론을 추론해 내는 것이 이맘때가 되어서야 가능하기 때문이다. 이 추상적 사고 능력을 통해 교육과 독서와 사회생활에서 오는 많은 양의 지식과 정보들을 체계적으로 나누기도 하고, 우선순위를 정할 수도 있고, 창의적인 생각들도 할 수 있게 된다. 초등학교 4~6학년의 나이는 결국 생각하는 방식, 머리를 쓰는 방식의 틀이 잡혀 가는 시기다.

인지 발달은 만 14~15세 정도에 완성되는 것으로 알려져 있다. 이 시기는 무언가 새로운 능력이 생기는 시기는 아니다. 우리나라의 경우 중학교 1~2학년 사이에 인지 발달이 완성된다는 말인데, 이는 신체 발달과는 또 다른 문제로 개인차가 무척 크다. 만 11세가 넘으면 2차성징이 나타나며 성적 발달이 시작하기도 하지만, 이러한 신체적·성적 발달이 인지 발달과 똑같은 속도로 이루어지지는 않기 때문이다. 몸은 자랐어도 생각은 어린 중학생도 있고, 몸은 초등학생 같지만 생각은 고등학생 같은 중학생도 있을 수 있다.

그런데 우리나라의 학제상 중학교 1학년부터 학습의 양이 많아지고 경쟁도 치열해진다. 저마다 성장 속도가 다르고 성숙의 시기가 다른 아이들에게는 참 힘든 시기다. 최근 중학교 교육과정 중 한 학기 동안은 시험을 보지 않고 토론, 실습, 체험 등을 통해 진로를 탐색하도록 하는 자유학기제가 시행되고, 중학교에서는 석차가 공개되지 않도록 하는 조치가 취해졌다. 학생들의 인지 발달 단계를 고려할 때 이는 환영할 만한 조치라고 생각한다. 부모 입장에서 봐도, 중학교 1학년 아이들에게는 적어도 성적만 중요시하기보다는 인지 발달이 골고루 되었는지, 그래서 스스로 가설을 세우고, 계획하고, 실행하는 방법을 찾고, 실패를 통해 수정을 하는 능력을 갖추었는지를 점검하는 것이 더 중요하다.

3
느닷없이 시작되는 중2병, 초딩 시절이 발병 여부를 결정한다

:: 중2병의 징후들

"우리 아이가 달라졌어요!"

이 말은 유아들에게만 해당되는 소리가 아니다. 너무나 사랑스럽고 착하던 아이가 어느 날 전혀 다른 얼굴로 처음 보는 행동을 한다. 이를 보고 나서야 '우리 아이가 달라졌구나!'라고 마음속으로 외치는 부모가 적지 않다. 중2병, 정말 느닷없이 시작되는 것일까?

부모 입장에서는 확실히 예고 없이 찾아온다고 느끼는 경우가 많은 것 같다. 그동안 들은 말도 있고 해서 조마조마한 마음으로 지켜보다가 아니구나 싶어 안심했는데, 잠깐 숨 돌린 사이 아이가 달라져 버리는 것이다. 그렇지만 어디 그렇게 하룻밤 사이에 변하는 게 있을까? 사실은, 조금씩 징후가 보이다가 눈에 확 두드러져 보일 뿐이다. 그러므로 부모에게는 가능하면 조기에 그 징후들을 발견하고 적절하게 대처하려는 노력이 필요하다. 아직 우리 아이는 중2병이 아니라고, 그러니까 중2병이 생긴 후에 신속히 대처하면 된다고 해서는 마음처럼 되지 않는다.

지금부터 중2병의 조기 징후에 어떤 것들이 있는지 생각해 보자. 중2병은 의학적 질환이 아닌 관계로 체계적인 연구가 이루어진 바 없다. (물론 연구가 필요한 부분이라고 생각한다.) 그러나 지금까지의 임상적 경험을 토대로 가능한 징후들을 들어 보고자 한다.

늦잠을 자기 시작한다.

이것은 생체적인 변화다. 일반적으로 청소년기에 들어가면 아동기보다 생체 수면 시계가 2시간쯤 뒤로 늦어지게 된다. 즉 2시간 늦게 자고 2시간 늦게 일어난다는 것이다. 밤에 잠을 더 안 자려고 하고 아침에 늦잠이 잦아진다면 이제 중2병이 올 때가 되어 간다는 뜻이다. 음모나 고환의 크기, 생리나 유방의 성숙과 같은 2차성징이 오는 것도 이와 유사한 의미가 될 수 있다. 별다른 모습의 변화가 없더라도 이런 외적 변화가 보이면 미리미리 중2병에 대비하는 것이 좋다.

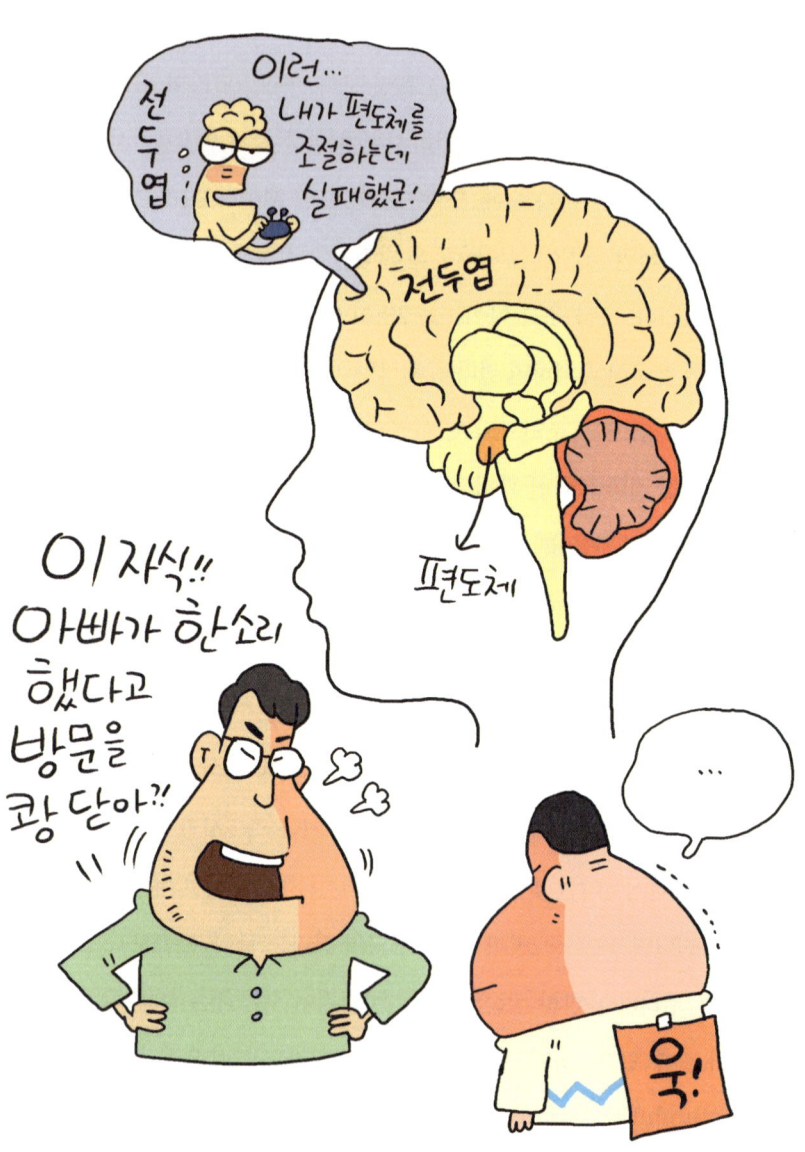

방문 닫는 소리가 커지기 시작한다.

충동성의 증가 때문에 나타나는 현상이다. 부모의 말이 마음에 들지 않지만 아직 정면으로 대응하기 힘든 때라 자기도 모르게 방문을 쾅 닫기도 한다. 보란 듯이 하는 수도 있지만 무의식적으로 하는 경우가 많다.

갑자기 '욱'하거나 신경질이 늘어나고 화난 표정을 자주 짓는다.

앞 내용의 연장선상에서 볼 수 있다. 대화 도중 가족에게, 특히 동생에게 갑자기 성질을 내는 일이 잦아지고 기본적으로 어딘가 짜증스러운 모습으로 지내는 것도 이 시기가 찾아온다는 징후다. 호르몬의 영향을 받는 것으로 설명되는 부분이나, 현재 신경과학의 관점에서는 전두엽이 해마^{hippocampus}나 편도체와 같은 '감정 뇌*'를 조절하지 못해서 생기는 것으로 보고 있다. 이 시기에 왜 그런지 물어봐 봤자 본인도 대답을 못하는 경우가 많다.

왜 부모의 지시대로 따라야 하는지 자꾸 묻는다.

전두엽 성장의 결과물이다. 자신이 많이 안다고 생각하고 자신의 논리에 결점이 없다고 생각하는 자신감, 또한 산타클로스가 없다는 것을 알아채듯 부모가 더 이상 완벽한 존재가 아님을 알게 되는 데서 오는 현상이다. 그렇다고 부모의 논리적 오류나 부당함을 일목요연하게 짚어 가며 차

---

* '감정 뇌'는 변연계를 중심으로 하여 쾌락, 우울, 불안 등을 주로 담당하는 뇌의 부위를 지칭하는 말이다. 이와 대비하여 대뇌피질을 '이성 뇌'라고 부르기도 한다.

분하게 말할 수 있을 만큼의 자제력은 없다. 왜 따라야 하는지 설명해 주어도 이해할 정도로는 성숙하지도 못했고 동의할 만큼 안정적이지도 못하다. 이 시기의 주요 대사인 '내가 왜 그렇게 해야 돼요?'는 '난 하기 싫어요. 내 생각에는 할 필요 없어요.'라는 표현에 그친다고 보는 게 더 맞다.

'내가 알아서 할게.'라는 말을 자주 한다.

이 역시 전두엽의 성장과 함께한다. 자신의 의도를 설명하기는 싫고 그러나 어릴 때처럼 조르기도 싫어질 만큼 자의식이 강해지는 시기다. 또한 차분히 설명하기에는 감정적으로 아직 너무 급하고 충동적이다. 자신이 잘 못하거나 신뢰받지 못하는 분야, 특히 공부에 있어서 이런 말을 할 때는 '지적받기 싫어요. 내가 편한 대로 하고 싶어요.'라는 의미다.

방문을 닫아 놓고 책상의 배치를 바꾸기 시작한다.

심리적 독립에 대한 욕구가 커지면서 생기는 현상이다. 그리고 사생활을 중요하게 대두시키며 부모가 자신에 대해 알려고 하는 것에 대해 죄책감을 갖게 만든다. 감추고 싶은 것이 있을수록 이러한 정도가 더 강하고 정교하게 나타난다. 대개는 어설프고 눈에 다 보이게 자신을 감추는데, 부모가 방에 들어가면 갑자기 모니터 방향을 바꾼다든지 하는 것이 그 예다.

밤에 늦게 들어오고 싶어 한다. 잘 지키던 규칙을 어기는 일이 생긴다.

초등학교 때까지는 학교나 학원을 마치고 돌아오는 시간이며, 친구 집에 가서 돌아오는 시간 모두 잘 지켜진다. 물론 더 놀고 싶다고 사정을 하는 경우도 있지만 분명히 허락을 구한다. 그러나 점차 허락을 구하지 않고 늦기 시작하며 구태여 밤에 나가서 놀고 싶어 하는 성향이 생긴다. 이는 즐거움을 충동적으로 쫓는 사춘기적 특성에 친구들 사이에서의 우월감이 같이 작용하여 만들어지는 행동 패턴이다. 친구들보다 성장이나 성숙이 빠른 아이들이 이러한 행동을 더 많이 보일 수 있다. 왜냐하면 친구들은 아직 초등학교 무렵의 성향을 지니고 있어서 고분고분한데 자신은 그렇지 않다는 것이 강함의 표시라고 생각하기 때문이다.

스마트폰의 사용, 특히 문자의 사용이 많아진다.

휴대폰을 통한 소통이 스마트폰 사용의 주된 목적이 되는 단계가 바로 중2 전후다. 아이들은 이를 통해 친구 관계를 유지하고 '따'가 되지 않도록 스스로 영리하게 움직여야 한다. 그러니 SNS가 필요하다는 아이들의 말이 이해는 된다. 다만 이것에 너무 몰두하고 밤에 잠을 너무 늦게 자는 일이 생기게 되면 '이제 본격적으로 중2병이 시작되겠구나.' 하고 마음의 각오를 할 필요가 있다. 이는 일방적으로 막기만 한다고 되는 것도 아니고, 그렇다고 그냥 아이에게 맡겨 두기만 할 수도 없는 부분이다.

친구들과의 코드와 부모와의 코드가 충돌할 때 친구들 의견을 따른다.

옷차림이나 머리 스타일이 가장 큰 문제가 된다. 한여름에도 기어이 반팔에 카디건을 고집하고 등교하는 아이의 뒷모습을 보며 저 속에 무슨 생각이 있는 것일까 싶을 때가 있다. (재미있는 것은, 친구들과 헤어져 혼자가 되자마자 카디건을 벗어 버린다는 것이다.) 이러한 충돌은 자연스러운 현상이기는 한데, 그 정도가 심하거나 너무 여러 상황에서 발생한다면 중2병이 심해질 소지가 있다.

부모 앞에서의 말과 부모가 없는 곳에서의 말이 정반대가 된다.
거짓말의 선수가 되기도 한다. 양상도 달라진다. 초등학교 때의 거짓말은, 이를테면 시험을 잘 봤다고 한다거나, 문방구에서 산 물건을 친구가 주었다고 하는 식이다. 이런 거짓말에는 그 거짓말을 통해 부모의 사랑을 잃지 않으려는 동기가 많이 작용한다. 그러나 중2병의 시기가 가까워 오면 설명하기 귀찮아서 학원이 늦게 끝났다고 하거나, 부모 앞에서는 게임을 끊겠다고 하고 동생에게는 아이디를 내놓으라고 하는 등 자신의 이득을 취하기 위한 경향이 한층 강해진다. 이는 매우 다루기 힘든 여러 가지 문제를 동반하게 되는데, 그중 가장 어려운 문제는 부모와 아이의 신뢰 유지다.

:: 초딩 시절이 중2병 발병 여부를 결정한다

우리가 그토록 이해하기 어려운 중2병은 초등학교 때부터 (특히 4학년을 넘어서면서부터) 그 씨앗이 자라나기 시작한다고 할 수 있다. 신체적 발달과 함께, 두뇌의 발달, 정서의 발달, 성적인 발달이 빠른 아이들은 초등학교 5학년이 되면서 사춘기의 티를 내기 시작하고, 초등학교 6학년이 되면 벌써 중학생처럼 행동하기도 한다. 이런 아이들은 부모가 초등학교 때의 반항이나 일탈에 대해 어떻게 대처했고, 학교나 친구들이 어떤 반응을 보였는지에 따라서 중2병을 심하게 겪을 수도 있고 아닐 수도 있다.

이런 아이들을 되바라지다며 강하게 비난하고 야단치는 것이 아이를 통제하는 데 유리할지는 모르지만, 아이들 마음속에 반감이 들게 만들고 상처를 키워 나중에 크게 덧날 가능성을 높인다. 그렇다고 어리니까 그럴 수 있다며 두고 보기만 해서는 적절한 절제를 배울 수 있는 기회를 놓쳐 나중에 더 큰 문제가 생길 수 있다.

아이가 신체적 성장이 빠르지 않아도 스트레스에 많이 노출되면 그만큼 빨리 성숙하게 된다. 이러한 성숙은 중2병 증상이 일찍부터 나타나 오랫동안 지속될 수 있게 하는 원인이 된다. 최근에는 중2병이 시작되는 나이가 자꾸 앞당겨지고 있는 추세다. 이것은 아이들이 스트레스에 점점 더 많이 노출되고 있다는 뜻이며 동시에 이 스트레스가 충분히 해소되지 않고 있다는 뜻이다. 우리나라 초등학생의 가장 큰 스트레스는 역시 학업, 즉 학습량과 성적에 대한 중압감이다. 이는 부모와 갈등을 가장 많이 빚는 원인이기도 하다.

초등학교 고학년부터는 서서히 몸뿐만 아니라 두뇌와 마음도 부모로부터 멀어지는 방향으로 변화한다. 이때 부모가 이러한 변화를 전혀 인정하지 않으려고 하면 잦은 충돌과 갈등의 원인이 될 가능성이 높다. 학업 스트레스를 많이 주는 편이 아니더라도 일상생활에서 아이의 성장에 대해 너무 둔감하게 대응하면 아이는 마찬가지로 스트레스를 받게 된다.

한 가지 변수는 아이의 감정 조절 능력이다. 비슷한 지역, 비슷한 성향의 부모 품에서 자라도 어떤 아이는 중2병이 심하게 오고 어떤 아이는 비교적 조용하게 지나가기도 한다. 이것은 아이의 감정 조절 능력에 따라 결정된다. 이 감정 조절 능력은 공부할 때나 친구를 사귈 때에도 중요한 역할을 한다. 감정 조절 능력은 결국 애착이 얼마나 안정적으로 잘 이루어져 있는지와 밀접한 관련이 있다. 이 결정적 요소에 따라서 중2병이 한때의 이야깃거리로 남을 수도 있고, 치료가 필요한 상태가 될 수도 있다. 때로는 심한 후유증을 남기기도 한다.

중2병의 발생을 부모의 힘으로 막을 수는 없다. 그러나 빨리 발견하고 적절히 대처하는 것은 충분히 할 수 있는 일이며, 여기에는 아이와 부모의 관계가 결정적으로 작용한다.

4교시 연습 문제

1. 중2병의 실체
■ 다음 중 중2병에 대한 내용으로 옳지 않은 것을 고르시오.

① 중2병은 한국과 일본 등지에만 있는 현상이다.
② 중2병 아이들은 완전히 이성적이지는 않아서 말보다 행동이 앞서는 경우가 많다.
③ 중2병 시기의 아이들은 막연하기는 하지만 미래에 무엇을 해야 할지 생각해 본다.
④ 중2병 시기는 신체 성장과 성적 성숙이 나타나는 시기다.

2. 아이들의 '마음'과 '머리'는 다르게 성장한다
■ 다음 빈칸에 알맞은 단어를 고르시오.

( )은 어린아이가 자신을 주로 돌보는 주양육자와 지속적이고도 일관성 있는 관계를 형성하는 것을 일컫는 말이다. ( )이 안정적으로 잘 형성된 아이는 긍정적이며 역경에 강하고 독립적이면서도 타인에 대해 신뢰를 가질 수 있는 사람으로 성장할 가능성이 높다.

① 집착   ② 고착
③ 애착   ④ 정경유착

3. 느닷없이 시작되는 중2병, 초딩 시절이 발병 여부를 결정한다
■ 다음은 중2병 증상들에 대한 설명이다. 맞으면 O, 틀리면 X로 답하시오.

① 늦잠을 자기 시작한다. ( )
② 허락을 구하지 않고 늦는 등의 일은 절대 없다. ( )

③ 방문 닫는 소리가 커지기 시작한다. ( )

④ 갑자기 '욱'하거나 신경질이 늘어나고 화난 표정을 자주 짓는다. ( )

⑤ 왜 부모의 지시대로 따라야 하는지 자꾸 묻는다. ( )

⑥ 친구들과의 코드와 부모와의 코드가 충돌할 때 부모 의견을 따른다. ( )

⑦ '내가 알아서 할게.'라는 말을 자주 한다. ( )

⑧ 방문을 닫아 놓고 책상의 배치를 바꾸기 시작한다. ( )

⑨ 스마트폰의 사용, 특히 문자의 사용이 많아진다. ( )

⑩ 부모 앞에서의 말과 부모가 없는 곳에서의 말이 항상 같다. ( )

5교시
초딩 때는 안 그러더니

중2병 아이를 바라보면서 '이 녀석은 인간이 덜 됐다!'고 생각하는 것도 '우리 아이는 그럴 리 없다.'고 생각하는 것도 모두 아이가 '작은 어른'이라고 착각하기 때문이다.

5교시

1
부모들의 커다란 착각

'이게 다 인간이 덜되어서 그런 것이다. 그러니 지금 정신을 차리게 해야 한다.'

사춘기에 접어들어 중2병이 나타나기 시작하는 아이들을 보면서 부모가 느끼는 첫 번째 감정은 이렇다. '이 녀석을 그대로 두면 인간이 안 되겠구나.'

자꾸만 버릇이 없어지고, 태도는 더욱 불손해진다. 가족사진을 한 장 찍자고 해도 고개를 외로 꼬고 한숨을 내쉰다. 1년 전까지는 상상하지 못했던 껄렁껄렁한 행동이다. 이런 예의 없는 행동을 그대로 방치하면 나중에 버르장머리 없는 젊은이로 자랄 것이라는 생각이 순간 확 든다. 혼쭐을 내서라도 뜯어고치고 싶다.

그래도 부모한테 버릇없이 구는 것은 숨 한번 고르고 살살 달래기라도 할 텐데, 학교에서 불성실하고 삐딱한 행동을 한다는 이야기를 들으면 도무지 답이 안 나온다. 자주 숙제를 하지 않거나, 수업 시간에 장난이 심하거나, 친구들과 건들거리며 돌아다니는 모습을 볼 때면 가슴이 철렁 내려앉는다. 부모가 자라면서 보았던, 또 어른이 된 뒤에 보고 들었던 온갖 안 좋은 모습들이 영화필름처럼 획 지나간다. 여기서 눈감아 주는 것은 부모로서 직무 유기라고 생각된다. 그래서 결심한다.

'부모 노릇 제대로 할 때다!'

그러나 유감스럽게도 이렇게 결심(?)한 부모들 중 대부분이 아이들을 정신 차리게 할 전략을 침착하게 세우지 못한다. 그 대신 순간적으로 '욱'하면서 야단만 친다. 예전 같으면 움츠러들었을 아이도 이제는 참다가 발끈한다. 이 시점부터 '승부'가 시작된다. 여기서 밀리면 부모의 권위가 땅에 떨어질 것이라는 공포뿐만 아니라 아이가 어디로 흘러가든 절대 잡을 수 없을 것이라는 불안이 엄습한다.

처음에 이 승부는 부모의 승리로 끝나는 경우가 많다. 그러나 시간이 가고 아이가 성장할수록 아이가 승기를 잡을 확률이 높아진다. 점점 부모는 분노와 불안으로 잠 못 이루는 밤이 늘고, 서로의 잘못을 탓하며 원망하기도 한다.

'그 나이 때는 다 그런다. 그러니 그대로 둬라.'

할아버지나 할머니들이라면 이렇게 말씀하셨을지 모른다. 여러 명의 자녀를 줄줄이 두고 격변하는 세상에서 하루하루 치열하게 살아오신 분들. 이분들에게 이 정도는 아무것도 아니었을지 모른다. 그러나 요즘 부모가 이런 관점으로 아이에게 접근해도 될지는 조금 달리 생각해 볼 필요가 있다.

예전에는 아이들이 마주치는 세상보다 어른들이 마주치는 세상이 더 빨리 변했다. 그러나 요즘은 아이들의 세상이 더 빨리 변한다. 어른들 세상은 보이지 않게 서서히 변하는데 아이들 세상은 눈이 어지러울 정도로 아주 빠르게 변한다. 게임이 그렇고, 스마트폰이 그렇다. SNS도 좋은 예다. 성에 대한 자세도 옛날과는 사뭇 다르다.

중요한 것은 중2병이 생길 수 있는 나이의 아이들이 이런 문제를 잘 해결하기에는 아직 미숙하다는 점이다. 그래서 옆에서 지켜봐 주어야 하고, 때로는 잘 인도해 주어야 한다. 이것조차 하지 않는다면 그것은 아이들을 민주적으로 대하거나 존중하는 것이 아니다. 아이들을 방임하는 것이고 책임을 회피하는 것이다. 부모로서 비난받는 것을 두려워하는 부모들이 이러한 입장을 선택할 가능성이 크다. 민주적인 국가라고 해서 국민을 방관만 하지는 않는다. 국민이 예기치 못한 불행에 처할 때면 사회 안전망으로 그들을 보호한다. 부모도 마찬가지다. 아이에게 튼튼한 '안전망'을 만들어 주어야 한다.

'내 아이에 대해서 잘 알고 있다. 그러니 내가 잘못 대처할 리 없다.'

어려서부터 말 잘 듣고 부모가 하자는 대로 하는 아이를 둔 경우, 특히 그 아이가 첫아이인 경우 부모는 이렇게 생각하기 쉽다. 또한 부모가 아이와 많은 시간을 함께하고 많은 대화를 나눴다고 여길수록 이런 생각을 갖기 쉽다. 이런 확신에 푹 빠져 있게 되는 것은 '인지부조화*' 때문이다. 남들은 다 보는 허물을 나만 못 보는 일이 생기는 것이다.

필자도 필자의 두 아이 모두에게 심리검사를 해 봤다. 초등학교 저학년 때 검사했는데도 아빠로서 필자가 생각했던 것과 다른 결과들이 검사를 통해서 드러났을 때 적잖이 놀랐었다. 내 아이를 잘 안다는 것은 생각보다 쉬운 일이 아니라는 걸 새삼 느꼈다.

초등학생 시절의 아이와 사춘기에 들어설 때의 아이가 택하는 길은 방향이 많이 다르다. 초등학교 때까지는 아이들이 부모를 기쁘게 하기 위한 방향으로 움직인다. 그러나 사춘기부터는 자신이 기쁠 수 있는 방향으로 움직인다. 어려서는 부모를 실망시키지 않기 위해 거짓말을 하던 아이도 사춘기에는 스스로 좌절하기 싫어서 거짓말을 한다.

이러한 변화를 인정하지 않고 아이를 바라보면, 부모는 자신이 인식하는 대로의 아이를 상상해 놓고 그에 맞춰 키우고 있는 셈이 된다. 그

---

* 인지부조화란 자신의 믿음들과 행동들 사이에 불일치가 있을 때 발생하는데, 이때 대부분이 자신의 믿음이나 태도를 바꾸어 행동을 합리화시키려고 한다. 아이를 체벌하는 것은 나쁘다고 생각하던 부모가 아이를 체벌하고 난 후 '이런 행동을 용납하면 아이 더 망치는 거야. 어쩔 수 없어.'라고 자신의 태도를 바꾸는 것이 그 예다.

사이 아이는 어디론가 슬며시 가 버리고 만다. 이런 경우 가장 큰 문제점은 잘못된 접근과 대처를 하면서도 그것을 고치려고 하지 않는다는 점이다.

2
아이는 작은 어른이 아니다

초등학생 아이를 키울 때라고 다른 것은 아니지만, 사춘기 아이를 키우는 부모가 특히 자주 빠지는 함정이 있다. 아이를 체구만 좀 덜 자란 어른으로 생각한다는 것이다. 초등학교 때까지는 '어린데 뭘 알겠어. 크면 나아지겠지.'라며 기다리고 관대하던 부모들도 중학생이 되면 '이제 알 만큼은 알 때 아니니?' 혹은 '언제까지 어린애처럼 대해 주어야 하니?'라며 어른스러움을 기대한다. 이 기대가 잘못된 것은 아니지만 아이는 여전히 성장 중이며, 그 성장은 아직 충분하지 못한 상태다. 여전히 불완전하며 미숙한 면이 있다. 따라서 이 시기의 아이들이 실천하기에 정말 어려운 것들이 있다.

첫째, '버럭질' 하지 않기

한 가족이 식당에서 식사를 하고 있다. 중학생 쯤으로 보이는 형과 그 옆에 초등학생임이 분명한 동생이 앉아 있다. 처음에는 둘이 키득거리면서 장난치더니 갑자기 형이 동생에게 펀치를 한 방 먹이며 욕을 날린다. 깜짝 놀란 부모는 형을 큰소리로 나무란다. 이후 그 가족도, 식당 안도 한동안 정적에 휩싸였다.

'버럭'이라는 표현은 남자아이들에게 더 적합한 표현일 수 있으나, 여자아이들이라고 상관없는 것은 아니다. 조금만 간섭을 하거나 귀에 거슬리는 이야기를 하면 앙칼진 반응을 보이는데, 이 시기에는 이것을 참기가 어렵다. 왜냐하면 버럭 하고 화를 내는 것은 '감정의 영향'이기 때문이다. 우리 중딩들의 전두엽은 기억력과 논리적 사고력 측면에서는 성장했지만, 아직 감정 조절 측면에서는 다 성숙하지 않은 상태다. 감정적 충동을 잘 다스리지 못한다는 특징이 성인보다 훨씬 강하다.

물론 그런 행동이 좋지 않음을 알려 주어야 하지만 왜 못하냐고 비난할 일은 아니다. 지금은 감정을 잘 조절하는 어른들도 그때는 그렇지 못했을 것이다. (사실 다 큰 어른들도 쉽지 않은 일이지만.) 앞서 예로 든 상황이 처음이라면 낮고 단호한 어조로 형을 나무라는 것까지는 맞다. 그러나 인격적인 비난을 할 필요는 없다. 대신 집으로 돌아와 다시 이야기할 것임을 알려 두는 것이 좋다. 반복되는 일인 경우에는 미리 (반드시 미리) '그런 일이 있을 경우 그날의 외출을 중단한다.'든지, '게임이나 다른 좋아하는 것을 못하게 된다.'는 것(짧은 기간 동안이 좋다.)을 정하고 알려 주는 편이 좋다.

둘째, 내가 생각하지 못한 변수가 있을 수 있다는 것을 알기

　중2병을 앓고 있는 아이들의 이야기를 듣고 있으면 논리 전개가 제법 탄탄하다. 자기 생각에 대한 아이의 믿음도 꽤 커 보인다. 그러나 아이들은 자신이 전개하는 논리의 전제들이 틀릴 수도 있다는 과일반화의 오류*를 미처 깨닫지 못한다. 그리고 이렇게 분명한 사실을 모르는 것만 같은 어른들을 이해하지 못한다. 대개 이런 실랑이는 숙제를 두고 벌어지는 경우가 많다. 학원 숙제를 해야 하지 않느냐는 엄마와 지금 좀 놀다가 해도 충분히 할 수 있다는 아이의 의견이 부딪히는 것이다. 아이는 '지난번에 국어 숙제 하는 데 1시간밖에 안 걸렸어요. 지금부터 텔레비전 잠깐만 보고 해도 충분히 할 수 있어요.'라고 주장하고, 엄마는 '숙제부터 하고 텔레비전 보는 게 원칙 아니니?'라고 주장한다. 아이는 엄마의 일방적 주장이라며 자신이 어쨌든 숙제를 다 하면 되지 않느냐고 반박한다. 그러나 막상 숙제를 해 보니 이번 숙제는 2시간이 훌쩍 넘게 걸린다. 부모는 '거 봐라.'라고 하는데 아이는 '이번 것은 책을 읽고 내용을 요약하는 거라 오래 걸린 거예요.'라고 항변한다. 이 대목에서 변명과 핑계를 댄다고 꾸중을 듣게 된다.

　초등학교 때는 인지 발달이 아직 미숙해서 예측이라는 것을 하기 어렵고 틀리는 경우도 많은 데다가 의존심도 있어서 시키는 대로 잘 따라 한다. 하지만 중학생이 되면 예측이라는 것이 쉽게 느껴지고 독립심도

---

* 한 가지 사실을 너무 넓은 범위에 적용하는 인지적 오류를 말한다. 얌체처럼 구는 공부 잘하는 아이 몇 명을 보고 '공부 잘하는 애들은 다 인간성이 별로야.'라고 생각하는 것이 그 예다.

생겨서 자신의 예상이 틀릴 것이라고 잘 생각하지 않는다. 여기에 지금 당장 재미있는 것을 하고 싶다는 감정적 판단이 추가되면 자신의 계획이 얼마만큼 현실성 있고 위험성 있는지를 잘 떠올리지 못한다. 부모 입장에서 정말 답답한 건 이런 상황이 계속 반복된다는 것이다. '지난번에 그렇게 겪어 보고는 왜 또 이럴까?' 싶다. 어른이 이렇게 반복한다면 정말 문제다. 하지만 우리 중딩들은 아직 자신의 머릿속에 떠오르는 것이 전부라고 믿는다. 그래서 늘 같은 실수를 반복한다. 부모가 할 수 있는 일은, 만에 하나 계획이 어긋날 경우 대책이 있는지를 물어보고 대책을 세우도록 권유하는 일이다. 대책이 없는 일이고, 그 일이 잘못될 경우 타격이 크다면 (사실 그런 일이 별로 없기는 하다.) 아이가 하고자 하는 대로 두지 말아야 하지만, 그렇지 않다면 시행착오를 겪도록 하면서 계속 대책을 마련하도록 안내해야 한다.

셋째, 자신과 타인의 관계를 적절히 유지하기

부모 앞에서는 한없이 독립과 자유를 갈망하는 아이. 그러나 친구들과 있을 때는 다르다. 조금이라도 다른 면이 있을까 전전긍긍하고 친구들의 말 한마디 한마디에 모든 신경을 곤두세운다. 친구들과 다른 행동은 절대로 하지 않으려고 한다. 이성에게 많은 관심을 보이면서도 이성 교제의 의미가 무엇인지 잘 모른다. (하긴 대학생이 되어도, 그 이상 나이가 되어도 잘 모르는 사람이 많기는 하다.) 남들이 영화는 여자 친구와 보는 게 멋있다고 하면 자기도 그렇게 하고 싶고, 드라마에서 나오는 놀이동산 데이트가 근사해 보이면 자기도 그렇게 하고 싶어지는 것이다. 그러다 보면 친구들, 특히 이성 친구에게 열중하면서 자기 자신을 지키고 관리하는 일이 어려워진다.

자기 자신을 지키고 관리하는 능력은 그렇게 호락호락한 것이 아니다. 우리 어른들도 잘 못하는 부분이기도 하다. 청소년 시기에 이것이 더 어려운 이유는 아직 정체성을 찾지 못한 시기이기 때문이다. 어른들은 다른 사람을 모방하더라도 그것이 모방임을 인식한다. 그러나 청소년기에는 다른 사람의 행동이나 생각을 따라함으로써 그것을 자기 것으로 만들려는 의도가 숨어 있다. 그렇게 하나씩 하나씩 '나'라는 사람을 만들어 가는 것이다. 어른들이 보기에는 친구를 그저 따라하는 것 같지만 사춘기 아이들은 그렇게 자기 자신을 찾아 나간다.

이성 교제 부분은 감정 조절 능력과 관계가 깊다. 죽음도 불사한 로미오와 줄리엣의 나이가 16세, 14세인 것을 생각해 보면 이 시기의 열정이 얼마나 맹목적인지 다시 한번 짐작할 수 있다. 이 열정은 불꽃처럼 타오르지만 금방 식는 편이다. 그런 일시적인 감정에 열중하는 것이 부질없고 불안하기 그지없어 보이지만 아이들에게는 조절하기 어려운 열기다.

위에서 살펴본 것들은 안 하는 것이 아니라 못하는 것이다. 그렇지만 앞으로 배우고 익혀야 할 부분이기 때문에 비난과 꾸중보다는 이해와 설명이 필요하다. 그리고 무엇보다도 기다림이 필요하다.

3
중2병, 호르몬이 아니라 뇌가 문제

사춘기가 시작되면 2차성징이 나타난다. 그 이유는 테스토스테론이나 에스트로겐^{estrogen}* 등과 같은 호르몬의 분비와 활동이 왕성해지기 때문이라는 것이 지금까지의 가장 설득력 있는 설명이었다. 하지만 최근의 연구 결과들을 보면, 호르몬 분비의 변화로 설명할 수 있는 사춘기의 특징이 많지 않으며, 그보다는 두뇌신경회로가 성숙하는 속도의 차이로 봐야 한다는 견해가 더 많다. 개인적으로 이러한 관점이 더 유용하다고 보는데, 호르몬 탓이라고 하고 덮고 나면 사실상 그에 따른 대처 방법이 없

---

* 여성호르몬의 일종. 여성의 2차성징 발현이나 월경 주기 등에 주로 관여한다.

기 때문이다. (우리 몸에서 나오는 호르몬은 신체적 성장 때문에 마음대로 줄이거나 늘릴 수 없고 함부로 약을 먹을 수도 없다. 그래서 '어쩔 수 없다.'라고 생각하는 것이다.) 중2병도 호르몬의 영향이라고 한다면 그저 '그분이 또 오셨구나. 언젠가는 가시겠지.'라고 생각하며 기다리는 방법 외에는 뾰족한 수가 없다. 그러나 두뇌신경회로의 발달이나 그에 따른 현상이라고 보면 많은 부분의 해석이 가능해지고 대응 방법도 훨씬 구체적으로 다양하게 찾아낼 수 있다.

현재까지 연구에서 밝혀진 바로는, 사춘기가 되면 두뇌의 전두엽 부분이 급속도로 발달한다고 한다. 두뇌에서 전두엽은 논리력과 기억력 등을 담당하는 부위다. 이에 따라 두뇌의 회전 속도도 빨라진다. 배우 최민식 씨가 출연해 눈길을 끌었던 영화 〈루시LUCY〉에서처럼 이 시기가 되면 아이들은 자신의 능력이 성장했음을 자각하게 된다. 힘이 세진 아이가 그 힘을 시험해 보고 싶어 하는 것처럼 이 시기의 아이들은 자신의 향상된 두뇌 능력을 자꾸 확인하고 싶어 하며, 이를 재미있어 한다. 유감스럽게도 우리나라의 공부는 이런 욕구를 끌어들이는 데 실패하고 있다.

반면 정서를 담당하는 해마나 편도체 같은 변연계* 의 성숙이나 이를 제어하는 전두엽과 변연계의 연결은 아직 덜 발달되어 있다. 그러므로 이 시기는 충동적이고, 무엇에든 잘 빠져들기 쉬우며, 이성보다는 감정이나 본능에 더 충실하게 된다. 이러한 관점에서 중2병을 바라보면 많은

---

* 감정을 관장하는 뇌의 영역.

것을 이해할 수 있다. 중2병을 이해하는 핵심적 프레임이라고 할 수 있으므로 잘 기억해 두자.

전두엽이 발달할 때 생기는 변화는 기억력과 언어 능력의 증가다. '내가 중학교 때는 한 번 보기만 해도 다 외워졌는데 말이야.'라고 으쓱하는 사람이라면 이 말을 실감할 것이다. 개인적으로 'apple은 사과'와 같이 단어를 일대일로 외우는 것을 권장하지 않지만, 어쨌든 중학교 시기에는 하루에 수십 개씩 이렇게 암기할 능력이 된다.

언어도 매우 발달한다. 특히 논리적인 부분에서 발달하는데, 많은 아이가 부모와의 말싸움에서 이기기 시작하는 시기가 중학교 2학년 무렵부터라는 점을 생각해 보면 이해가 빠를 것이다. 이 시기의 언어적 특징 중 하나는 은어와 비속어의 사용이 많다는 점이다. 또래 의식을 강하게 느낄 수 있고, 독립심을 느낄 수 있으며, 자신의 힘과 충동을 맘껏 표출할 수 있는 (건전한 언어는 우리 중딩들에게 너무 밋밋하다.) 은어나 비속어 자체가 문제는 아니다. 실제로 대학교에 가고 나면 이런 말들을 쓰는 게 너무 유치하게 느껴져 점차 사용하지 않게 된다. 다만 시험에 시달려서 책, 특히 고전과 같은 좋은 글을 읽지 않게 되어 어휘력이 발전하지 못하는 것이 요즘 아이들에게 생긴 불안 요소다.

변연계의 성장과 이를 제대로 통제하지 못하는 전두엽 때문에 오는 현상들은 눈에 훨씬 많이 드러난다. 가장 쉬운 예가 청소년들의 과격한 행동이다. 신체적 폭력을 쓰는 남학생, 단체로 한 명에게 잔인한 행동을 하는 여학생의 행동이 그 예다. 충동과 욕구를 담당하는 변연계의 성장에 맞춰 전두엽이 이를 충분히 통제하지 못하는 상황이 되면, 어느 정도 걸러지고 순화되어 표현돼야 할 감정들이 여과 없이 행동으로 나타나게 되는 것이다. 여기에 전두엽의 기능은 마비시키고 변연계의 활성은 활발하게 만드는 조건들, 예를 들면 우울이나 불안 같은 심리적 요인이 겹치면 행동은 더욱 거칠고 공격적으로 나타날 수 있다.

변연계의 영향을 받는 성적 충동도 마찬가지다. 프로이트[Sigmund Freud]의 이론을 빌어서 생각해 보면, 7세 전후로 오이디푸스콤플렉스[Oedipus complex]를 넘어선 후 한동안 잠복해 있던 성적 충동이 다시 고개를 들기 시작하는 시기가 사춘기다. 이 부분이야말로 신체적 변화와 호르몬의 영향을 가장 많이 받는 영역인데, 변연계에서 발생하는 감정적 변화와 충동을 전두엽이 논리적·이성적으로 충분히 해결하지 못해서 여러 가지 사건들이 생겨난다. 덧붙이자면, 아이들에게 와 닿을 만큼 실제적인 성교육이 아직 충분히 이루어지지 않고 있는 실정이라는 점도 아쉽다. 교육 관계자들에게도 나름의 이유가 있겠지만 실제로 학생들을 마주하는 입장에서는 아직 부족한 부분이 많은 듯하다.

부모 입장에서는 일상생활 중에서 '잠'과 부딪히는 일이 자주 생긴다. 사춘기가 되면 평균 2시간 정도 자는 시간이 뒤로 늦어져 늦게 자고 늦게 일어나는 아이가 되어 버린다. 이 부분도 두뇌의 변화에서 일어나는 것이라 부모의 힘으로 막거나 바꾸기 어렵다. 그러니 이럴 때는 억지로 일찍 깨우기보다는 최대한 잠잘 시간을 확보해 주고, 잠들기까지 저녁 시간을 좀 더 알차게 (이불 속에서 스마트폰을 하는 대신) 보낼 수 있게 도

외주는 게 나을 것이다.

　이와 같이 중2병을 뇌과학적 관점에서 바라보고, 각 현상별로 문제를 발생시키는 두뇌 특성을 고려하여 적절한 대책을 세우는 것이 중2병을 앓고 있는 아이들을 키우는 데, 또는 그 시기를 미리 준비하는 데 유용한 접근법이 될 것이다.

5교시 연습 문제

1. 부모들의 커다란 착각
■ 다음 빈칸에 알맞은 단어를 고르시오.

> 민주적인 국가라고 해서 국민을 방관만 하지는 않는다. 국민이 예기치 못한 불행에 처할 때면 사회 (　　)으로 그들을 보호한다. 부모도 마찬가지다. 아이에게 튼튼한 (　　)을 만들어 주어야 한다.

① 그물망　　　　　　　　② 연락망
③ 안전망　　　　　　　　④ 관계망

2. 아이는 작은 어른이 아니다
■ 다음 빈칸에 들어갈 가장 적절한 말을 고르시오.

> 승리가 또 숙제를 하지 않고 텔레비전만 보고 있다.
> "승리야! 어서 숙제 시작해야지!"
> "지난번에 국어 숙제 하는 데 1시간 밖에 안 걸렸어요. 지금부터 텔레비전 잠깐만 보고 해도 충분히 할 수 있어요."
> 승리는 이렇게 대답했지만, 막상 숙제를 해 보니 이번 숙제는 2시간이 훌쩍 넘게 걸렸다. 이 모습을 본 승리 엄마는 '이제 이 정도는 알아서 할 때 아니니? 언제까지 어린애처럼 챙겨 주어야 하니?'라는 말이 목구멍까지 치밀어 올랐지만, '아차! 아이는 여전히 성장 중이지. 아직 불완전하며 미숙한 아이를 (　　　　　　)'라며 승리가 시행착오를 겪으면서 대책을 마련할 수 있도록 안내해야겠다고 생각했다.

① 작은 어른이라고 생각할 뻔했구나.　　② 영락없는 뺀질이구나.
③ 누구를 닮아 저러는지 모르겠구나.　　④ 속이 터지는구나.

3. 중2병, 호르몬이 아니라 뇌가 문제
■ 다음을 읽고 중2병과 관련하여 적절하지 않은 내용을 고르시오.

> 최근의 연구 결과들을 보면, 호르몬 분비의 변화로 설명할 수 있는 사춘기의 특징이 많지 않으며, 그보다는 두뇌신경회로가 성숙하는 속도의 차이로 보는 견해가 더 많다.

① "중2병은 호르몬만 잡으면 해결 돼."
② "사춘기 아이들은 전두엽의 발달로 기억력과 언어능력이 증가할 거야."
③ "청소년들의 과격한 행동은 전두엽이 변연계를 충분히 통제하지 못하기 때문이야."
④ "중2병을 뇌과학적 관점에서 바라보고 적절한 대책을 세우는 것이 필요해."

6교시
중2와 대화하기

인턴 때, 병원에 환자가 입원하면 제일 먼저 하는 일이 링거주사를 하나 달아 놓는 것이었다. 아무 필요 없어 보이지만 환자가 갑자기 쇼크에 빠져 생명이 위독해질 때 바로 그 링거가 생명선이 된다. 갑자기 찾아온 중2병을 앓는 우리 아이들에게도 이런 생명선을 만들어 놓는 것이 치료의 시작이다. 그 생명선이 바로 '대화의 통로'다.

6교시

1
아이는 선장, 부모는 항해사가 되어라

 순종적이고 착한 초등학생 아이를 기르다가도 때때로 불안한데, 사춘기에 접어든 중2 아이들을 바라보는 부모의 마음은 아이를 물가에 내놓은 것처럼 조마조마하다. 그래서인지 부모들은 아이가 초등학생일 때보다 더 먼저 말하고, 더 많이 말하며, 더 많은 결정을 내려 주는 경향을 보인다. 이렇게 자꾸만 앞서 나가는 부모의 행동은 자연스럽게 독립에 대한 욕구가 강해진 아이의 반발을 불러오며 점점 더 불안해진 부모는 더욱 강하게 아이를 조종하고 싶어 한다.
 이 시기에는 먼저 부모와 아이의 관계를 잘 설정해야 한다. 아이가 자기의 인생에서 자신의 역할과 부모의 역할이 각각 무엇인지를 잘 이해하는 것이 필요한 때가 된 것이다. 부모와 아이의 관계야 하늘이 내린 천륜이니 그 이상 특별한 것이 있을까 싶지만, 특히 독립에 대한 욕구가 커져 가고 있는 아이의 입장에서는 자신과 부모의 관계에 대해 그렇게 절대적인 의미를 부여하지 않는다. 게다가 부모와의 관계를 피상적이거나 부정적으로 받아들이기 쉽다. 중2병을 앓기 시작한 아이와의 관계를 정립하는 데 중요한 원칙이 두 가지 있다.

첫째, 아이가 결정할 것과 부모가 결정해 줄 것을 정해 놓아야 한다.

본인의 생각과 달리 사춘기 아이에게는 아직 모든 것을 제대로 결정할 만한 능력이 없다. 그렇기 때문에 부모가 최종 결정을 내려 줘야 하는 일들이 반드시 있기 마련이다. 그러나 그 일이 무엇인지는 각 가정마다, 부모마다 다를 수 있다. 어떻게 생각하면 이 말은 부모가 마음대로 권력을 행사해도 된다는 느낌을 줄 수도 있다. 그러나 부모가 아이의 모든 것을, 너무 작은 것까지도 결정하려고 하면 반드시 충돌이 생긴다는 점을 명심해야 한다. 기본적으로 부모가 최종 결정을 내리는 일은 적을수록 좋다. 정말 중요한 일에만 개입하는 것이 현명하다.

그 대표적인 경우가 바로 '아이의 안전'이다. 물론 안전에 대한 개념도 아이마다, 부모마다 다르다. 예를 들면, 아이는 자전거를 타고 등하교하고 싶어 하지만 부모가 이를 반대하는 경우가 있다. 각자 사는 곳의 주변 환경에 따라 자전거 등하교를 반대하는 것이 맞을 수도 있고, 지나친 것일 수도 있다. 그러나 어느 경우이든, 안전 장비를 착용한다는 원칙은 확실하게 관철시켜야 한다. 자전거나 스케이트보드를 타고 다니기 원하는 대다수 아이들은 안전 장비를 매우 거추장스럽게 생각하는 경향이 강하다. 집에서 나설 때만 착용하고, 밖에서 친구들을 만나자마자 풀어 버리는 경우도 허다하다. 그래도 '안전'에 대해서만큼은 원칙이 명확하다는 것을 보여 주는 것이 좋다.

같은 맥락으로 귀가 시간 역시 부모의 의견이 많이 반영되어야 한다. 충돌이 발생하는 부분이기는 하지만 백번 강조해도 지나치지 않을 만큼 중요한 일이다. 필자는 임상적 경험을 통해 귀가 시간에 대한 제약이 약한 경우 아이가 처음에는 밤 10시, 다음에는 밤 12시, 그 다음에는 새벽에야 귀가하는 일을 자주 보았다. 특히 중2병이 나타나는 초기 청소년기에는 이러한 기준을 명확하게 정해 아이가 이를 지키도록 노력해야 한다. PC방 사업자에게는 유감스러운 일일 수 있지만, 늦은 시간에 청소년의 PC방 출입을 금지하는 조항은 반드시 필요하다고 생각한다.

둘째, 큰 틀의 원칙을 제외한 나머지는 아이가 선택할 수 있게 해야 한다.

첫 번째 원칙이 잘 유지되기 위해서는 두 번째 원칙도 함께 지켜져야 한다. 그것은 큰 틀의 원칙을 제외하고는 아이가 선택할 수 있어야 한다는 것이다. 어떤 친구를 만날 것인지, 언제 공부하고 언제 쉴 것인지, 어떤 학원을 다닐 것인지, 주말에 자유 시간은 어떻게 쓸 것인지 등은 되도록 아이 스스로 최종 결정을 내릴 수 있게 해 주어야 한다. 사실 이렇

게 소소한 부분에서 부모, 특히 엄마와 많이 부딪힌다. 엄마 입장에서는 이런 선택이 아이의 생활 태도와 연결되기 때문에 그대로 받아들이면서 두고 보기가 어렵다.

이때 도움되는 것이 '선장과 항해사'의 개념이다. 아이는 선장, 부모는 항해사가 되는 것이 필요하다. 선장은 자신의 배가 어느 길을 거쳐서 목적지까지 갈 것인지를 결정한다. 하지만 선장이 모든 것을 혼자 결정하지는 않는다. 선장보다 더 경험이 많은 일등항해사를 두고 의견을 나누어 가면서 결정한다. 사춘기 아이와 부모는 선장과 항해사 같은 관계를 유지하는 것이 이상적이라고 생각한다. 아이가 공부, 학교생활, 친구 관계에 대해 자신보다 훨씬 경험과 지혜가 많은 부모와 상의하여 의견을 구하되, 그것을 종합해서 최종 판단은 직접 내리게 하는 것이 중요하다. 대체로 이것이 최선의 결정일 확률이 높으며, 그 결정에 아이 스스로 책임감을 느끼게 된다.

더불어 책임은 선장이 진다는 것도 잊지 말아야 한다. 그러니 선장이 책임질 수 있는 한도 내에서 이런 결정이 이루어져야 한다. 위에서 이야기한 첫 번째 원칙이 필요한 것도 바로 이 때문이다. 아이가 책임질 수 없는 문제에 대해 책임을 강요할 수는 없다. 선장이 알지 못하는 위험에 대해 항해사가 설명을 해 주고 때로는 강력하게 의견을 주장할 수도 있어야 한다.

학습 이론 learning theory* 에 관한 연구 중 학습에 영향을 주는 동기에 대한 연구**에 따르면 중학교 시기는 자율성에 대한 욕구가 매우 강해지는 시기다. 이런 시기에는 자기가 하고 싶은 대로 해야 직성이 풀린다. 필자에게 상담을 오는 아이들 중에서는 부모님에게 등 떠밀려서 어쩔 수 없이 방문하기 시작하는 경우도 있다. 상담 시간 말미에 아이들에게 다음 시간에도 올 수 있겠냐고 물어보았을 때 다음 시간에 오겠다고 대답한 친구들은 거의 약속을 지킨다. 하지만 꼭 와야 한다고 이야기해야만 겨우 알았다고 대답한 아이들은 오지 않는 경우가 많다. 자신이 먼저 한 약속이 아니기 때문이다.

---

* 학습에 관여하는 인지적 · 심리적 요인들을 설명하는 이론들.
** Edited by Allan Wigfield, Jacquelynne S. Eccles, *Development of Achievement Motivation*, Academic Press, 2002, pp.42.

2
중2의 언어를 이해하라

　선장과 항해사로 아이와 부모의 역할을 정해 놓았다고 하더라도 서로 대화가 잘 되지 않으면 충분히 협력하기 어렵다. 원활한 대화를 위해서 부모가 먼저 알아야 할 것이 있다. 바로 사춘기에 들어선 아이들의 언어다. 아이들의 언어는 초등학교 3~4학년이 되면서부터 집에서 사용하는 언어와 밖에서 사용하는 언어가 확연하게 달라진다. 말 사이 사이에 욕설이나 비속어가 들어가는 것이 그 시작점이고 은어도 늘어난다. 이에 대해서 별로 문제 삼지 않는 전문가도 있으며 반대로 큰 문제라고 우려를 표하는 전문가도 있다. 그러나 독서량의 감소와 함께 그릇된 언어 사용이 아이들의 건강한 어휘력 발달의 저해 요소가 되고 있는 것은 명백한 사실이다. 집에서는 그릇된 언어를 거의 쓰지 않기 때문에 부모와의 대화에서 문제가 되는 경우는 별로 없지만, 그렇기 때문에 더욱 아이들의 언어적 특징을 알아 두는 것이 필요하다.

청소년기 언어 발달의 특징은 두뇌 발달 과정에서 비롯된다.

우리 뇌에는 측두엽$^{temporal\ lobe}$*이라는 부위가 있다. 이는 언어를 이해하고 말을 하는 데 핵심적인 역할을 한다. 뇌졸중 등으로 이 부위의 뇌세포가 파괴되면 다른 사람의 말을 전혀 이해하지 못하거나 자신이 의도하지 않은 말을 하게 되는 실어증 증상이 나타난다. 문제는 적어도 고2가 되기까지는 이 부위가 완전히 성숙하지 않는다는 것이다. 사춘기에는 측두엽의 언어 영역이 더욱 발달하기 시작하며, 좌뇌와 우뇌의 언어 영역 연결이 강화되기 시작한다. 이러한 성숙이 다 일어나기 전까지 아이는 해마 부위의 발달로 인해서 단어를 기억하는 능력은 증가하지만, 그 의미를 파악하는 것은 힘이 드는 현상을 겪는다. 쉽게 말하면, 중학교 때까지는 시에서 나타나는 중의법이나 은유법들을 알아차리기가 어렵다. 단어는 오직 한 가지 뜻만 갖고 있다고 생각하기 때문이다. (이런 것을 빨리 알아차리는 것은 언어적 영재성 중 하나라고 할 수 있다.)

언어는 우리의 의사를 전달하고 마음을 표현하는 중요한 역할을 한다.

---

* 양쪽 귀 근처에 위치.

그러다 보니 두뇌 중 감정 조절 중추*의 영향을 많이 받게 된다. 이 감정 조절 중추는 전두엽과 편도체라고 할 수 있다. 편도체는 과거의 강렬한 (주로 고통스럽거나 기괴한) 기억을 담당하며 감정의 발산에 기여하는 반면, 전두엽은 논리적으로 감정을 다루는 기능을 한다. 사춘기 동안은 전두엽이 편도체를 충분히 조절하지 못하므로 편도체의 영향력이 어른보다 더 세다. 이것은 사춘기 아이가 대화를 할 때 다른 사람의 반응에 감정적으로 대응하게 만드는 원인이 된다. 부모가 아주 중립적으로, 또한 비판적이지 않게 말해도 아이는 자기를 지적하고 비난한다고 느낀다. 이것은 단지 부모한테만 그런 것이 아니고 친구들이나 선생님에게도 마찬가지다.

해외 연구 결과**를 보면 사춘기 동안에는 다른 사람의 감정을 정확하게 파악하는 능력이 20% 정도 감소해 있다고 한다. 상대방의 반응을 보면 무언가 감정이 존재하는 것은 알겠는데 그것이 관심인지, 비난인지, 충고인지, 지적인지는 구분하지 못한다는 것이다. 앞에서 설명했듯이, 사춘기 아이들은 자신의 감정에 너무 집착하느라 다른 사람의 감정을 정확히 파악하는 것에 어려움을 느끼기도 한다. 자신의 감정이 워낙 강하므로 거기에 빠져 남들도 자기처럼 생각할 것이라고 믿

---

* 변연계와 그 주변의 뇌 부위를 말하며 감정의 인식 및 기억 등과 관련된다. 앞에서 나온 '감정 뇌'와 같은 부위다.

** Robert F. McGivern, Julie Andersen, Desiree Byrd, Kandis L. Mutter, Judy Reilly, "Cognitive efficiency on a match to sample task decreases at the onset of puberty in children", *Brain and Cognition* vol. 50, issue 1, 2002, pp.73~89.

어 버린다. 따라서 어른들의 눈에는 매우 이기적인 성향으로 보일 수 있다.

마지막 특징은 감정을 해석하고 표현하는 능력이 서툴다는 것이다.

방 정리도 옷 정리도 하지 않는 중학생 자녀에게 참다못해 '이렇게 하면 엄마가 얼마나 힘든지 아니?'라고 물으면 이런 허탈한 답이 돌아온다. '말을 하지. 몰랐는데.' 거짓말 같기도 한 이 말은 사실인 경우가 많다. 자신의 입장에서 사물을 판단하는 것은 어린 시절에 이미 졸업했지만, 그렇다고 다른 사람의 마음을 읽고 판단하는 것은 아직 잘 되지 않는 때이다. 그래서 중딩 아이들은 상대의 마음을 오해하고 그냥 화를 내 버리거나 마음의 문을 닫고 돌아서 버리기도 한다. 부모와의 사이에서도 그렇지만 친구들 사이에서도 그렇다.

상담할 때도 느끼지만, 그때 기분이 어땠는지 물으면 가장 많이 돌아오는 답은 '몰라요. 그냥 짜증났어요.' 정도다. 언어적으로 발달을 덜한 탓도 없지 않겠지만 자신의 감정을 들여다보고 정리하기에 중2는 아직 어리기 때문이다.

그래서 우리 어른들이 중2들의 언어적 특성을 미리 좀 헤아려 둘 필요가 있다. 앞서 살펴본 특징들을 고려해 중딩들이 자주 쓰는 말의 의미를 다시 한번 생각해 보자.

'그냥'
1. 나도 내 마음을 잘 모르겠어.
2. 뭔가 숨기고 싶은 것이 있어.

상담을 하다 보면 중딩들이 참 많이 하는 말이다. 이때는 너무 답답해할 필요가 없다. "사람의 마음에 '그냥'은 없어. 네가 아직 네 마음을 잘 알아채지 못했거나 뭔가 말하기 힘든 이유가 있어서 그럴 거야."라고 이야기하면서 스스로 생각할 시간을 더 주는 것이 좋다. 모를 리가 없다며 다그치는 것은 아이의 생각을 더 움츠러들게 만들고 반발감만 낳을 뿐이다.

'내가 알아서 할게'

1. 맞든 틀리든 내 방식대로 하고 싶어.
2. 내가 틀린 것 같긴 하지만 그래도 그렇게 하고 싶어.

아이가 이런 말을 하면 부모는 더욱 믿음이 안 간다. 그러다 보니 계속 부딪히게 된다. 이럴 때는 "네가 어떻게 할 것인지 알려 준다면 엄마가 너를 믿고 기다리기 쉬울 것 같은데."라고 제안해 보자. 아이가 나름 세부적인 계획을 세우도록 유도하는 기회도 된다.

'항상 이런 식이야' & '한 번도'

1. 내 기억에는 못 하게 한 것만 남아 있어.
2. 난 이런 경험이 너무 많아.

2번의 경우라면 부모가 변화할 필요가 있다. 그러나 평소에 가능한 한 자녀의 의사를 존중하고 들어주려 했다면 참 억울한 발언이 아닐 수 없다. 하지만 이 말에 흥분해서 내가 언제 맨날 그랬냐고 따져 묻는 것은 좋은 방법이 아니다. 왜냐하면 아이들이 고의로 이렇게 말하는 것은 아니기 때문이다. 그리고 지금 이 상황이 그만큼 억울하고 화가 난다는 표현이기 때문이다. (비록 그 화나 억울함이 온당하지 않을지라도) 이럴 때는 서로 화를 가라앉힐 시간을 잠시 가져 보자.

3
통신수단을 최대한 확보하라

"아이가 아이돌, 게임, 스포츠 이야기 같은 건 잘해요. 그런데 공부 이야기만 하면 입을 꾹 닫아 버려요."

상담실에 찾아온 엄마들이 흔히 하는 하소연이다. 아이와의 대화가 전혀 없는 것은 아니지만 중요한 부분에 이르면 단절된다. 물론 대화 단절의 원인을 따로 살펴볼 필요가 있지만, 일단 이런 대화라도 있는 것이 없는 것보다 훨씬 낫긴 하다. 이조차 없다면 아이가 부모에게 관심이 아예 없다는 뜻이다. 관심이 없으면 겉으로는 평온해 보일 수도 있다. 적어도 부모가 아이를 귀찮게 하지 않는 동안에는 그렇다. 아이는 부모의 말을 한 귀로 흘리고 부모의 심정에는 무관심해진다. 그 대신 친구들에게 집착하지만 서로 아끼고 관심을 주는 것이 어떤 것인지 배우지 못했기 때문에 친구들 사이에서도 상처 받기 쉽다.

지금은 아니더라도 언젠가 대화가 필요한 때를 대비해서 우리는 어떻게든 아이와의 의사소통 수단을 확보해 두는 것이 좋다. 그렇게 하려면 아이의 세계에 진심 어린 관심을 보여 주어야 할 뿐만 아니라 때로는 아이들의 문화를 함께하는 것도 요구된다. 그러다 보면 부모의 세상에 아이가 한 발을 들여놓기도 한다.

아이돌, 스포츠, 게임 등에 관한 이야기에 관심을 보여 주자.

아이가 좋아하는 아이돌이 누구인지, 어떤 면에서 매력을 느끼는지, 그 매력에 어떤 반응을 보이는지 관심을 가져야 한다. 엄마도 나와 비슷한 생각을 한다고 느낄수록, 적어도 나를 이해하려고 노력한다고 느낄수록 아이 역시 부모를 이해하려고 한다. 그렇다고 어설프게 맞장구만 쳐서는 곤란하다. 아이가 진정성이 없다는 사실을 금방 알아차리기 때문이다.

얼마 전 한 아이와 엄마를 함께 상담한 적이 있었다. 엄마의 불만은 아이가 엄마에게 마음속 이야기를 털어놓으려 하지 않고 심지어 대화를 귀찮아한다는 것이었다. 한참을 듣던 아이가 말했다.

"엄마는 내가 말하는 거에 관심 없잖아!"

그랬다. 엄마는 아이가 식탁에 앉아서 스포츠며 음악에 대해 말하는 것에는 도통 관심이 없었다. 그래서 그냥 건성으로 대답해 주다가 자기가 말할 기회만 노리고 있었던 것이었다. 사춘기 아이들은 이런 어설픈 대화와 진정성이 담긴 열정 있는 대화를 금방 구분한다. 그리고 무관심을 느끼면 자신을 거부하고 싫어하는 것으로 받아들인다. 그러니 거짓으로 재미있는 척은 하지 말자. 차라리 그 이야기를 잘 듣다가 궁금한 것들을 물어보고, 때로는 동영상도 찾아보고 하는 것이 좋다. 그런데 게임의 경우, 엄마 입장에서는 관심을 갖는 것이 정말 어렵다. 이럴 때는 아빠가 같이 대화에 참여해 줄 필요가 있다. 때로는 함께 PC방에 가서 게임을 하는 것도 나쁘지 않다.

음악을 공유하자.

우리나라에서는 아이들이 음악을 들을 때면 공부하는 데 방해된다며 핀잔주는 일이 흔하다. 그러나 음악은 사춘기 청소년의 의사소통과 언어 능력에 있어서 아주 유익한 측면이 있다. 음악의 정서적인 측면은 편도체에 영향을 줄 수 있으며 측두엽과 전두엽에도 골고루 자극을 줄 수 있다. 이 영역들이 바로 의사소통과 언어적 능력에 필요한 영역들이다. 단지 어려서 '베이비 모차르트'를 듣는 것만이 중요한 게 아니다. 반드시 바로크 음악이나 교향곡을 들어야 하는 것도 아니다. 부모들이 80~90년대 노래에 열광했듯이, 요즘 아이들도 열광하는 음악이 있다. 음악을 듣는 것에 유익한 면이 많다는 것을 알아야 한다. 더불어 아이와 음악을 매개로 여러 이야기를 나눌 수 있다면 아주 좋은 의사소통의 통로가 될 것이다.

문자도 주고받자.

부모 세대와 달리 요즘 아이들에게 문자메시지는 또 하나의 중요한 의사소통 수단이다. 하루에 수십, 수백 통씩 쓰는 중딩의 문자를 보면 대부분 한두 글자가 전부다. 어른들 같으면 표현하지 않을 법한 내용들도 모두 문자로 보낸다. 때로는 봐도 무슨 말인지 모르겠는 말들도 많이 오간다. 부모도 이런 문자의 세계에 좀 더 익숙해질 필요가 있다. 그뿐만 아니라 어느 정도는 의도적으로라도 아이와 문자로 대화를 시도해 봐야 한다.

이럴 경우 두 가지 좋은 점이 있는데, 하나는 아이가 부모와의 의사소통을 좀 더 친근하게 느낄 수 있다는 것이고, 다른 하나는 부모가 문자에 익숙해져 이를 통한 의사소통에서 오는 오해를 줄일 수 있다는 것이다. 기성세대인 부모 입장에서 문자는 얼굴 표정도 보이지 않고, 목소리를 통한 감정 상태도 알 수 없어 상대방의 뉘앙스를 정확하게 파악하기 어렵다. 그러므로 평소에 아이들과 문자 연습을 해 둔다면 아이들과 이 방식으로 의사소통을 하는 데 불필요한 오해를 조금이나마 줄일 수 있을 것이다.

갑자기 찾아온 반가운 손님이라고 무리해서 대접하지 말자.

앞에서 말한 것들을 열심히 노력하면 어느 순간 갑자기 아이가 어른의 세상에, 부모의 세상에 발을 들여놓기도 한다. 이를테면 'FTA가 그렇게 중요한 거야?'라거나 '왜 불법 정치자금을 받아?'라는 질문을 하고, '생각해 보니, 의사가 되면 참 괜찮을 거 같아.'라는 말을 하기도 한다.

중2가 이렇게 진지하고 생산적일 것 같은 대화를 시도하면 부모는 갑자기 긴장하게 된다. 뭔가 지금 잘해야 할 것 같고, 지금 잘만 하면 앞으로 아이와의 대화가 많아질 것이라는 기대에 부풀게 된다. 마치 짝사랑하던 이성이 갑자기 우리 집 문을 열고 찾아온 느낌이랄까? 이때 정성껏 대접을 하고 싶어서 분주하게 움직이고 계속 마실 것과 먹을 것을 대령한다면 찾아온 사람은 어떤 느낌을 받을까? 한마디로 부담스럽다. 그냥 가벼운 마음으로 들러 봤는데, 영 편하지 않다. 이내 '그냥 일이 있어 지나는 길에 들러 봤어요. 가봐야겠어요.'라는 말을 남긴 채 가 버린다.

아이들도 그렇다. 가볍게 시작한 대화가 턱없이 어려워지거나 갑자기 열심히 공부해야 한다는 교훈으로 빠지는 것 같으면 불편하다. '으이그, 내가 왜 말을 꺼냈지?' 생각하며 슬그머니 일어난다. 이제 숙제를 해야겠다는 절대 말릴 수 없는 이유를 대며.

이럴 때 부모가 해야 할 일은 이 작은 신호를 적당하게 받아 주는 것이다. 효과적인 방법은 아이가 어디까지 알고 있는지 먼저 물어보는 것이다. '오, 네가 FTA를 아는구나? 너는 뭐라고 알고 있니?'라든지 '불법 정치자금은 어디에서 들은 거야?'라는 가벼운 톤이 좋다. 그러나 지나치게 농담조로 비아냥거리는 것처럼 들리지 않아야 한다. 그리고 설명을 최대한 간단하게 하고 생각할 시간을 주는 것이 좋다. 그러고 나서 이해가 되는지를 물어봐 주자. 아이가 아직 궁금하거나 대화를 더 하고 싶다면 이어서 질문을 하게 될 것이고, 자기의 목적이 달성되었으면 질문이 끝날 것이다. 이럴 때는 쿨하게 보내 주자. 그래야 다음에 다시 온다. 반드시.

6교시 연습 문제

1. 아이는 선장, 부모는 항해사가 되어라
■ 다음 이야기를 읽고 '안전에 관한 문제'처럼 부모가 결정해 주어야 할 사항을 고르시오.

> "엄마, 저 자전거 타고 등하교하고 싶어요."
> "안 돼. 우리 동네에는 마땅한 도로가 없어 위험하잖니. 네가 스스로 결정할 문제와 부모가 결정해 줄 문제가 있는데, '안전에 관한 문제'는 엄마가 최종 결정을 내려야겠구나. 대신 큰 틀의 원칙을 제외한 나머지는 네가 선택하렴."

① 주말에 자유 시간은 어떻게 쓸 것인지
② 언제 공부하고 언제 쉴 것인지
③ 어떤 친구를 만날 것인지
④ 귀가 시간을 몇 시로 정할 것인지

2. 중2의 언어를 이해하라
■ 사춘기 동안에는 전두엽이 편도체를 충분히 조절하지 못한다. 그러므로 편도체의 영향력이 어른보다 더 세다. 이와 관련된 내용으로 적절하지 않은 것을 고르시오.

① 부모가 비판적이지 않게 말해도 아이는 자기를 지적한다고 느낀다.
② 다른 사람의 감정이 관심인지, 비난인지, 충고인지, 지적인지 구분하지 못할 수 있다.
③ 자신의 감정을 들여다보고 정리하기에 충분한 나이다.
④ 다른 사람의 반응에 감정적으로 대응하기도 한다.

3. 통신수단을 최대한 확보하라

■ 아이와의 의사소통 수단을 확보해 두기 위한 태도로 적절하지 않은 것을 고르시오.

① 어느 정도는 의도적으로라도 아이와 문자로 대화를 시도해 봐야 한다.
② 시끄러운 대중음악은 사춘기 청소년의 의사소통과 언어능력에 유해하다.
③ 아이돌, 스포츠, 게임 등의 주제에 관심을 보여야 한다.
④ 가볍게 시작한 대화가 갑자기 열심히 공부해야 한다는 교훈으로 빠지지 않게 주의해야 한다.

7교시
중딩 부모, 가슴에 손을 얹고 돌아보라

어릴 적 부모님께 잔소리라도 한마디 들으면 '나는 나중에 절대 저런 말 안 할 거야!'라고 해 놓고 어느새 우리 아이들에게 같은 말을 반복하고 있지는 않은가? 어른이 되는 동안 어린 시절의 다짐은 모두 잊어버린 것일까? 혹시 아이들도 어린 시절의 우리와 같은 생각을 하고 있지는 않을까?

1
나의 중딩 시절은 어떠했나?

경제가 안 좋고 살기 힘들수록 복고 바람이 거세다. 1990년대의 가수들을 소환한 예능 프로그램 시청률이 20%에 육박하고 우리 부모님 세대의 이야기를 그린 영화 〈국제시장〉은 천만 관객을 돌파했다. 우리 부모님들은 그 고단한 시기를 보내면서 우리에게 어떤 가르침을 남기셨을까? 또 우리는 어떤 '중딩'이었을까?

몇 년 전 필자는 필자의 중딩 시절을 잠시 떠올릴 기회가 있었다. 필자의 아들이 초등학교 5학년 때의 일이다. 아들이 하도 자기 성적에 만족감을 표시하길래 나도 모르게 "아빠는 너만 할 때 진짜 공부 잘했다. 함 볼래?" 하고 어렸을 적 성적표를 꺼내 들었다. 그리고 너무 당황했다. 80

점대 성적을 받고도 의기양양하던 아들에게 조금 자극을 주겠다는 생각에 시작한 일인데, 웬걸, 필자의 5학년 성적은 88점, 85점에 심지어 80점까지, 딱히 아들에게 자랑할 수준이 아니었던 것이다. 그제야 '나는 그때 어떤 학생이었을까? 나를 보고 부모님은 어떤 생각을 하셨을까?' 하는 생각이 들었다. 그냥 속 썩이지 않고 친구들과 잘 지내는 학생이었던 듯한데, 혹시 숨은 모습이 있지는 않았을까?

이번 장에서는 우리가 자라면서 한 번쯤은 들었을 법한, 그리고 정말 한 번쯤은 우리 아이들에게 해 주고 싶었던 말들을 다시 꺼내 보려고 한다. 그 말들이 갖는 어제와 오늘의 의미도 함께 이야기해 보자. 그동안 너무 낡은 것으로 간주했거나 감히 아이에게 해 주지 못했던 말은 없는지 생각해 보면서.

'모든 일에는 때가 있다. 나중에는 하고 싶어도 못 한다.'

이 말만큼 사람에 따라 다르게 들리는 말이 또 있을까? 놀고 싶은 사람이 들으면 '노세, 노세, 젊어서 노세.'로 들릴 것이고, 공부하지 않는 아이를 보는 부모들은 '공부에는 다 때가 있다.'는 말을 떠올릴 것이다. 얼마 전 고등학생 아들에게 들은 말이 있다. "우리 나이에는 우리 나이 때에만 즐겨야 하는 것이 있어요." 그래서 필자도 답해 줬다. "공부에도 때가 있단다." 그리고 우리 뇌는 만 20세를 넘어서면서부터 기능이 떨어지기 시작한다는 말도 덧붙였다. 어이없어 하며 쳐다보는 아들의 얼굴을 피식 웃으며 넘겼다. '아무리 말해도 모를 거야. 이제는 무엇을 새로 보려고 해도 머릿속에 그리 잘 들어오지 않고 남지도 않는 이 느낌을.'이란 생각이 들었기 때문이다. 필자의 아버지도 이 말씀을 참 많이 하셨다. 하지만 필자도 그때는 몰랐다.

필자는 공부에 때가 있다는 말을 앞뒤 바꾸어서 자주 해 준다. "지금은 공부할 때야."라고. 지금 공부해야 하는 이유는 좋은 대학, 풍족한 생활을 위해서가 아니라 머리를 어떻게 쓰고, 준비를 어떻게 하며, 실패에서 무엇을 배우고, 자신을 어떻게 컨트롤하는지를 배우는 데 공부가 쓰이기 때문이라는 이야기도 한다. 우리 뇌가 어떻게 세상 속에서 문제들을 해결하고 자신의 능력을 발휘하는지를 스무 살이 되기 전에 배워야 한다. 기억력은 그 다음 문제다.

'공부해서 남 주는 것 아니다.'

아이러니하게도 필자에게 상담을 받는 아이들 중에는 가끔씩 '정말, 공부하면 울 엄마 좋은 일시키는 것 같아요. 그래서 하기 싫어요.'라는 아이들이 있다. 공부해서 남 주는 것보다 엄마 주는 게 더 싫은 아이들. 정말 그렇게 싫은 것일까?

필자의 부모님은 집에 있는 돈은 뺏어 가도 머릿속에 든 것은 아무도 못 가져간다고 하셨다. 그러나 필자는 상담하러 오는 아이들에게 가끔 이렇게 말한다. "공부해서 남 줄만큼 하자." 그리고 뒤에 덧붙인다. 공부해서 많이 아는 것, 많이 경험한 것, 많이 이룬 것을 다른 사람에게 나누어 주자고. 이 말은 생각보다 반응이 좋다. 아이들은 자기가 잘되기 위해 공부할 필요를 별로 못 느낀다. '헝그리'하지 않기 때문이다. 그런데 다른 사람에게 좋은 일을 할 수 있다고 하면, 도움이 될 수 있다고 하면 훨씬 좋아한다. (그것이 봉사 정신이 아니라 우쭐함에서 오는 것이라 할지라도.) 공부를 하고, 좋은 대학에 진학하고, 사회에서 인정받는 위치에 간 사람이 그 책임을 나눔에 둔다면 좋지 않겠는가.

'시끄러운 기차간에서도 콘사이스 찢어 먹어 가며 공부했다.'

다른 말로 정신일도 하사불성. 그만큼 우리 부모님 세대는 집중력과 하고자 하는 의지를 강조하셨다. 요즘도 주의 집중력이 중요하게 생각되고 있다. 그렇지만 시끄러운 기차 안에서 공부할 수 있다면 아이가 음악을 틀어 놓고 공부하겠다고 해도 나무랄 수 없다.

콘사이스 사전 찢어 먹는다는 이야기는 일종의 '영웅담'이다. 머리에 띠 둘러매고 코피가 나도록 공부한다는 이야기도 종종 무용담처럼 들린다. 그렇지만 이 모습을 그대로 요구하는 것은 당연히 시대착오적이다. 이제 지식을 무조건 많이 안다고 경쟁력 있는 시대가 아니기 때문이다. 코피 나도록 공부하는 것도 본인이 스스로 공부를 즐기고 간절히 여겨야 가능한 일이지, 누가 요구한다고 해서 되는 일이 아니다.

이제는 자기 생각을 한 가지라도 더 정리해서 말해 보고 탐색해 보는 자세가 요구되는 시대다. 그러니 이제는 무언가를 탐구하려는 열정을 칭찬해 주어야 한다. 이제 이 말은 우리 아이가 옆에 사람이 있는 줄도 모를 만큼 무언가에 (게임이나 인터넷이 아닌 무언가) 열중할 때, 그때를 칭찬하기 위해 사용하자. '시끄러운 기차간에서 아무것도 못 들을 만큼 집중하고 있구나.'라고.

여기까지 생각해 보면, 부모님들이 하셨던 말씀도 일리는 있지만 당시의 우리에게는 와 닿지 않았거나 지금의 현실과는 다른 면이 많이 보

인다. 반대로, 아무것도 아닌데 아직까지 마음속에 남아 있는 모습들도 있다.

침대 머리맡에 앉아 계시던 어머니

필자가 학생이던 시절, 필자의 어머니는 밤 10시경부터 한두 시간 정도 내 방 침대에 앉아 책이나 신문을 보고 가시고는 했다. 필자가 무엇을 하든지 상관없이. 심지어 졸아도 별로 깨우시는 법이 없었다. 오히려 이불을 덮어 주며 재우고 가기도 하셨다. 사춘기 나이에 어머니가 옆에 있는 것이 그냥 싫기도 했지만, (〈이종환의 밤의 디스크쇼〉나 〈황인용의 영팝스〉를 듣고 싶었던 필자에게는 눈치 보이는 일이었다.) 그래도 덕분에 그 시간을 아예 자 버리거나 다른 짓으로 허송하지 않았고 공부할 의욕이 더 생겼던 것도 사실이다.

요즘 같으면 아이들이 부모에게 자신의 의견을 개진하는 것이 훨씬 자유로워진 만큼 벌써 나가 계시라는 말이 여러 번 나온다. (그렇게 이야기하지 않는다면, 정말 착한 아이거나 부모와의 관계가 좋은 아이다.) 그렇다고 해도 숙제하거나 공부하는 아이의 모습을 부모가 본다는 것은 대단히 쓸모가 많은 일이다. 내내 옆에 있는 것보다는 공부 효율이 가장 떨어지는 시간을 선택해 한두 시간 정도 곁에 있어 주는 것이 효과적이다. 그럼으로써 아이가 무엇을 어떻게 공부하는지 살피고 이해할 수 있게 될 뿐만 아니라 아이의 공부 효율에도 도움된다.

필자는 종종 공부하겠다는 욕심은 있는데 실천이 잘 되지 않는 학생들의 엄마에게 이 방법을 제시한다. 그리고 엄마가 아이에게 먼저 옆에 앉아 있겠다는 제안을 하도록 설득하기도 한다. 엄마가 옆에 앉아 있어 줄 필요성이 명확하고, 몇 시부터 몇 시까지 앉아 있을지 정해 놓을 수 있다면 중학생 아이가 엄마에게 이런 도움을 청할 수도 있다. 이때 부모가 빠지기 쉬운 함정이 있다. 뒤에서 지켜보고 있다는 잔소리다. '똑바로 앉아라. 허리 휜다.', '눈 나빠질라.', '고작 그거 하고 쉬니?', '안 하고 왜 멍하니 있니?' 이런 이야기들은 절대 하면 안 된다.

말없이 라면 끓여 주시던 아버지

필자는 아버지의 이 모습을 잊을 수가 없다. '아빠가 손수 라면을?'이라는 생각과 함께 '나를 기특하게 여기시는구나.'라는 생각을 했었다. 그리고 실망시키지 말아야겠다는 생각, 더 열심히 해야겠다는 생각이 들었다. 돌아보면, 부모가 할 수 있는 가장 강력한 동기부여는 바로 신뢰와 기다림이 아닐까 싶다. 나 스스로도 반성한다. 그 많은 아이들의 코치 역할을 하느라 정작 내 아이에게는 소홀하지 않았는지. 그리고 생각한다. 힘든 시절에 태어나 모진 경쟁을 겪게 해서 참 미안하다고, 우리 때는 이렇게까지 힘들지는 않았는데…….

2
힘든 아이, 더 힘들게 한 적은 없나?

수포자란 말을 들어 본 적 있을 것이다. 수포자란 '수학을 포기한 자'라는 뜻이다. 이 말은 더 이상 생소한 용어가 아니다. 고등학교에 가면 절반 이상이 수학을 포기한다고 하는 기사[*]도 본 적이 있다. 구태여 그 기사를 인용하지 않더라도 필자에게 찾아오는 아이들 중 상당수는 수학 때문에 공부에 대한 의욕과 용기를 잃어버린 상태였다.

이럴 때 부모 입장에서는 선행 학습이라도 찾게 된다. 우리 아이가 좀 더 편하게 공부하고 성적을 쉽게 올려서 훌륭한 대학을 가게 만들어 주려는

---

[*] 김혜림, "나, 수학 포기할래… 자녀가 폭탄선언 한다면?", 〈국민일보〉, 2014. 5. 14.

마음에서 시작된 것이다. 그러다 보니 요즘 세상에 선행 학습 정도는 일반화되고 있다. 이를 비뚤어진 부모들의 욕심이라고 탓하는 것에 필자는 별로 찬성하지 않는다. 문제는 이렇게까지 몰아세우는 사회라고 생각한다. 그러나 때로는 부모의 애틋한 마음이 아이를 더 힘들게 만들기도 한다.

얼마 전 만난 민규도 그랬다. 민규는 공부를 손에서 완전히 놓은 상태였다. 몇 주째 학교나 학원 수업 시간에 아무것도 안 하고 멍하니 있으면서 잠만 자고 있었다. 공부가 아주 재미있거나 하지는 않았어도 좋은 대학에 가고 싶고, 부모님을 기쁘게 해 드리고 싶고, 다른 사람에게 뽐도 내고 싶은 지극히 솔직한 이유로 공부를 했던 민규에게 수학은 언제나 '넘사벽*'이었다. 그래서 더 많은 시간을 수학에 할애해 학원도 더 다니고 자습 시간도 늘렸다. 그런데 그러고 나서 얼마 후부터 숙제를 해 가지 않고 수업 시간에도 멍하니 있더니 급기야 학원을 빠지는 일이 잦아졌다. 게다가 다른 과목도 모두 손에서 놓아 버렸다.

"수학이 많이 부족한 거 알아요. 그런데 수학 공부만 하려고 하면 가슴이 떨리고, 숨이 답답하고 너무 괴로워요. 내가 무슨 죄가 있어서 여기서 이렇게 수학 공부를 하고 있나 하는 생각이 들어요."

사실 민규는 이렇게 말하면서도 공부를 잘하고 싶다는 꿈은 포기하지

---

* '넘을 수 없는 사차원의 벽'이라는 표현의 줄임말.

않았었다. 자신이 원하는 모습을 위해서는 그렇게 해야 한다고 하며 마음을 다잡곤 했다. 그러던 민규가 다시 수학에 손을 놓고 멍해진 것이다.

"아무리 해도 실력이 나아지지 않는 것 같아요. 이젠 수학 공부를 할 생각만 해도 토할 것 같고요. 책상 앞에 앉아 있을 수가 없어요. 이렇게 자기 자신도 통제하지 못하는 제가 너무 한심해요."

포기하지 않고 조금씩 노력하면 나아질 것이라는 말로는 민규의 고통을 덜어 줄 수가 없었다. 민규는 노력을 하려는 것만으로도 너무 고통스러워했다.

∷ '울렁증'은 실존한다

이런 고통을 우리는 심리적 고통이라고 부른다. 정신력이 약해서, 의지가 약해서라고 생각하는 경우도 많다. 그러나 그 전에 이 질문을 먼저 해 보아야 한다.

"도대체 어떤 느낌일까?"

상대방을 이해하려면 상대방의 느낌과 경험을 최대한 공감해야 한다.

그렇다면 우리는 심리적 고통, 즉 수학 공부를 하려고만 하면 너무 고통스러워하는 민규의 느낌이 무엇인지 알 필요가 있다. 과연 어떤 느낌일까? 그저 핑계일까? 패배주의 때문에 생긴 나약한 감정이지 않을까? 부모들(특히 아빠들)은 이렇게 생각하는 경우가 많은 것 같다.

최근 민규 같은 학생들을 대상으로 한 연구 결과*가 발표되었다. 2012년 시카고 대학교의 리언스^{Lyons} 교수 등은 수학 시험을 볼 때 울렁증이 심한 학생들을 모아서 fMRI**라는 특별한 MRI 촬영을 했다. 이 실험에서 수학 울렁증이 심한 학생들은 수학 시험을 단지 상상하는 것만으로 두뇌의 통증 회로가 반응하여 활성화되는 것이 확인되었다. 이 말은 수학 울렁증이 있는 사람이 수학 공부(특히 시험공부)를 해야 되는 상황이 오면 뇌가 통증을 느낀다는 것이다. 몸이 베이거나 찔리거나 근육이 뭉쳐 쥐가 날 때와 똑같은 통증과 고통을 실제로 느끼고 반응한다는 뜻이다.

우리는 몸에 조그마한 상처만 있어도 그 부위에 무언가 닿을까 봐 조심하고 살짝만 닿아도 소스라치며 피하게 된다. 통증을 피하려는 것은 우리 몸을 보호하기 위한 아주 기본적인 본능이다. 그런데 수학 공부를 하려고 할 때마다 우리 뇌가 통증을 느낀다면 어떻게 될까? 수학을 얼마나 피하고 싶을 것인지 짐작이 간다.

---

* Ian M. Lyons, Sian L. Beilock, "When Math Hurts: Math Anxiety Predicts Pain Network Activation in Anticipation of Doing Math", *PLoS One*, 2012.
** functional Magnetic Resonance Imaging. 자기장에 의해 혈액 내 산소 분자의 활동도를 측정하여 뇌가 어떻게 기능하고 있는지를 살펴보는 뇌영상 연구 기법 중 하나.

:: 넘어져 상처 난 아이는 보듬어야 한다

민규와 같은 학생을 보면 부모 입장에서는 답답함을 느낄 수 있다. 화가 나기도 하지만 희망이 없다고 느껴지는 순간 힘이 빠진다. '해 보지도 않고 저렇게 겁을 내다니…….', '그렇게 멍하니 있을 시간에 차라리 한 문제라도 풀었더라면…….', '저렇게 나약해서 앞으로 어찌하누.' 이렇게도 말해 보고 저렇게도 말해 보지만 아이는 바짝 얼어 움직이지 않으니 보는 부모의 마음은 더욱 무거워진다.

힘겨워하는 사람의 마음을 붙잡는 첫 번째 단계는 이들의 고통을 인정하는 것이다. 고통스럽다는 것, 고통스러울 수 있다는 것을 인정해 주기만 해도 마음속의 부끄러움과 죄책감이 덜어지기 때문이다. 이들이 겪는 고통이 어떤지 알고 나서야 우리가 상대방의 고통을 이해한다는 것을 느끼게 해 줄 수 있다. 오래전 아이가 아주 어렸을 때를 떠올려 보자. 넘어지거나 부딪쳐 상처 나고 피가 났을 때 아이를 보듬으며 느꼈던 그 마음을 떠올려 보자. 그때처럼 쓰다듬어 주는 것이 제일 먼저 할 일이다.

한동안 세계를 떠들썩하게 만들었던 '아이스 버킷 챌린지 ice bucket challenge'가 생각난다. 루게릭병 환자를 위한 기금을 모으기 위해 그들의 고통을 같이 느껴 보자는 취지의 아이스 버킷 챌린지. 공부와 시험에 대해서도 이렇게 체험하고 공감해 볼 기회가 있으면 좋겠다. 아이들의 의지나 정신력을 비난하기 전에 아이들이 느끼는 고통이 어떤 것인지 먼저 헤아리는 기회를 가질 수 있도록.

3
내가 알아서 할게
VS
시키는 대로 해라

:: 야신 김성근 감독도 방학 중 공부에 찬성했다?

  스포츠에는, 특히 프로야구에는 크게 두 가지 훈련법이 있다. 하나는 '자율 훈련'이고 다른 하나는 '지옥 훈련'이다. 으레 훈련은 죽을 듯이, 맞아 가면서 하는 것이라고 생각했던 젊은 시절의 필자에게 '자율 야구'와 '자율 훈련'은 진보적이고 멋진 것으로 보였다.

  그러나 시간이 지나면서 그 자율이 결국 방종과 나태로 이어지는 것을 많이 목격했다. 이렇게 기성세대가 되어 가는 동안 필자 역시 주위에서, 혹은 집에서 '내가 알아서 할게.'라며 자율을 외치는 푸릇푸릇한 청춘들을 많이 보았다. '야신'으로 추앙받는 프로야구계의 전설 김성근 감독은 '감독 야구'와 '지옥 훈련'으로 대표된다. 비시즌 훈련 금지 조항에 대해서 김성근 감독이 한 말은 필자의 귀를 끌어당겼다.

"방학 때 공부하는 게 나쁜 건가?"

방학, 특히 그 기간이 길고 크리스마스와 새해가 끼어 있는 겨울방학을 앞둔 시기는 방학 스케줄을 놓고 부모와 아이가 힘겨루기를 한판 벌이는 때다. 아이는 '이 정도도 너무 많다. 학생도 좀 쉬어야 하는 거 아니냐.'고 항변한다. 부모는 '겨울방학이 한 해 농사를 좌우한다더라. 네가 지금 이럴 때가 아니다. 이것도 부족하다.'며 반박한다. 결국 아이는 '공부하면 진짜 엄마에게 뭐라도 생기는 것 아닐까? 어쩜 저러지?'라는 의심을 품은 채 하는 수 없이 엄마의 뜻대로 움직이는 경우가 많다. 그러니 틈만 나면 쉬려고 하고 조금이라도 딴짓을 하고 싶어 하는 게 눈에 보이기 십상. 연말연시라고 친구들과 어울려 다닐 궁리만 하는 것 같아 부모 입장에서 잔소리 좀 할라치면 '내가 알아서 해. 좀 내버려 두면 안 돼?'라는 항의만 듣는다. 아이의 자율성을 최대한 존중해 주고 싶다가도 그러다 방학 날려 버리고 나쁜 버릇만 익히는 건 아닌지 부모는 두렵기만 하다.

:: '지옥 훈련'에도 철칙이 있다

결론부터 말하자면 초기 청소년기, 소위 중2병 시기에는 '자율'이 잘 통하지 않는다. 자기의 힘이 커진 것을 느껴 그 힘을 사용해 보고 싶고, 재미있는 것에 열중하며, 친구들로부터 떨어지는 것이 가장 두려운 일인 시기의 아이들에게 모든 것을 자율적으로 하라는 것은 일종의 직무 유기다. 왜냐하면 아이들에게는 아직 결과를 예측할 능력도, 그것을 책임질 능력도 없기 때문이다. 그렇다고 무작정 시키는 대로 하란다고 따라오지도 않는다. 필자는 부모들이 김성근 감독의 훈련 원칙을 벤치마킹할 필요가 있다고 생각한다. 지금부터 같이 그 특징들을 하나씩 따져 보자.

누구나 힘들게 훈련하지만 똑같은 훈련을 하는 것은 아니다.

김성근 감독 훈련법의 가장 두드러진 특징이다. 같은 포수라도 공을 잡는 게 부족한 선수는 잡는 훈련을, 던지는 게 부족한 선수는 던지는 훈련을 집중적으로 한다. 동시에 선수들은 자신이 그 훈련을 왜 하는지 안다. 훈련을 하기에 앞서 자기에게 부족한 부분을 깨닫게 하고, 한계를 넘어설 수 있게 훈련시키기 때문에 선수들은 힘들어도 견디려고 한다.

이것은 공부를 하는 데도 똑같이 적용된다. 상담을 해 보면, 성적이 좋은 학생일수록 자기가 어떤 과목에 약한지, 나아가 그 과목이 왜 약한지도 알고 있다. 그래서 그것을 집중적으로 보완하는 맞춤형 계획을 세운다. 그것이 학원 수강이 되었든, 스스로 공부하는 것이 되었든. '어느 학원이 진짜 잘 가르친다더라.'는 소문에만 집중할 것이 아니다. 지금 우리 아이의 무엇이 강점이고 약점인지를 먼저 파악해야 학습 계획도 짤 수 있다. 학교 선생님이나 학원 선생님들과 상담이 필요한 이유다. '힘들어도 납득할 수 있는 이유를 주고 힘들게 하라.'

야구를 통해 인생을 가르친다.

이것이 두 번째 특징이다. 우리도 우리 아이들이 공부를 통해서 인생을 배울 수 있게 해 주어야 한다. 아이에게 무엇을 하거나 하지 말자고 할 때, 어떤 학원을 다니자고 제안할 때 그것이 왜 필요한지에 대해서 먼저 이해시키고 동의를 얻어야 한다. 이 과정은 김성근 감독이 훈련 기간 내내 하는 일이라고 한다. 김성근 감독은 훈련 후에 선수들을 모아 놓고 일종의 '정신 자세'에 대한 강연을 하는 것으로도 유명하다. 김성근 감독은 이렇게 말한다고 한다.

"야구를 배우는 것이 아니라, 야구를 통해서 인생을 배우는 것이다."

김성근 감독의 이야기는 '공부를 왜 열심히 해야 하는 거죠?'라는 사춘기 아이들의 반항(?)에 좋은 답변이 된다.

필자는 종종 '이 정도면 열심히 하는 것이다. 최선을 다하고 있다.'고 주장하는 중딩들을 만난다. 미안한 말이지만 객관적 지표로 볼 때는 그렇게 하지 못하고 있다. 성적이 오르든 내리든 자신의 한계를 뛰어넘어

보는 경험을 하고 그렇게 할 수 있는 능력을 가지는 것은 인생에서 대단히 중요한 무기다. 사춘기 아이들의 두뇌는 아직 감정에 따라 움직이기 쉬우며, 미래에 일어날 일을 정확히 예측하는 능력이 부족하고, 즐거움이 가장 중요한 동기로 작용하는 단계다. 모든 아이들이 스스로 자기 한계에 도전하기를 기대하는 것은 무리다. 그래서 '공부를 통해 인생을 배우게 해야' 한다.

아픈 선수는 훈련시키지 않는다.

지옥 훈련으로 악명 높은 김성근 감독이지만 반드시 지키는 철칙이다. 그렇기 때문에 매일 훈련 전 여러 명의 전담 코치들이 선수들의 몸 상태를 일일이 점검한다. 그래서 이상이 발견되면 바로 훈련에서 제외시키고 즉시 병원에 가서 검사를 받게 한다. 프로 운동선수의 몸 상태를 관리하는 것이 당연하게 여겨질 수도 있다. 그런데 정신적 관점에서 볼 때 이런 관리는 선수들로 하여금 '감독님이 나를 관심 있게 지켜보고 있구나.', '나에 대해서 잘 알고 있구나.'라는 믿음을 갖게 하는 데 백 마디 말보다 효과적이다. 그래서 더 믿고 맡기며 열심히 훈련할 수 있는 것이다.

선수들이 운동을 한다면 학생들은 공부를 한다. 공부는 두뇌가 한다. 두뇌에 이상이 생기는지를 부모들이 관심 있게 지켜보고 문제가 있다고 판단되면 즉각 조치를 취해 주어야 한다. 감기에 심하게 걸렸거나 배탈이 나면 당연히 학원을 빠지고 공부를 쉰다. 그러나 두뇌에 이상이 생기는 것에는 무심한 경우가 많다. 그런데 이렇게 잘 보이지 않는 것을 관리해 주는 것이 진짜 관리다. 김성근 감독은 이를 철저히 수행하고 있는 것이다.

공부 두뇌의 이상 신호에는 어떤 것이 있을까? 눈에 가장 잘 띄는 것이 집중력 저하다. 이전보다 집중력이 저하되었다면 여기에는 분명히 이유가 있다. 동기가 낮아졌거나, 집중을 할 수 없는 다른 문제가 생겼거나, 지금 공부에서 어려움을 겪고 있다는 뜻이다. 그 다음은 짜증이 늘어나는 것이다. '공부할 게 많으니까 짜증이 늘겠지.'라는 것은 안이한 생각이다. 짜증은 근육통과 같아서 그대로 방치하면 더 큰 부상으로 이어질 수 있다. 대화가 줄어들고 있다면 이 또한 위험 신호다. 이는 서운한 감정이 있거나 무언가 숨기는 게 있을 때 나타나는 현상이기 때문이다. 이런 모습이 눈에 띄면 잠시 기분 전환할 기회를 먼저 제공해 보는 것이 좋다. 그리고 전문가를 방문해 아이의 감정 상태를 점검받아 보는 것이 필요하다. 이것은 아이를 환자로 만드는 길이 아니다. 환자가 되는 것을 막는 길이다.

부모는 아이의 인생에서 코치이자 감독이다. 아이가 할 수 있는 것과 할 수 없는 것, 지금 해야 하는 것과 그것을 할 수 있는 상태인지 가늠하는 것. 이것이 사춘기 아이를 둔 부모들이 먼저 챙겨야 할 것들이다.

7교시 연습 문제

1. 나의 중딩 시절은 어떠했나?
■ 다음 빈칸에 가장 알맞은 문장을 고르시오.

> 명수 아빠는 과거 자신이 공부하던 시절 무용담을 즐겨 꺼낸다.
> "명수 너는 '_____'는 말 못 들어 봤니? 아빠 때는 아무리 시끄러운 곳에서도 정신만 집중해서……."
> "아빠! 그게 무슨 시대착오적 말씀이세요. 요즘은 지식을 무조건 많이 안다고 경쟁력 있는 시대가 아니라고요."

① 모든 일에는 때가 있다. 나중에는 하고 싶어도 못 한다.
② 시끄러운 기차간에서도 콘사이스 찢어 먹어 가며 공부했다.
③ 공부해서 남 주는 것 아니다.
④ 집에 있는 돈은 뺏어 가도 머릿속에 든 것은 아무도 못 가져간다.

2. 힘든 아이, 더 힘들게 한 적은 없나?
■ 다음 상황에서 형돈이의 부모가 보여야 할 적절한 반응을 고르시오.

> 형돈이는 수학을 두려워한다. 이제는 수학을 공부하는 상상만 해도 온몸이 쑤시는 듯 아프다. 형돈이는 큰맘 먹고 이런 고통을 부모님께 털어놓았다.

① "울렁증은 의지의 문제야."
② "수학 문제집이 와서 널 때리니? 어떻게 몸이 아플 수 있겠니?"
③ "수학 때문에 힘들구나? 울렁증이 심하면 몸이 아플 수도 있지."
④ "그렇게 핑계 대고 놀 시간에 제발 한 문제라도 더 풀어라."

3. 내가 알아서 할게 vs 시키는 대로 해라

- '지옥 훈련'으로 유명한 김성근 감독에게는 몇 가지 철칙이 있다. 이 철칙은 야구가 아닌 공부를 하는 학생들에게도 유용하다. 이 철칙을 따를 때, 다음 중 적절하지 않은 것을 고르시오.

① 각자 부족한 부분에 맞춰 필요한 공부를 한다.
② 공부를 통해 인생을 배우는 것이라는 자세를 가져야 한다.
③ 집중력이 저하되는 것은 운동선수의 몸이 아픈 것과 마찬가지다.
④ 공부할 양이 늘다보면 짜증이 나기 마련. 당연히 넘어가 준다.

정답: 1번-② | 2번-③ | 3번-④

8교시
중딩 시절이 대입 결과를 좌우한다 Ⅰ

중2병에 걸려 반항하고 방황하는 아이, 그것까지는 어느 정도 이해하겠다. 그런데 이번에는 갑자기 공부를 그만 두고 연예인이 되겠다고 한다. 방황하는 것은 좋은데, 나중에 후회할 결정을 내리지는 않을지, 이러다 공부고 뭐고 다 놓친 채 고3이 되는 것은 아닌지 걱정이 태산이다.

8교시

1
아이에게 딱 맞는 진로를 찾아라

:: "이제 와서 연예인이 되겠다고?"

학생들을 상담하다 보면 진로에 관한 이야기를 할 때가 많다. 얼마 전 만난 중3 여학생 현진이와도 그런 이야기를 나누었다. 중학교 1학년 때까지 공부 잘하는 우등생이었던 현진이. 그러나 대치동으로 전학을 오면서 선생님에게 오해를 사는 일이 생겼다. 인정을 받지도, 친구들과 어울리지도 못하고, 성적까지 크게 떨어져 공부에 대한 의욕을 잃어버린 상태였다. 맹목적으로 게임과 인터넷에 열중하고 있었다.

현진이의 첫마디는 성적이 떨어지니까 공부하기가 너무 싫더라는 것이었다. 그래서 공부 대신 다른 것, 운동을 하고 싶다고 했다. 상담하는 동안 자주 만나게 되는 장면이다. 공부에 좌절하게 되면 많은 학생들이 운동선수나 가수 등 다른 대안을 꿈꾸게 된다.

언뜻 생각하면 아이들의 주장은 합리적이다. 그런 주장을 할 권리도 있다는 생각이 든다. 하지만 그것이 도피임은 한 발만 떨어져 봐도 너무나 분명히 보이는 사실이다. 상담을 계속해 나가다 보면 아이도 원래 가고 있던 길이 꽉 막혀 출구가 보이지 않자 내리게 된 선택임을 스스로 깨닫게 된다.

주변의 상황이 너무 절망적으로 느껴지고 (실제로 그럴 수도 있고) 자신에게는 아무것도 남아 있지 않은 것처럼 보이는 순간, 그래서 포기하고 싶은 순간은 누구에게나 올 수 있다. 이것을 역경이라고 한다. 역경을 극복한 사람들에게는 더 큰 가치가 주어지는 법이다.

아이들과 대화할 때 필자가 항상 마음속에 떠올리는 것이 있다. 겉으로 드러난 이야기 말고, 그 밑의 이야기에 집중하자는 것이다. 중학교 2학년이 되어서 프로 운동선수가 되겠다는 것이, 혹은 고등학교를 다니다가 연예 기획사의 문을 두드린다는 것이 얼마나 위험한 일이며 확률이 떨어지는 일인지를 설명하는 것은 소용없다. 이는 겉으로 드러난 이야기를 하는 것이다. 공부를 포기하고 싶어 탈출구로 삼은 진로인데 아무리 따지고 이야기해 봤자 의미 없다.

"성적이 떨어졌는데 오를 것 같지 않아 갑갑했겠구나."

"아니요. 저 아직은 공부 시작만 하면 반년도 안 돼서 따라잡을 자신 있어요."

오호라, 이 녀석 보게. 아직 죽지 않았구나. 본인도 스스로 뱉은 말에 놀란 눈치다.

"어…… 어…… 근데 공부가 하기 싫어요."

"공부가 왜 하기 싫어진 거지?"

"그건…… 너무 많이 떨어졌기 때문이에요. 이런 점수를 받아 본 적이 없어요. 친구들도 저를 무시하고 선생님들도 관심이 없어요. 집에서는 예전하고 다르게 계속 공부하라고 간섭이 심해지고요. 이런 게 너무 화가 나요."

"네가 잃어버린 것들 때문에 화가 나는구나?"

"……."

운동선수 이야기는 이미 관심 밖으로 사라졌다. 지금 필자와 현진이는 잃어버린 것에 놀라고 당황하고 분노하느라 자신이 얼마나 뒤쳐졌는지, 지금 가지고 있는 힘과 능력이 정확히 얼마나 되는지 돌아보지 않았던 것에 대해서 이야기하고 있다. 아직 결심하지는 못하고 있지만 이제 시야는 확실히 달라졌다. 그렇다고 해도 자신의 꿈이나 진로에 대해서 이야기하기는 빠르다. 지금은 자신에 대해 있는 그대로 받아들이고, 어떤 모습이 되기 위해 자신을 발전시켜 나갈 것인지를 결정해야 하는 단계다.

:: 이길 수 있는 작전을 세워라

이럴 때는 아이가 어떤 특징, 그러니까 어떤 장점과 단점을 가지고 있는지 살펴볼 필요가 있다. 현진이는 큰 그림을 잘 보는 두뇌의 소유자였다. 이런 학생들은 반복하는 것을 매우 지루해하며 디테일을 자주 놓치기 마련이다. 대신 맥락을 파악하고 비슷한 것끼리 분류하기를 잘한다는 강점이 있다. 그런데 지금 다니는 수학 학원은 많은 양의 숙제를 내 주며 풀게 하는 곳이었다. 대치동으로 전학을 오면서 내신 성적이 모자라다고 판단해 선택한 곳이었다. 본인에게 부족한 점을 채운다는 게 본인이 잘하기 어려운 곳으로 찾아가 힘든 싸움을 벌이고 있는 꼴이다.

우선 다른 스타일의 선생님을 찾아보았다. 핵심 개념부터 출발해서 연역적*으로 설명하는 스타일의 선생님에게 수업을 받아 보니 현진이는 훨씬 재미있단다. 우리나라 교육 상황에서 현진이 같은 '큰 그림형' 학생이 적절하게 배울 수 있는 곳은 적은 편이기는 하지만, 찾아보면 분명히 있다. (인터넷 강의까지 찾아볼 필요가 있다.) 사교육이 발달한 대한민국의 그나마 좋은 점이라고나 할까.

영어 학원에서도 똑같은 문제가 발생하고 있었다. 지루한 문법 설명,

---

* 상위개념에서 시작해서 하나하나 개별적 상황을 설명하는 것을 말한다. '남자 어른은 목젖이 다 튀어나와 있다. 아버지도, 삼촌도 목젖이 튀어나와 있다. 그러니까 경찰관 아저씨도 목젖이 튀어나와 있을 것이다.'라고 생각하는 방식이다.

많은 양의 단어 암기. 현진이는 큰 그림형 학생으로 분류에 능한 아이다. 단어를 어근별로 묶어서 외우도록 권하고 일단 영어 학원을 잠깐 쉰 뒤, 대학생 누나를 찾아 같이 공부하도록 해 주었다. 학원에서보다 외우는 단어 개수가 많지는 않았으나 단어 암기에 대한 거부감은 훨씬 줄었다. 또한 현진이는 청각형 성향이 발달해 있는 아이였다. 어근별로 묶은 단어를 엄마에게 자랑삼아 이야기하도록 유도했더니 훨씬 더 암기 효율이 좋아졌다. 남에게 가르치면서 공부하는 방식은 청각형 학습자들에게 안성맞춤인 방법이다. 공부 방법을 바꾸는 게 만능열쇠는 아니겠지만 효율을 높여 주는 것은 분명하다.

현진이처럼 '양'에 질려 있거나 주의력이 부족한 학생들은 한 번에 한 과목을 끝내는 것보다 여러 과목을 번갈아 가며 공부하는 것이 낫다. 자신이 부딪혀야 할, 이겨 내야 할 대상이 무엇인지 냉정하게 판단하고 그에 대해 합리적이고 치밀한 대책을 세우는 것이 중요하다.

:: 이순신 장군에게 배우는 독려 비법

이렇게 작전을 세우고 준비를 해도 막상 시험이 다가오거나 공부해야 할 양이 늘어나게 되면 마음이 달라지기도 한다. 부담스럽고 자신이 없고 의욕이 상실되어 또 도피하고 싶어질 수 있는 것이다. 현진이는 그렇지 않았지만, 다른 아이들의 경우에서 여러 번 볼 수 있던 상황이다. 이

럴 때는 부모의 리더십이 필요하다. 아이 스스로 마음속에서 이순신 장군이라도 불러내 자신을 응원하면 가장 좋겠지만, 어쩔 수 없이 두려워지고 나약해지는 순간에는 부모의 독려가 큰 도움이 된다. 그 독려의 방법을 《난중일기》 속에서 찾아보자.

명량대첩이 일어났던 순간, 오로지 대장선 한 척만 적선과 대적하고 나머지는 모두 도주하려고 했다고 한다. 그때 이순신 장군은 부하 장수를 향해 "대장선을 도와 싸우지 않는 것은 죽음으로 다스릴 큰 죄나, 지금 상황이 급박하니 다시 한번 기회를 주노니 와서 큰 공을 세우라."라고 했다고 한다. 그 급박한 상황에서 이렇게 매끄럽게 명령하지는 못했을 것이나 그래도 핵심은 모두 들어 있었다. 그 핵심을 살펴보자.

첫째, 현재 상황을 정리한다. 도망치는 것은 비겁하며 자신과 주변에 실망과 피해를 주는 일이라는 것을 가능한 한 간결하게 정리했다. 여기서 중요한 것은 '핵심만 간결하게'다. 이것이 명쾌하게 정리될수록 아이의 마음에 '아, 이러면 안 되는 거구나.'라는 생각이 들 수 있다.

둘째, 이유를 설명하며 다시 한번 기회를 준다. 명량대첩 중에는 상황의 긴박함을 이유로 들었다. 우리는 아이들에게 지금까지 열심히 해 왔음을, 아직도 기회가 있음을, 실패하더라도 도전하는 것이 가치 있음을 이유로 들 수 있다.

셋째, 지금 바로 해야 할 행동이 무엇인지 구체적으로 알려 준다. 계획표부터 수정하는 것일 수도 있고, 부족한 부분을 보충할 일시적 방법일 수도 있고, 생활 습관의 변화일 수도 있다. 무엇이든 하나에 집중할 수 있으면 여러 가지 어지러운 생각들이 사라지기가 훨씬 쉽다. 두려워 피하는 사람을 겁쟁이로 만들어 비난하는 데 그친다면 '두려움에서 나올 용기'는 사라질 것이다.

현진이는 60점대이던 점수를 75점으로 올리겠다는 첫 번째 목표를 잡고 다시 공부를 시작했다. 부모님은 내심 걱정했다. 그냥 그 점수에 만족하고 주저앉지 않을까 우려한 것이다. 그러나 현진이의 목표는 사실 대치동에서 90점 이상 받는 것이다. 현진이가 75점을 받으면 필자는 어려운 전투에서 승리한 것을 축하하고 그 다음에 아이가 그동안 무엇을 했는지 이야기할 계획이다. 그리고 아마도 이순신 장군이 명량대첩에서 승리한 후에 어떻게 하였는지를 같이 알아볼 것이다. 이순신 장군처럼 부족한 부분을 보충하는 것, 유리한 전장을 골라 승리하는 것뿐만 아니라 불리한 전장에서도 지지 않을 수 있게 준비하는 것. 이것이 중요하다. 즉 자기에게 맞는 과목, 맞는 방법으로만 공부할 것이 아니라 자신 없는 과목, 싫어하는 공부법도 익혀야 한다는 뜻이다. 꿈은 지금부터 꾸기 시작하는 것이다.

:: 수학 잘하면 이과, 못하면 문과?

가을은 결실의 계절이라고 하던데, 필자의 상담 목록을 보면 '가을은 선택의 계절'이다. 그리고 그 선택의 시점이 점점 빨라지고 있다. 중학교 때부터 아이와 함께 대화를 나누고 아이의 특성을 파악해 두는 것이 금세 닥쳐올 진로 결정에 필요하다.

필자 앞에는 고1 여학생 민영이가 앉아 있다. 통통한 얼굴에 예쁜 눈을 가진 평범한 여고생이다. 이 친구의 고민은 남자 친구도 아니고 부모와의 갈등도 아닌 '이과를 선택한 것이 맞는 걸까요?'였다. 민영이는 사회 과목, 그러니까 경제나 역사 같은 과목이 지루하고 싫다고 했다. 반대로 과학은 쉽게 느껴지고 점수도 잘 나오는 것 같았다. 무엇보다 우리나라 학생들이 그렇듯, 수학이 별로 무섭지 않아서 이과를 선택했다고 한다. 그런데 선택을 하고 나니 공부 잘하고 머리 좋은 자기 학교 학생들(참고로 남녀공학)이 모두 이과를 지원했고, 막상 수학을 하자니 자기가 잘하는 건 아닌데 싶어서 더럭 겁이 난단다. 일단 이과 계열 신청은 했지만 지금이라도 바꾸는 게 나은 건지, 그러자니 문과의 국어와 사회 과목이 마음에 걸리고, 갈피를 못 잡겠다고 했다.

필자가 아닌 다른 사람에게 이런 상담을 받으면 어떤 조언이 나올까? 어떤 곳에서는 성적표를 분석할 것이다. 그리고 이 성적으로는 어느 정도 가게 될 테니까 그 안에서 현실적으로 선택의 폭이 넓어지는 이과 쪽으로 가라고 (아님 반대로 지금이라도 옮기라고) 했을 것이다. 당장 대학이 코앞에 닥친 상황에서는 이런 접근도 생각해 봄직하다.

다른 곳에서는 아마 적성을 평가했으리라. 그리고 어떤 유형의 직업군과 적성이 맞으니 이런 계열이 좋겠고, 그러니 지금 선택이 잘 맞는 것 같다고 했을 것이다. (이 역시 반대로 제안했을 수도 있다.) 본인에게 적합한 진로를 알면 동기부여도 되고 장래를 미리미리 준비할 수 있을 테니 이런 접근 역시 유익한 부분이 있다. 그런데 민영이는 왜 그런 곳에 가지 않고 필자를 찾아온 것일까? 정신과 의사로서 학생과 마주 앉아 진로나 학업에 대한 이야기를 할 때, 필자가 맨 처음 떠올리는 질문이다. 왜 필자를 찾은 것일까?

이 질문의 답은 '민영이는 왜 문과와 이과 선택을 두고 이렇게 고민하는가?'에 대한 질문의 답과 같다. 그 답을 '내신 따기 어렵고 수학에 자신 없어서'라고 본다면 아마추어다. 이과를 선택하는 거의 모든 학생들이 이 부담을 가지고 있고, 선택 전에 이미 그 사실을 알고 있다. 그런데 선택하고 나니 새삼 부담이 커진다?

그렇다. 이는 자신에 대한 믿음 부족이 밑에 깔려 있기 때문이다. 자신에 대한 믿음을 굳건히 해 주지 않으면 아이는 마음을 움직이지 않는다. 자신의 적성과 진로를 발견한다고 해도 그것을 이룰 수 있다는 믿음이 부족해 추진력을 얻지 못한다. 그렇게 되면 '에이, 뭘……'이라거나 '별로 하고 싶지 않은데…….'라는 소극적 태도로 흘러갈 수 있다. 현실적인 전략을 찾아서 어느 대학을 가자고 해도 그조차 해낼 수 있을 것 같지 않거나, 자기가 그 정도밖에 안 된다는 좌절감에 자포자기로 이어지는 경우가 많다. 그래도 어찌어찌하여 억지로 공부를 하더라도 '이 정도도 못해내니?'라는 주변의 실망만 사기 쉽다.

자신에 대한 믿음이 강한 학생들은 자신의 선택이 완벽하게 만족스럽지 않더라도 '주어진 상황에서 최선을 다하면 길이 열릴 것'이라는 긍정적 전망을 한다. 선택이 두려운 이유는, 그 선택이 잘못되면 결과도 끝장이라는 파국적 사고 때문이다. 만일 잘못되어도 우리에게는 전화위복할 힘이 있는데도 말이다.

심리 상담에서는 그 다음 질문의 답까지 찾아간다. 왜 자신에 대한 믿음이 부족하게 되었을까? 이것을 알아야 그 믿음을 다시 채워 줄 수 있다. 이유는 아이들마다 다 다르다. 공부 잘하는 형제자매와 비교되어서 그럴 수도 있고, 엄마의 인정이 필요한 아이인데 성적이 떨어지면서 그 인정을 받지 못해 그럴 수도 있다. 그동안 과잉보호로 인해 무언가에 도전해 볼 기회가 너무 없어서 자신의 역량을 확인해 본 경험이 부족한 아이도 있다. 반대로 도전했다가 너무 큰 좌절을 경험해 트라우마^{trauma*}가 생긴 경우도 있다. 당연히 두 가지 이상의 이유가 복합되어 있는 사례도 많다.

　자신감, 즉 자신에 대한 믿음을 높이기 위해 필요한 것은 가족의 신뢰와 유대감, 그리고 친밀감이다. 대화가 많아져야 하고 아이의 말을 경청하는 자세도 당연히 매우 중요하다. 그런데 청소년기 아이들에게는 이것만으로 잘 통하지 않는다. 그 이유는 크게 두 가지다. 첫째는 부모로부터 심리적으로 독립하는 시기여서 이전보다 부모의 말을 100% 받아들이거나 따르려 하지 않는 경향이 강하다는 것. 둘째는 급격히 발달한 전두엽으로 인해 논리적으로 이해되지 않으면 잘 수용하려 들지 않는 경향이 있다는 것. 그래서 청소년기 아이들에게는 조금 다른 이야기를 들려줄 필요가 있다.

　민영이의 고민 중에는 '여학생이 이과 과목을 잘할 수 있을까?'라는 것도 포함되어 있었다. 여학생이 수학과 과학에 불리하다는 것은 통념처럼 알려져 있는데, 민영이도 주변에서 그런 이야기를 들은 적이 있단다.

＊ 트라우마란 인간이 정신적·신체적으로 감당할 수 없는 정도의 충격을 말한다. 천재지변, 사고, 강간 등과 같은 하나의 충격적인 사건으로 인한 트라우마를 'big T'라고 하고 부모의 양육상의 문제와 같이 일상 속에서 반복적으로 누적되어 생기는 트라우마를 'small t'라고 나누기도 한다.

여기가 바로 포인트. 필자와 뇌과학이 민영이를 위해서 무언가를 해 줄 수 있는 출발점이다. 필자는 논문 하나를 민영이 앞에 펼쳐 들었다.

"이건 스위스 취리히 대학교에서 발표한 논문* 이야. 과학 공부를 하는데 성별의 영향이 있는지에 대해 연구한 거지."

일단 이렇게 근거를 보여 주면 청소년기 아이들의 신뢰도는 확 올라간다. 그리고 설명을 이어 간다.

"이들이 연구한 바에 따르면 과학 공부에 대한 흥미와 동기는 두뇌의 유형에 따라 차이가 있다는구나. 물질적인 면을 잘 보는 능력이 많은 두뇌가 정신적인 면을 잘 보는 두뇌보다 과학에 더 많은 흥미를 가진다고 해. 당연히 그렇겠지? 그런데 남학생들이 여학생들보다 조금 더 물질적인 면을 잘 보는 유형인 경우가 많다는 거야. 그러니까 아무래도 과학을 좋아하고, 쉽게 느끼고, 그러다 보니 좋은 성적이 나오는 거겠지. 그러니까 중요한 건, 남자냐 여자냐가 아니라 내가 어느 유형의 사람이냐, 이게 더 중요한 거야."

설명을 듣고 민영이는 자신이 어떤 유형인지 궁금해했다. 필자는 그때까지의 대화를 통해 민영이가 얼마나 현실 중심적이고 객관적 증거를 중요하게 생각하며 실제로 몸을 움직여서 하는 활동에 강한지 등을 이

---

* Albert Zeyer, Sarah Wolf, "Is There a Relationship between Brain Type, Sex and Motivation to Learn Science?", *International Journal of Science Education* vol. 32, issue 16, 2010, pp.2217~2233.

미 알 수 있었지만, 더 정확하고 많은 데이터를 얻기 위해 인지평가라는 테스트를 해 보기로 하였다.

이 테스트가 주는 이점이 하나 있다. 자신의 유형뿐만 아니라 자기 능력의 강점과 약점도 알 수 있다는 것이다. 민영이는 그 결과를 보고 나서 자신의 선택이 잘못된 것이 아님을, 또 그 선택의 결과를 좋게 만들 수 있는 능력이 자신에게 있음을 믿을 수 있게 되었다. 이제야 비로소 관심 있는 진로를 위해 어떻게 공부할 것인지, 그 과정에는 어떤 장애물이 있을 것인지, 난관을 어떻게 극복할 수 있는지 배워 나갈 준비가 된 것이다.

:: 아이의 기질에 맞는 선택이 중요하다

뇌과학은 아이의 적성을 파악하게 해 주지만, 이것이 아이의 진로를 전적으로 결정하지도 않으며 성적을 결정하지도 않는다. 다만 두뇌를 알 수 있다면 어떤 난관이 발생할지 예측할 수 있다. 두뇌 유형에 따라 공부방법을 맞추면 자신의 약점을 충분히 극복할 수 있다. 그러므로 아이의 진로와 그 선택에 있어서 정말 중요한 것은 무엇을 선택하느냐가 아니라 그 선택 이후에 일어날 상황들을 예측하고 대비하게 해 주는 것이다.

부모로서 이를 위해 준비해 놓으면 좋은 것이 있다. 아이와 대화를 많이 하는 것, 그리고 잘 관찰하고 기록을 꾸준히 해 놓는 것이다. 우리 아이가 현실적이고 물질 지향적인지, 수 개념이 빠른지 언어 능력이 빠른지, 하고 싶은 충동을 잘 참는 편인지 아닌지, 이런 것들을 충분히 판단하고 파악하면 된다. 이런 성향을 어려서부터 판단하고 있으면 나중뿐만 아니라 당시에도, 유치원을 보내거나 초등학교를 선택할 때에도 매우 유용하다. 특히 아이의 기질에 맞는 유치원이나 학교를 선택하는 것이 중요한 이유가 있다. 이러한 기질은 학습되는 것이 아니라 유전자 속에 갖고 태어나는 것이다. 따라서 이를 바꾸려는 시도보다는 이에 맞춰 길을 선택하는 것이 더 좋다. 무조건 공부를 많이 시키는 학교, 좋은 집에 사는 아이들이 가는 학교에 보내려고 할 것이 아니라 우리 아이 기질에 맞는 곳인지 판단해 봐야 한다.

:: 상처 받고 자란 아이의 두뇌는 어떻게 성장할까

자식 사랑이라고 하면 우리나라 부모들은 할 말이 많다. 다른 나라에서 이슈가 되는 타이거맘tiger mom* 이니, 헬리콥터맘이니 하는 것은 우리나라에서는 명함도 못 내민다. 아이를 명문 대학교에 진학시키고 날 때쯤이면 입시 지도 학원을 차릴 수 있을 만큼의 정보력과 실행력을 가진

---

* 자녀를 엄하게 다루고 혹독한 스케줄에 몰아넣어 강하게 키움으로써 명문대에 진학시키는 스타일의 엄마나 그런 양육 방식을 일컫는 말. 예일 대학교 로스쿨 교수 에이미 추아(Amy Chua)의 양육 방식에서 유래했다.

엄마들이 넘쳐 나고 있다. 부모의 인생을 모두 쏟아부은 결정체가 아이의 명문대 진학이란 이름으로 빛을 발하는 것이다.

그런데 이렇게 해서 서울대학교에 들어간 학생들 중 8%, 서울대학교 대학원에 들어간 학생들 중 20%가 우울증에 시달린다고 한다. 한편에서는 자신의 일을 스스로 결정하기 어려워하는 이들이 많아지며 '결정장애'라는 신조어가 등장하기도 했다. 결정장애의 밑바탕에는 불안이 깔려 있다. 왜 이들은 불안한 것일까? 왜 행복하지 않은 것일까?

부모들은 이렇게 진단한다. '취업이 힘들어서.' 우리가 대학 다닐 때처럼 지내다가는 백수되기 딱 알맞은 현실이다. 그래서 이제 부모들은 대학생 자녀의 수강 일정을 관리하고 학과 사무실에 전화해서 성적에 대해 항의하기 시작한다. 얼마 전 어느 기사*에서는 아픈 아이를 대신해 대학교 강의실까지 대리 출석하러 가기도 한다는 소식을 보았다. 세상에.

이런 엄마들의 마음속에는 아이를 대학에 보낼 때와 똑같은 생각이 자리 잡고 있다. '지금은 힘들어도 좋은 직장을 가지면 다 해결될 거야.' 그렇기 때문에 계속 더 많은 스펙을 쌓고, 학점을 관리하고, 취업이나 자격증을 준비하게 한다. 정보력이 좋은 부모들은 동시에 이를 조직화하고 추진하는 힘도 강한 경우가 많다. 이렇게 잘 짜 놓은 빡빡한 스케줄을 아이에게 다시 요구하는 것이다. 그래도 이제 아이가 성인이 되었으니 모두 이해할 것이라고 믿으며.

---

* 이동휘·김경필·신수지, "애가 아파서 '代出(대리 출석)' 하러 왔어요"- 대학생을 초등생 취급하는 父母들, 〈조선닷컴〉, 2014. 12. 1.

그런데 여기서 시간을 조금만 되돌려 보자. 이 아이가 중학생이나 고등학생일 때 이 가정의 모습은 어땠을까? 아마 그때는 대학 진학을 한 지금보다 훨씬 더 불안했을 것이다. 미래를 알 수 없기에 초조해하며 과학고나 외고 같은 특목고 진학을 초등학교 고학년 때부터 준비했을 것이다. 그 과정에서 아이와의 대화는 대부분 공부나 성적에 대한 이야기(꾸중이든 해야 할 일에 대한 지시든)로 채워졌을 것이고, 지금만 넘기면 된다고 독려했을 것이다. 고등학교 때에는 고지가 코앞이니 조금 더 힘내라고, 혹은 지금 몇 학년인데 아직 정신을 못 차리고 있냐고 다그치며 지냈을 것이다. 한밤중 침대에 누울 때 쓰린 가슴에 걱정과 불안을 함께 안고서 대학만 들어가면 다 끝난다고, 그때까지만 약해지지 말자고 다짐했을 것이다. 사랑하는 우리 아이의 미래를 위해.

어떤 문제를 해결할 때는 원인을 정확하게 진단하는 것이 가장 중요하다. 잘못된 진단은 잘못된 처방을 낳는다. 우리 아이들이 대학교에 가서도 행복하지 않은 이유가 좁은 취업문을 뚫어야 하기 때문일까?

그 원인을 과학적 근거로 제시한 연구* 결과가 2014년 발표되었다. 호주 멜버른 대학교 연구자들이 중심이 되어 진행한 연구다. 이들은 188명의 만 12세 청소년과 그 부모를 대상으로 4년 간격의 MRI 촬영을 했다. 부모의 자녀 양육 행동과 청소년 두뇌 발달의 관계를 연구하기 위한 조

---

* Sarah Whittlea, Julian G. Simmons, Meg Dennison, Nandita Vijayakumar, Orli Schwartz, Marie B. H. Yap, Lisa Sheeber, Nicholas B. Allen, "Positive parenting predicts the development of adolescent brain structure: A longitudinal study", *Developmental Cognitive Neuroscience* vol. 8, 2014, pp.7~17.

사였다. 아이를 따뜻하게 이끌고, 적절히 칭찬해 주고, 유머로 대해 주는 부모들과 냉정하거나 상처 주는 말을 하고, 야단을 많이 치고, 다툼이 잦은 부모들을 나눠 결과를 분석하였다. 그런데 두 유형의 가정에서 자란 아이들의 뇌가 편도체 부위와 안와전두엽 부위에서 차이를 보였다. 이 두 부위는 사춘기를 지나며 부피가 작아지고 대뇌피질도 얇아진다. 즉 세련되고 효율적으로 가다듬어지는 것이다. 그런데 부모가 부정적인 행동을 많이 하는 가정의 아이들은 이런 발달이 이뤄지지 않은 채 사춘기 때의 두뇌를 그대로 가지고 대학생이 되었다.

성숙되지 않은 이 부위들이 어떤 기능을 맡는지 살펴보면 결론이 좀 더 명확해진다. 편도체는 감정 조절 능력에 주로 기여하는 부위며, 안와전두엽은 계획을 세우고 실행하는 중추적 역할을 하는 부위다. 해마에 문제가 생기면 우울증이나 불안장애가 생기기 쉬우며, 안와전두엽의 장애는 강박장애를 초래하거나 계획을 잘 못 세우고 실천은 더 못하는 충동조절장애와도 연관될 수 있다. 이렇게 의학적 진단까지 가지는 않더라도 의욕 상실, 결정력 부족, 행복감을 못 느끼는 증상들이 생길 가능성이 매우 높아진다.

대학생으로 자란 아이들의 우울함이 좁은 취업문 때문만은 아니다. 그 좁은 취업문을 통과하든 그렇지 못하든, 우울하고 우유부단한 사람이 될 가능성은 이미 이전의 시간 속에서 시작되는 것이다. 중요한 것은 '부모의 올바른 사랑'이다. 좋은 부모란 기본적으로 따뜻한 부모고 지지해 주는 부모다. 지적이 아닌 '지지'. 말은 쉽지만, 더 공부하지 않는 모습이 아쉽고, 미래에 대해 충분히 생각하지 못하면서 막연히 잘될 것이라고 하는 모습을 보면 나무라거나 지적하지 않고 지나가기 정말 힘들다. 말하면 더 비뚤어질 뿐이라고 팔짱을 끼고 지켜봐도 아이들은 은연중에 드러나는 불만을 고스란히 느낀다. 가급적이면 유머를 사용하자. 비아냥거리는 것이 아닌 진짜 유머를 사용하는 연습이 필요하다. 그렇지만 잘 지켜는 보자. 아이에게 선택권을 주고 지켜봐 주는 것이 좋은 부모가 해야 할 중요한 일이다.

그리고 한 가지 더 추가하자면, 활동을 함께 공유하자. 무엇을 할지 함께 계획해 보고 같이 활동하는 경험이 아이에게 주는 영향은 매우 크다. 부모와 아이 관계를 평가할 때 가장 첫 질문은 이것이다. '부모와 함께 활동한 경험이 있는가? 얼마나 되는가?' 우리가 지금 하는 사랑의 표현이 시간을 넘고 공간을 넘어 몇 년 후에 우리 아이의 두뇌를 바꾸고 행동을 바꾸고 마음을 바꾸고 인생을 바꾼다.

시간을 뛰어넘는 건 중력뿐만이 아니다. 미루지 말자. 지금 사랑을 표현하자.

2
자기주도 학습, 이렇게 이끌어라 I

:: 공부는 무엇으로 하는가

"선생님, 공부는 무엇 때문에 해야 하나요?"

중학교 3학년 지영이는 그 답을 찾을 때까지 방문 밖도 안 나오고 학교도 안 갈 태세다. 철학적 지식이 매우 얕은 탓에 이런 '심오한 질문'은 싫다. 그런데 필자도 불쑥 한마디 하고 만다.

"그 책 안 읽어 봤어? 《사람은 무엇으로 사는가?》, 톨스토이."

"그거 저…… 천사가 구두 수선공으로 있으면서……."

이런, 지영이가 기억하는 것은 줄거리였다. 제목에 대한 답이 아니라.

필자는 톨스토이의 세 가지 질문을 이렇게 읽는다.

"공부할 때 마음속에는 무엇이 있을까?"

"공부하면서 알지 못하는 것은 무엇인가?"

"공부는 무엇으로 하는가?"

공부할 때 마음속에는 무엇이 있을까?

예전에 중·고등학교 교사로 근무하다가 모 방송국 국장을 지내던 분이 이렇게 말했다.

"공부는 잘하고 싶은 애들만 잘한다."

하지만 필자가 만난 많은 아이들(필자를 만나는 이유의 80%는 공부하기 싫기 때문이다.)은 지금 공부하기는 싫지만 공부를 잘하고 싶은 마음은 분명히 가지고 있다. 공부할 때 마음속에 '잘하고 싶은 마음'이 있는 것이다.

아무리 과외를 받고 학원을 다녀도 성적이 20~30점밖에 나오지 않아 엄마 손에 이끌려 왔던 중1 경원이가 생각난다. 경원이의 아이큐는 140을 훌쩍 넘었다. 그런데 지능검사 결과를 자세히 보니, 도대체 머리를 쓰려고 하지 않았다. 초등학교 때부터 학원만 뺑뺑 돌아다니다 보니 아무 생각도 남아 있지를 않게 되었단다. 당연히, 하지만 어렵게, 학원을 확 줄였다. 그러자 오히려 성적이 올라갔다. 필자는 이 아이가 공부할 마음을 갖게 할 목적의 어떠한 말도 하지 않았다. 공부를 잘하고 싶어 하는 마음이 자라나는 걸 방해하는 것들만 치워 주었을 뿐이다. 저마다 방해물이 다르기는 하지만.

공부하면서 알지 못하는 것은 무엇인가?

우리 아이들이 잘 알지 못하는 것이 있다. 자기가 무엇을 얼마나 잘하는지 모른다는 것이다. 대표적인 예가 있다. 수학 점수가 낮으니 자신은 문과가 적성이라고 생각하는 학생들이다. 이런 친구들 중 적어도 절반은 인지기능검사와 지능검사에서 수학적 능력, 공간지각 능력이 언어 능력보다 우수한 것으로 나온다. 더 중요한 부분은 아이들이 자기가 어떤 방식으로 공부하는 것이 좋은지에 대해서 정말 무지하다는 점이다. 반면 예전에 방송 때문에 만났던 전교 1등 학생들은 자기 두뇌에 딱 맞는 방법을 갈고닦아 놓고 있었다. 이를 몰라서 좌절하고 나는 공부를 못하나 보다 생각하며 자신감과 의욕을 잃어버리는 아이들이 많은 것이 늘 안타깝다.

공부는 무엇으로 하는가?

공부는 자신감으로 한다. 공부는 잘할 수 있을 것 같을 때 제일 잘된다. 중·고등학생을 대상으로 강의할 때마다 물어보는 질문이 있다. 공부하기 싫어지는 순간이 언제냐는 것이다. 그때마다 1, 2위 안에 꼭 드는 답이 '공부하다 어려운 게 계속 나올 때'다. 이를 뒷받침하는 자료*는 뜻밖에도 (심리학회지가 아닌) 하버드 대학교 경영대학원 리뷰지가 제공한다.

이에 따르면 업무 동기를 가장 향상시키는 것은 인센티브나 책임 추궁이 아닌 '일이 잘될 때'라고 한다. 결국 잘될 것 같다, 할 수 있다는 생각이 공부를 하게 만든다는 것이다. 대치동에서 클리닉을 연 지 10년이 되는데, 아직도 가끔 '공부는 엉덩이가 하는 것'이라고 굳게 믿는 엄마들을 볼 때가 있다. 이런 엄마들 덕분에 우리는 일본, 핀란드와 더불어 수학 능력 평가에서 최상위권을 차지한다.** 아울러 일주일에 수학 공부하는 양이 핀란드 학생의 거의 두 배에 달할 정도로 압도적인 양을 공부하고 있는 것이리라. 하지만 필자는 안다. 진짜 전교 1등들은 그렇게 하지 않는다. 학원에서 억지로 만든 가짜 1등들이 이렇게 하고 있을 뿐이다.

무한 경쟁이란 말로도 부족한 경쟁을 하고 있는 우리 아이들. 이들에게 공부에 대해서 이야기를 나누려는 사람이라면, 전문가가 되었든, 교사가 되었든, 부모가 되었든, 이 세 가지 질문에 대한 답을 분명히 제대로 가지고 있어야 할 것이다.

:: 학습 동기를 방해하는 부모의 분노

필자는 디즈니 애니메이션을 좋아한다. 〈인어공주〉를 좋아했고 〈라이

---

* Rosabeth Moss Kanter, "Three Things that Actually Motivate Employees", *Harvard Business Review*, 2013. (hbr.org/2013/10/three-things-that-actually-motivate-employees/)
** 오윤희, "한국 청소년 하루 8시간 공부 OECD 평균보다 3시간 많아", 〈조선닷컴〉, 2009. 08. 07.

온 킹〉도 좋아한다. 비판적 시각이 많다는 것도 알지만 그 속에 들어 있는 가족애, 성장의 이야기가 좋다. 작품 안에 흥미로운 상징과 비유가 녹아 있는 점도 좋다. 〈겨울왕국〉도 그래서 좋았다. 〈겨울왕국〉의 주제곡 'Let It Go'를 살펴보자.

주인공 엘사가 북쪽 산꼭대기에서 부르는 이 노래는 애니메이션 전체에서 가장 인상적인 장면으로 꼽힌다. 자신의 마법이 드러나지 않도록 자기가 얼마나 노력했는지 하늘만은 알 것이라는 이야기로 시작하는 이 노래는 착한 아이, 감정 조절을 잘하는 아이, 남에게 티를 내지 않는 아이로 자라나라는 부모의 기대를 맞추기가 얼마나 힘이 들었는지 털어놓는다. 그리고 이제는 다 알아 버렸으니 남들이 뭐라고 하든 상관하지 않고 있는 그대로 살아가겠다고, '완벽한 소녀'는 가 버렸다고 외친다. (필자의 딸도 언젠가 이렇게 외치리라.) 엘사는 여지없이 사춘기 아이의 마음을 상징하고 있다.

그렇다면 이제 한 가지 질문이 생긴다. '엘사'가 들킨 것은 무엇이었을까? 송곳처럼 날카로운 얼음 기둥을 만들어 날리고, 모든 것을 얼어붙게 하고 눈보라에 빠뜨리는 마법. 이 마법은 무엇을 상징하는 것일까?

분노다. 우리가 감추어야 한다고, 티 내지 않아야 한다고 배우는 것. 가장 아끼는 사람을 다치게 할 수 있는 것. 보이지도 않고 피할 수도 없이 날아와 박히는 것. 영화 속 '트롤 노인'의 말처럼 머리에 박히면 쉽지만 심장에 박히면 마음을 다쳐 회복하기 어려운 것. 이것은 분노다. 분노는 말로, 표정으로, 행동으로 순식간에 나타난다. (영화를 직접 본 사람들은 영

화 속 비주얼이 얼마나 잘 일치하는지 실감할 수 있을 것이다.)

　엄청 착하고 순하던 우리 아이가 어느 순간 눈빛이 변하더니 못된 말을 내뱉는다. 부모는 아이가 사춘기인가 하고 이해하려 하지만 가슴 한편이 아픈 것은 어쩔 수 없다. 이때의 아이들을 만나 보면 '나도 모르게 화 같은 게 울컥울컥 솟아오른다.' 또는 '이유 없이 무엇이든 던지고 싶어진다.'고 말한다. 화를 낼 때는 누구도 다가서는 것을 허용하지 않는다.

대화를 나눌수록 마음에 상처만 와서 박힌다. 더 이상 착한 아이로 살지 않으려는 엘사. (알고 보니 우리 집에도 살고 있었다. 아직 착한 동생 '안나'가 같이 놀자고 하면 '가 버려$^{go\ away}$.'라고 말하는 것까지 영락없다.)

　사실 진짜 마법은 따로 있다. 가까이 다가오지 못하게 만들고, 마음속에 상처를 내고, 가정을 깊고 깊은 눈 속에 잠기게 하는 이 분노는 아이만 만드는 것이 아니다. 아이가 더 어렸을 적 부모가 했던 행동이기도 한 것이다. 아이에게 분노를 표현했던 순간들, 분노의 말들. 돌아보면 얼음보다 차갑고 화살보다 날카로웠으리라. 상담실에서 만나는 사람들 중에는 아이의 분노와 공격성 때문에 찾아오는 부모들도 있다. 부모(대개는 그나마 만만한 엄마)에게 소리 지르는 것은 예사고 칼로 부모의 침대 매트리스를 그어 버리는 아이도 있다. 이렇게 극단적인 경우일수록 부모 역시 아이에게 매서운 눈빛, 경멸의 표정, 상처가 되는 말을 날리는 경우가 대부분이다. 물론 처음부터 그랬을까 싶지만, 어쨌든 현재는 두 명의 엘사가 대결을 펼치는 모양새다.

　좀 다른 경우도 있다. 아이가 일방적으로 부모에게 밀리는 경우다. 아이는 부모로부터 듣는 말에 상처를 받아 한없이 위축된다. 이런 아이들은 책상에 앉아도 멍하게 있는 수가 많고 아침에 잠을 이기지 못해 집안을 발칵 뒤집어지게 하기도 한다. 이들에게는 이것이 최선의 저항인 것이다. 이것을 수동-공격적 욕구 충족이라고 한다.

　진짜, 부모가 한 말이 자녀에게 그렇게 큰 상처가 되는 것일까? 때린 것도 아닌데?

언어적 폭력이 자녀에게 어떤 영향을 끼치는지에 대한 연구*가 2009년에 발표되었다. 어려서부터 언어적 폭력에 노출된 아이들이 성인이 된 후 다른 사람들의 두뇌와 어떤 차이를 보이는지 살펴본 연구다. 이 연구 결과에 따르면 언어폭력에 노출되어 자란 성인은 두뇌에서 뇌량$^{corpus\ callosum}$**이라는 부위와 상부 측두 이랑$^{superior\ temporal\ gyrus}$*** 부위의 회백질$^{gray\ matter}$****이 정상 집단에 비해 손상되어 있다고 한다. 이 손상이 어떤 영향을 미치는지는 추후 연구를 통해 검증해야 할 부분이지만, 뇌량이 좌뇌와 우뇌를 연결하는 다리 역할을 한다는 점을 생각해 보면 감정과 이성의 부조화로 인한 반사회적 성격이 강화될 수 있고, 반대로 심한 감정 기복을 조절하는 데 어려움을 겪을 수도 있겠다는 것을 떠올릴 수 있다. 신체적 폭력뿐만 아니라 언어적 폭력도 뇌신경에 손상을 가져온다는 이 결론이 무시할 수 없는 무거운 의미로 다가온다.

그렇다면 사랑스러운 우리 아이의 뇌를 다치게 하지 않으려면 어떻게 해야 할까? 부모가 아이에게 분노하는 경우에는 여러 가지가 있다. 부모 스스로 충동성을 조절하지 못하기 때문인 경우도 많지만 더 보편적인 경우는 부모가 두려움을 느끼는 경우다. 두려울 때 생기는 분노는 더 큰

---

* J. Choi, B. Jeong, M. L. Rohan, A. M. Polcari, M. H. Teicher, "Preliminary evidence for white matter tract abnormalities in young adults exposed to parental verbal abuse", *Biol Psychiatry* vol. 65, Issue. 3, 2009, pp.227~234.
** 좌뇌와 우뇌를 연결하는 신경다발로 이루어진 부위를 말한다.
*** 측두엽에 위치해 있으며 언어와 관련된 기능을 한다.
**** 우리 뇌에서 신경세포들이 모여 있는 곳이며, 육안으로 볼 때 회색으로 보이는 부분이다. 회백질들을 연결하는 세포들을 백질(white matter)이라고 부른다.

힘을 얻는다. '아이가 이렇게 자라면 어떡하지?' 혹은 '잘못 크면 어떡하지?'라는 두려움에 휩싸일 때, 부모는 아이가 조금만 부족해 보여도 분노를 통제하지 못하게 된다. 특히 초등학교 아이를 둔 부모, 첫아이를 기르는 부모의 경우 더욱 그런 경향이 있다.

그래서 부모는 알아야 한다. 정확한 정보를 알아야 하고, 옳은 길을 알아야 한다. 아이를 있는 그대로 알아야 하고, 부모 자신의 소망, 강점, 약점도 알 필요가 있다. 무엇보다 부모가 분노를 표현하는 법을 배워야 한다. 부모가 자신의 분노를 무조건 억누르지도, 마음대로 표출하지도 않는 모습을 보여 주어야 한다. 그리고 잊지 말아야 할 것이 있다. 우리가 아이를 얼마나 사랑하는지 부모 스스로 깨달아야 한다는 것이다. 머리로 아는 게 아니라 마음으로 느껴야 한다. 그것이 분노를 표출하려는 순간 고삐가 되어 줄 것이다. 그 다음으로 부모가 아이를 사랑하고 있다는 것을 아이도 알게 해 주어야 한다. 자신이 사랑받고 있다는 것을 느끼게 되면 아이 마음속에서 상처가 치유되기 시작한다. 마치 〈겨울왕국〉의 안나가 그랬듯이.

∷ 공부가 힘들고 싫어진다는 아이에게 구원투수가 되는 법

멋진 검은색 삼선 트레이닝복을 입고 앉아 있는 중3 여학생 수현이는 생글생글 웃으며 이야기를 잘 하다가도 공부나 진로 얘기가 조금만 나오면 바로 정수리를 보인다. 음소거 모드와 함께.

중학교 때까지는 공부를 잘해서 부모님의 기대를 한 몸에 받던 수현이. 성격도 활발해 공부 외 동아리 할동도 하고, 영화와 소설을 좋아하는 감수성 풍부한 소녀였다고 한다. 그러던 수현이가 중2 들어오면서 공부를 힘들어하더니 성적이 점차 떨어졌다. 이제는 공부에 대한 의욕도 잃어버리고 미래에 대한 꿈도 없어졌다.

"왜 공부가 싫은 거니?"

"공부가 싫은 건 아니에요. 해야 할 게 너무 많아요. 예전에는 시험 때만 하면 됐는데 지금은 계속 계속 해야 하잖아요. 그게 너무 힘들어요."

어려서 수현이는 공부를 많이 하는 편이 아니었다. 평소에는 공부보다 다른 일에 열중하다 시험이 닥치면 벼락처럼 공부하는 스타일이었다. 눈에 띄는 건, 그런 성향을 엄마는 전혀 몰랐다는 것이다. 왜냐하면 수현이는 의자에 앉아서 책을 보거나 이런저런 상상을 즐겼기 때문에 겉에서 보면 책상에 잘 앉아 있는 아이로 보였다는 것이다. 여자아이들 중에는 특히 이렇게 조용히 속으로 산만한 아이가 많다.

이후의 평가들을 종합해 보고 필자는 수현이가 우수한 지능을 가진 반면 주의 지속 시간이 짧은 아이라는 것을 확인할 수 있었다. 그런데 지금 이 아이는 너무 멀리 와 있다. 어떻게 원래의 자리로 돌아갈 수 있을까? 이렇게 공부 이야기만 나오면 '음소거 모드'가 켜지는 경우에는 돌아가는 것도 방법이다.

"토끼와 거북이 이야기 알지?"

수현이의 고개가 더 숙여지고 만다. 그 다음 이야기를 짐작하고 있으리라.

"수현이는 토끼가 왜 졌다고 생각해?"

"무슨 말씀하시려는지 알아요. 포기하지 마라, 꾸준히 하면 너도 할 수 있다, 늦지 않았다. 뭐 이런 말씀인 거잖아요? 이젠 귀에 딱지가 앉도록 들었다고요!"

고개가 더욱 숙여진다.

"그건 전쟁터를 잘못 선택했기 때문이야."

"······?"

고개가 좀 들렸다. 옳거니.

"애초에 토끼 같은 단거리 선수에게는 코스가 너무 길었어. 토끼는 그걸 몰랐던 거지. 한 번도 그렇게 오래 달려 본 적이 없었을 테니까. 그 시합은 하지 말았어야 해."

"알았어도 어쩔 수 없었을 거예요. 자존심 때문에라도 경주를 안 할 수는 없었을 걸요?"

반갑다. 첫 반론이다. 이야기에 관심을 가진다는 뜻이다.

"알았다면 다르게 경주를 했어야지. 그렇게 한 번도 안 쉬고 끝까지 가려는 작전은 피했어야 하는 거 아닐까?"

"맞네요. 자주 쉬었어야 해요. 저도 처음엔 그랬어요. 다들 조금만 더 오래 하라고 해서 그렇게 하려고 했는데 자꾸 딴 생각만 더 들고······."

공부 이야기인데 눈을 맞춘다.

"그랬구나. 하려고 하면 할수록 더 안됐었구나."

이렇게 우리는 공부 이야기로 들어갈 수 있었다.

집중력 지속 시간이 짧은 아이들은 단거리 선수와 같다. 순간적인 폭발력은 뛰어나지만 지속력이 약하다. 타고난 지능에 따라 다르지만, 어렸을 때 유난히 공부를 잘하다가 어느 순간 성적이 급격히 떨어지는 경우가 많다. 이런 아이들의 성적이 떨어지는 이유는 두 가지다. 하나는 끝까지 벼락치기만을 고집하는 것이다. 또 하나는 장거리를 단거리 뛰듯이 보고 초반에 전력 질주를 하기 때문이다. 이 두 가지 모두 자신의 능력과 맞지 않는 곳에서 전투를 하려고 하는 것과 같다. 이는 의지나 동기의 문제가 아니다. 경험이 부족하고 전략이 부재한 탓이 더 크다.

토끼들이 전력 질주만으로 좋은 성적을 얻을 수 없는 중학교에 가게 되면 반드시 끊어 공부하는 법을 익혀야 한다. 그리고 짧게 쉬어 주어야 한다. 끊어 가는 이유는 쉴 곳을 명확히 하기 위해서다. 마라톤 코스 곳곳에 음료수를 준비하듯이 그곳에는 자부심과 칭찬이 있어야 한다. 주변에서도 이러한 전략을 명확히 이해하고 존중해 주어야 한다. 마지못해 지켜보다 조금 지나서는 '더 빨리, 더 오래, 더 많이'를 외치는 올림픽형 부모가 이런 아이들을 지쳐 쓰러지게 만드는 주범이다.

끊어서 공부할 때는 어디까지 공부하고 쉴지를 분명하게 정해야 한다. 그리고 목적지까지 최단 시간에 도달하기 위해 노력해야 한다. 이를 위해 다른 친구와 가벼운 내기를 하는 것도 좋다. 토끼 스타일의 학생은 이렇게 작은 시합을 여러 번 하는 것이 유리하다. 한 번의 시합만으로 모든 게 결정되는 구조는 절대적으로 불리하다.

"그런데, 그렇게 자꾸 쉬다 보면 쉬는 시간이 점점 늘어날 수 있겠네요."

수현이가 말했다. 이 말이 부모가 아니라 학생 본인의 입에서 나왔다면, 상황 끝이다. 이제 이 학생은 왜 공부를 나누어 해야 하는지, 쉬는 시간이 자신에게 가져다주는 의미가 무엇인지 이해했다. 실천을 고려하고 그때의 문제점도 발견한 것이다. 이는 확실히 공부를 양적으로만 많이 한다고 얻어지는 깨달음이 아니다. 이를 이해하지 못하는 부모가 고학력자들 중에도 의외로 많다.

원칙을 이해한 아이를 도와주는 것은 쉽다. 이제 '쉬는 것'은 평가와 비난의 대상이 아니다. 계획에 맞춰 쉴 수 있도록 다 같이 노력하고 극복해야 할 대상이 되는 것이다. '쉬는 것'이 더 이상 나약함이나 불성실함을 나타내는 지표가 아니라는 것. 이것은 '어마무시한' 차이를 가져온다.

이러한 '탈脫자기화'는 이야기치료와 같은 심리치료 기법에 있어서 핵심적인 요소이기도 하다. 우리는 언제나 남을 탓하기보다 자기를 탓해야 한다고 배워왔다. 하지만 사실 자기 탓에도 해로운 점이 많다. 수현이 같은 상황에서는 잠을 잔 토끼를 나무랄 것이 아니라 잠을 자기 쉬운 상황을 두 번 다시 선택하지 않도록 도와줘야 한다.

:: 집중력을 키우는 방법들, 주의력에 대해 바로 알기

필자가 초등학교에 갓 입학했을 때, 부모님께서 담임 선생님과 상담을 위해 학교에 방문하신 적이 있다. (당시는 담임 선생님과 학부모의 개별 상담이 정례화되어 있었고 때로는 가정방문도 있었다.) 담임 선생님 말씀이 "아주 총명한 학생이에요. 자꾸 교실 밖을 나가려고 하는 것만 아니라면요……." 하셨단다. 초등학교 1학년이 된 지 한 달도 안 되어, 그것도 기어서 몰래 교실을 빠져나가려고 했다는 것이다. 왜 나가냐고 선생님께서 물어보시면 "다 알아요. 재미없어요."라고 했단다. 총명하지만 끈기가 부족하고 산만한 아이. 그게 필자가 받은 첫 평가였다. 필자의 기억에도 시험 문제를 건너뛰며 풀거나 앞면만 풀고 내기 일쑤였고 준비물은 빠뜨리기를 밥 먹듯이 하였다.

그렇다고는 하나, 필자는 스스로 집중력이 매우 강하다고 생각했다. 책 한 권을 붙잡으면 (물론 재미있는 책인 경우에) 앉은 자리에서 300쪽 이상이 되는 책도 끝까지 읽어 냈고, 무엇인가에 빠져 있으면 옆 사람이 불러도 못 듣는 경우가 많았기 때문이다. 대신 수업 시간에 멍하니 딴 생각을 할 때가 많았고 한번 생각에 빠지면 선생님의 분필을 맞기 전까지 제정신이 돌아오지 못하는 경우가 많았다. 한 가지에 집중하면 누가 불러도 모르는 이 성향은 지금까지도 이어지고 있는데, 때로는 아내의 불만 사항이 되기도 한다.

신경과학자와 의학자들은 주의력 결핍 여부를 다음의 네 가지 관점에서 바라본다. 한 곳에 몰입을 잘하는가? 지루함을 잘 참는가? 충동을 잘 통제하는가? 주의의 전환을 잘할 수 있는가?

필자는 저 네 가지 중 어떤 것을 잘했을까? 한 곳에 몰입은 잘했지만 내가 하고 싶은 것에만 하는 편이었다. 지루함을 못 참아 문제를 건너뛰고 풀 정도로 성격이 급했는데, 한번은 정신과 전공의가 된 후 어느 교수님께서 "자네도 나처럼(이 얼마나 배려 깊은 문구인가?) 성인 ADHD$^{\text{Attention Deficit Hyperactivity Disorder}}$* 인 것 같아."라고 말씀하시기도 했다.

지금 이 순간 우리 아이들이 필자와 비슷한 실패와 좌절을 겪고 그 결과 피할 수도 있었던 콤플렉스를 얻게 된다면, 필자가 살아온 시절보다 더 치열해진 경쟁으로 인해 필자와 같이 시행착오를 겪으면서도 공부해서 꿈을 이룰 수 있는 기회를 갖지 못하게 된다면, 그것은 옳지 않은 일이다. 왜냐하면 주의력이 부족해 보이는 아이들 속에도 보물처럼 소중한 재능들이 숨어 있기 때문이다. 많은 교육학자나 교사들은 산만한 아이가 창의성이 뛰어나다는 것을 경험으로 알고 있다. 클리닉을 찾아오는 부모들 대부분도 자신의 아이가 '창의성이 뛰어나나 산만함.'이라는 생활기록부 평가를 받아 온 경험이 있다.

뇌파에 관한 지식들도 이를 뒷받침한다. 사람의 정신이 산만할 때 발생하는 뇌파인 세타파$^{\text{theta wave}}$와 창의적 생각을 할 때 나오는 뇌파인 알

---

* 주의력 결핍 과잉 행동 증후군.

파파alpha wave는 8Hz를 경계로 인접해 있다. 쉽게 말해 창의성과 산만함은 '종이 한 장 차이'라는 것이다. 산만함을 조금만 도와주면 창의성이라는, 이 시대에 가장 필요한 보물 창고로 가는 길이 열리는 것이다. 뉴로피드백neurofeedback*이라는 방법도 우리 뇌의 세타파를 조금 줄일 수 있도록 훈련시키는 것이다. 캐나다에 있는 ADD센터에 뉴로피드백을 배우기 위해 연수를 갔을 때 그곳의 센터장이었던 정신과 의사 마이클 톰슨Michael Thompson이 했던 말이 기억난다.

"바람의 방향은 바꿀 수 없어도, 돛으로 배의 방향은 조절할 수 있다."

산만함은 낙인을 붙일 것도, 두려워 피할 것도 아니다. 조절하는 힘을 길러 주면 오히려 누구도 따라할 수 없는 큰 재능을 선보일 것이다.

사실, 아이들이 달라지는 모습을 방영하는 모 TV 프로그램에서 제일 많이 나오는 병이 ADHD인데, 마치 엄청난 괴물을 보여 주듯이 한다. 이런 아이들이 변할 수 있다는 가능성을 보여 주는 것에는 긍정적이나, 덕분에 이 병이 '어마무시한' 것이 되어 버린 것에는 부정적이다. 사람들은 두려움을 느끼면 제일 먼저 회피를 하게 된다. '아니야. 우리 애가 그럴 리 없어.' 이렇게 생각하고 아이가 조금만 산만한 기미를 보여도 그냥 넘

---

* 뇌파를 이용하여 두뇌의 기능을 개선시키는 치료 및 훈련 방법. 2012년 미국 소아청소년 의학회 (American Academy of Pediatrics)에서 주의력 결핍 과잉 행동 증후군에 약물과 동등한 수준의 집중력 개선 효과가 있는 것으로 인정받았다.

기지 못하고 지적하고 교정하려고 시도한다. 그러다 보면 아이는 마음속에 자신에 대한 콤플렉스를 깊이 키우고 자신감을 잃게 될 수 있다. 이렇게 되면 자신의 능력을 펴 보지도 못하고 위축되어 지내고 만다.

얼마 전 한 방송국에서 ADHD에 지나친 관심을 갖는 세태에 대해 경고하는 내용의 방송을 만들고 싶다고 연락이 온 적 있다. 그때도 말했다. 아직은 지나치게 관심 갖는 것보다는 외면해서 생기는 피해가 더 큰 것 같다고. 무조건 약이라도 먹여 끝도 없이 집중하게 만드는 것도 잘못이지만 무조건 외면하고 학원에 더 보내며 야단치는 것도 잘못이다.

주의력이 부족해 보이고 산만한 아이는 사실 엄청난 잠재력을 지니고 있다. 그러나 그 아이의 성장 과정에는 속 터져하면서도 믿어 주는 가족 같은 친구가 있어야 하고, 길을 알려 주는 멘토가 등장해야 한다. 큰일을 하기 위해 아이에게 필요한 것은 '믿음, 기회, 도움'이다. 우리가 아이들에게 해 주어야 할 것은 아이가 산만함과 충동성에 휘둘리지 않고 이것을 창의성과 모험심으로 발휘하여 잠재력을 폭발시킬 수 있는 기회를 주는 일일 것이다.

∷ '몰입'을 도와주는 방법

자기주도 학습을 위해서 꼭 경험해야 한다고 하는 그 몰입. 그러나 우리 아이들은 몰입의 반대 현상인 반몰입을 해결하는 것이 먼저다.

아이들을 만나면 공부해야겠다는 마음은 굴뚝같은데 몸은 물에 젖은 솜뭉치 같다거나 책이 손에 잘 잡히지 않는다는 이야기를 자주 듣는다. 시간이 흐를수록 공부에 대한 부담은 늘고 그럴수록 몸에서는 힘이 빠지고 머리는 굳어져 간다. 그나마 억지로 세운 계획들도 제대로 시작조차 해 보지 못하고 흐지부지되고 만다. 이런 아이들에게 '신선놀음하다 도낏자루 썩는 줄 모를 정도'의 몰입을 하게 하는 방법은 없을까?

일단, 열심히 하라고 다그치는 것은 별로 효과가 없다. 왜냐하면 본인들도 열심히 해야 하는 건 아는데 몸이 안 움직이는 것이기 때문이다. 옆에서 잔소리한다고 달라질 것은 없다. 오히려 뛰쳐나가 바람을 쐬고 싶은 마음만 키울 뿐이다. 물론, 가뜩이나 무슨 말만 하면 툭 잘라먹고 자기 방문을 쿵 닫아 버리는 아이를 다그치는 일이 쉽지도 않겠지만.

어떻게 하면 아이들의 기분을 건드리지 않고 공부 효율을 높이도록 이끌 수 있을까? 필자는 이런 친구들을 만나면 '그래서 기말시험까지의 목표는 무엇이니?'라는 기본 질문부터 해 본다. 이 질문에 대한 답을 들어 보면 목표가 얼마나 구체적인지도 알 수 있고, 결과 지향적인지 과정 지향적인지도 알 수 있다. 목표가 구체적이고 손에 잡힐수록 당연히 행동으로 옮기기 쉽다. 하지만 대개의 경우 한 가지 질문이 더 필요하다.

'그 목표를 이루기 위해 무엇을 얼마만큼 해야 하니?' 이 질문도 아이들이 자신의 목표를 이루는 데 필요한 것들을 얼마나 구체적으로 알고 있는지 파악할 수 있게 한다. 필자와 만나는 친구들이 가장 다양한 편차를 보이는 부분이다. 이제 마지막 질문을 한다.

'그래. 그럼 그것들을 하는 데 시간이 얼마나 필요해?'
'…….'

공부에 관심이 있고 자기주도적 학습에 대해 알고 싶다고 모인 명문고 학생들을 만난 적이 있다. 그런데 이 아이들조차 자기가 하는 공부에 대한 시간과 분량 개념이 부족했다. 이러면 하기 싫을 때 자꾸 미룰 수 있는 명분을 주게 되고 나중에는 엄청나게 미루어 놓은 것을 알게 되어 좌절하거나 포기하게 되기 십상이다. 아예 공부를 포기하기도 하지만 스스로 목표를 낮추어 버리기도 한다. 이 모습이 부모에게는 불성실한 자세로 보일 수 있고, 결국 부모와 자녀 간 분란의 씨앗이 되기도 한다.

중딩 아이들의 도낏자루가 썩지 않는 결정적 이유는 시간의 상대적 길이를 알아채지 못하기 때문이다. 필자는 이것을 몰입이 아니라 '반몰입' 현상이라고 부른다. (아이들에게 설명하기 위해 필자가 만들어 낸 용어다.)

공부를 한참 한 것 같은데 시계를 보면 20분밖에 지나지 않더라는 경험담을 많이 듣는다. 그렇다고 방 밖으로 나오면 야단을 맞으니 책상 앞에 머물러 있기는 하지만 이때부터 머릿속은 잡생각들의 운동장이 된다. 이럴 때 1시간은 너무나 긴 시간이다. 반대로 재미있는 TV 프로그램을 볼 때는 조금만 본 것 같은데도 시간이 훌쩍 지나간다. 아, 노는 시간은 왜 이렇게 금방 지나가는 것인지.

바로 이런 현상이 반몰입 현상이다. 몰입했으면 좋을 것에는 몰입을 하지 못하게 되고, TV 프로그램에는 저절로 몰입하게 되는 것이다. 그래서 학생들은 계획을 세울 때 한 가지 실수를 하게 된다. 똑같은 한 시간을 두고도 공부 계획을 세울 때는 그 시간을 엄청 긴 시간으로 생각하는 것이다. 그러니 자연스레 한 시간에 공부할 양을 너무 많이 계획하게 된다. 계획이 지켜지지 못하는 것은 당연지사. 아예 질려서 시작할 엄두를 못 내는 일이 생기기도 한다.

그럴 때, 15분 몰입해서 다섯 문제를 풀 수 있다는 것을 알게 되면 한 시간에 스무 문제 이상 풀 계획은 세우지 않게 된다. 즉 해야 할 분량을 다하는 데 걸리는 시간을 예측할 수 있게 된다는 뜻이다. 그럼 대개의 경우, 시간이 얼마 있지 않음을 깨닫는다. 더 놀지 못해 아쉽지만, 이제는 하루에 이만큼씩 공부해야 한다는 계산이 자연스레 나오게 된다. 그리고 놀 때는 그리 짧던 시간이 공부할 때는 그리 길게 느껴졌다는 것도 알 수 있다.

공부에 속도가 붙지 않는다거나 집중이 되지 않는다고 느끼는 시기에는 몰입하는 감각을 다시 찾는 것이 정상적인 공부 흐름을 찾는 데 도움이 된다. 아무런 잡생각 없이 공부에만 몰두하는 경험은 분명히 공부에 대한 자신감도 찾게 해 줄 것이고, 과거에 경험했던 공부 잘될 때의 느낌을 회복하게 하는 데도 도움이 될 것이다.

필자를 찾아온 친구들에게 이렇게 말해 주고는 한다.
"시험 후에 다시 공부하는 힘을 찾는 데는 예전에 몰입해서 공부했던 느낌을 되찾는 것이 도움이 된단다. 우리 뇌는 어떤 상태에 도달하면 그 상태에서 해 봤던 여러 활동들을 훨씬 더 잘할 수 있게 되거든. 그걸 영어로는 '존^{zone}'이라고 표현하는데, 빨리 공부를 열심히 할 때의 '존'에 도달하게 할 필요가 있어."

"어떻게 하면 그렇게 되나요?"

"몰입을 재경험하는 가장 쉬운 방법은 짧은 시간에 최대한 많은 양을 공부해 보는 거야. 예를 들면, 15분 동안 몇 개의 수학 문제를 풀어낼 수 있는지 알아보는 거지. 영어 책을 몇 페이지나 읽을 수 있는지, 모의고사 지문을 몇 문제나 읽을 수 있는지를 해 보는 것도 필요하지."

이렇게 하는 것이 몰입을 경험하는 데 도움이 되는 이유는 일단 긴 시간 동안 공부해야 한다는 부담감에 지레 겁먹지 않을 수 있기 때문이다. 또 자신의 최대치를 알아보는 것에 대한 흥미도 유발시킬 수 있다. 우리의 두뇌는 과정을 잘 기억하는* 우뇌의 역할 덕분에 이렇게 짧게라도 공부에 몰입하는 경험을 하게 되면 이전에 몰입했을 때의 두뇌 상태에 더욱 잘 도달할 수 있다. 이때 뇌파를 측정해 보면 13~15Hz 사이의 뇌파**가 매우 많이 측정된다.

그런데 여기서 우리는 매우 중요한 정보 하나를 획득할 수 있다. 바로 계획에 필요한 단위 시간당 학습량을 측정할 수 있다는 것이다. 그리고

---

* 이것을 과정 기억(procedural memory)이라고 한다. 자전거 타기를 기억하는 것이 그 예로, 대부분 말로 설명하기는 어렵지만 직접 행동하는 것은 할 수 있는 경우를 말한다.

** 이것을 SMR(sensory motor rhythm) 파라고 한다.

이것은 계획을 어그러뜨리는 방해물 중 하나인 반몰입을 깨뜨릴 수 있다. 더 쉬고 싶고 놀고 싶지만 자신이 필요로 하는 시간이 명확하게 계산된다면 충동을 참고 공부를 시도하거나 속도를 일정 수준 이상 높여야 한다는 것을 실감할 수 있다.

　이 단계까지 오면 이제 부모로서 이 아이들에게 해 줄 일은 공감뿐이다. 더 놀고, 더 쉬고 싶은데 그러지 못해서 아쉽겠다고 말해 주는 것이다. 아이가 스스로 할 때까지 기다리라는 말은 그냥 기다리고만 있으라는 뜻이 아니다. 아이들이 스스로 할 수 있도록 도와준 다음, 기다리라는 것이다.

3
자기주도 학습, 이렇게 이끌어라 Ⅱ

:: 자기주도적 학습 습관의 목표 세우기

얼마 전 〈미생〉이라는 드라마가 인기를 끌었다. 유명한 동명의 웹툰을 기초로 한 이 작품에서 고졸 비정규직 '장그래' 사원의 성장을 바라보며 많은 사람들이 공감을 한 모양이다. 그런데 장그래는 어떻게 그렇게 성장할 수 있었던 것일까? 장그래 캐릭터를 보면 그의 몇 가지 놀라운 능력이 눈에 띈다.

첫째, 일을 미루지 않는다. 자신에게 주어진 일을 미루는 법이 없다. 자료 조사든, 서류 정리든, 보고서 작성이든 "해서 책상에 올려 두었습니다."라고 말한다. 이는 자기 관리, 특히 시간 관리에 매우 유능함을 알 수 있는 대목이다.

둘째, 새로 알게 된 것을 익숙하게 해서 자신의 것으로 만든다. 김 대리와 엘리베이터 안에서 어려운 무역 용어에 대해 문답하는 장면을 생각해 보자. 가르쳐 준 용어들을 척척 기억하고 있는 모습에 감탄하는 김 대리의 모습이 떠오르지 않는가? 일을 끝마치기 위해 그때만 머릿속에 담아 두는 게 아니라 한 번 배운 건 내 것으로 만들겠다는 태도가 이런 모습을 만들어 낸다.

셋째, 규칙을 항상 생각한다. 드라마 속에서 장그래는 프로 바둑 기사에 도전하다가 그만둔 것으로 나온다. 그래서 중요한 순간마다 바둑의 격언이나 규칙을 생각하며 이를 상황에 적용하고자 한다. 시키는 대로, 혼나지 않기 위해서가 아니라 스스로 패턴을 파악하고 분석해 그에 맞춰 예측하며 행동하는 것. 이것이 장그래가 다른 사람이 생각하지 못하는 해결책을 내거나 성공을 거두는 이유다.

유감스럽게도 클리닉에서 만나는 많은 아이들이 실패하는 이유는 장그래의 성공 법칙을 뒤집으면 설명이 된다. 일단 많은 학생들이 미룬다. 숙제도 미루고 공부도 미룬다. 마지막에 닥쳐서 숙제를 하고는 다 마치지 못했지만 한 시간 동안 하는 양이 두 배 가까이 늘었다며 좋아한다. 적은 시간에 많은 양을 처리하기 좋아하는 것은 동기가 낮은 사람이 선택하는 전형적인 전략이다. 동기가 부족하기 때문에 미루고, 동기가 부족하기 때문에 일의 완성도보다는 비용 대비 효과를 생각하는 것이다.

또한 많은 학생들이 자신을 점검하지 않는다. 시험을 보고 나서 틀린 문제를 점검하는 것, 중간고사나 기말고사의 성적이 왜 이렇게 나왔는지 객관적으로 분석하는 것, 자신이 하루에 버리는 시간이 얼마인지, 무엇을 하면서 시간을 허비하는지에 대해 돌아보는 것을 하려고 하지 않는다. 그래서 같은 실수를 반복하고, 같은 부분을 계속 틀리고, 자신의 한계에서 벗어나지 못하는 것이다.

이렇게 되는 또 하나의 큰 요인은 '생각'을 하지 않는다는 것이다. 이는 부모의 책임도 크다. 계속 학원이나 과외를 수동적으로 다니도록 짜 주다 보니 왜 하는지, 무엇을 이루어야 하는지, 그렇게 하려면 어떤 식으로 해야 하는지 본인들이 생각을 하지 않는다.

그러니 어찌어찌 공부해서 어찌어찌 대학을 가고 직장을 가도 우리 아이들은 아직 살아 있지 못한, '미생'인 것이다. 우리 아이가 미생으로 남지 않게 하려면 장그래의 성공 비결을 갖도록 도와주자.

첫째, 시간 관리다.

늘, 모든 부모가 시간 관리에 애를 먹는다. 특히 중학생이 되고 나면 시간 관리가 더욱 어려워진다. 예전처럼 고분고분하지 않고, 할 수 있는 것도 많고, 하고 싶은 것도 많아지기 때문이다. 이 시기에 시간을 잡는 첫 시작점은 스마트폰과 인터넷 사용이다. 특히 놓치지 말아야 할 것이 밤에 잘 때 이부자리에 스마트폰을 가지고 들어가는 것이다. 이것은 수면 습관을 교란시키고 아침 기상 시간이 늦어지게 만든다. 처음에는 하루가 엉켜

버리고, 곧 이 하루가 방학 전체를 쓰러뜨리는 도미노 블록이 된다. 이런 습관을 고치기 위해 부모와 아이가 함께 다짐을 하는 것도 좋다. 아빠는 금연을 결심하고 동시에 아이는 자기 전에 스마트폰을 거실에 내놓거나 부모에게 건네주고 자는 습관을 함께 실천하는 방법을 권한다. 아이가 졸기라도 할까봐 책상 옆에서 같이 졸고 있는 부모도 많을 것이다. 요즘에는 이것보다 중요한 것이 잘 때 스마트폰을 받아서 나오는 것이다. 힘으로 뺏어 오는 것보다는 설득을 통해 고통스럽지만 동의를 얻어 내는 것이 필요하다. 이를 위해서 아이의 스마트폰에 데이터를 적게 주고 밤에 집의 와이파이를 끄는 결단(부모도 고통을 분담하게 된다.)도 필요하다.

둘째, 스마트폰을 밖에 꺼내 놓고 공부하는 습관을 반드시 갖도록 한다.

공부하는 내내 이렇게 하기는 어렵더라도 하루에 일정 시간^{보통 1시간~1시간 30분}은 스마트폰 없이 공부하는 순간을 만들고 실천하는 것이 필요하다. 이는 당장의 시간 관리에는 영향이 적어 보이지만 앞으로 긴 시간 동안 공부 효율을 관리하는 데 매우 중요한 역할을 한다.

셋째, 미리 계획을 세우는 습관을 가져야 한다.

다시 드라마 〈미생〉 이야기를 해 보자. 연말이 가까워 오면서 내년 사업 계획을 짜느라 바쁜 장면이 나온다. 특히 아이들은 가까운 미래밖에 내다보지 못하는 약점을 가지고 있다. 아이가 적어도 2~3년 후까지 예

상할 수 있도록, 그래서 이번에 무엇을 이루어 내야 하는지 스스로 생각할 수 있도록 만들어 주어야 한다.

  계획을 세우는 것을 보면 사람마다 다 다르다. 너무 막연하게 큰 그림만 그리는 학생도 있고, 변수가 있는 세부적인 것까지 정하느라 진을 빼고 낙담하는 학생도 있다. 이때 필요한 것이 피드백이고 안내다. 너무 막연하게 덩어리로 계획을 세우는 큰 그림형 아이들에게는 과목별로 한 시간마다 공부할 수 있는 양을 미리 계산해 보게 하는 것이 좋다. 그럼 자신이 생각하지 못한 부분이 무엇인지 스스로 알 수 있다. 반대로 너무 세부적인 것까지 계획해야 한다고 생각하는 아이들에게는 왜 그렇게 하는지에 대한 답, 즉 목표에 대한 답부터 들어야 한다. 그냥 열심히 하려고 세우는 계획만큼 안타까운 것이 없기 때문이다. 이러한 성향의 아이들에게는 일주일 중 하루는 반드시 '여백'으로 삼아 휴식 또는 밀린 것을 하는 시간을 갖도록 지도해 주는 것이 필요하다.

그리고 어느 유형이든, 공부가 잘되어 가고 있는지, 내용에 어려움은 없는지 대화를 나누고 때로는 같이 교재를 들여다보아야 한다. 청소년기에는 자신이 한 일을 돌아보는 것을 제일 못한다. 따라서 배운 것을 어떻게 소화하고 있는지, 복습은 어떻게 해서 자기 것으로 만드는지에 대해 부모가 점검해 주어야 한다. 예를 들어 수학을 배우고 있다면, 진도를 어디쯤 나가고 있는지, 그 부분에서 가장 어려운 것은 무엇인지, 그것을 어떻게 이해하고 기억할 작정인지, 그렇게 잘 진행되고 있는지에 대해서 일주일에 하루 정도 시간을 정해 같이 점검해 주는 것이 필요하다. 이 과정을 통해 조금씩 스스로 점검할 수 있는 능력을 길러 줄 수 있다.

:: 중학교 1학년이 되기 전에 준비해야 할 것들

이번에는 중1이 되기 전에 준비해야 할 것들을 살펴보자. 이렇게 이야기하면 아이가 중1을 넘긴 부모들이 큰일 난 것처럼 생각할까 신경이 쓰인다. 그러나 가장 좋은 때는 늦었다고 생각하는 바로 지금이다. 지금 준비를 제대로 하지 않으면 아이는 얼마 가지 않아 공부에 흥미를 잃고 정서적으로도 안정을 잃게 될 것이다. 대신, 지금 조금 늦는 것 같아도 제대로 준비한다면 앞서 출발한 사람을 충분히 따라잡을 수 있다. 캠핑 떠날 시간이 늦었다고 해서 준비물을 제대로 챙기지 않는다면 캠핑 자체를 망칠 수도 있다.

첫째, 지금 현재의 공부 습관과 학업 성취의 정도를 점검하자.

요즘은 하도 선행 학습이 보편화되다 보니 중학교 입학 전에 한 해 정도 선행은 마쳐 놓는 경우가 많은 듯하다. 이렇게 선행을 한 과목이라면 미리 다음 학기의 문제들을 풀어 보는 시간을 가져도 좋다. 주변이나 학원의 도움을 받아 전년도 기출문제를 풀게 해 보는 것도 좋고 시험 대비 문제집을 미리 사서 일부만 풀어 보아도 좋다. 어느 부분에서 자꾸 틀리는지, 전체적으로 잘 숙지하고 있는지 알아보는 것이다. 이를 통해서 학교 수업을 들을 때 더 집중할 수 있고 시험 준비에도 방심하지 않을 수 있다.

선행을 하지 않은 상태에서는 지금 학습 수준을 파악하는 것이 더욱 중요하다. 초등학교 4~6학년 교과 내용 중에서 이해하지 못한 부분이 있는지 빨리 점검하는 것이 좋다. 만일 초등학교 수학의 내용을 잘 숙지한 것으로 판단되면 그때는 중1 한 학기 정도는 미리 공부해 두는 것이 도움된다. 이럴 때 아이가 입학할 중학교의 기출문제를 미리 살펴보는 것도 좋다. (기출문제가 인터넷에 있는 경우도 있으니 찾아볼 필요가 있다.) 문제가 똑같이 나오기 때문에 보는 것이 아니다. 아이가 어느 정도 깊은 수준으로 공부를 해야 하는지 판단하는 데 유용하기 때문이다.

둘째, 사회나 과학 같은 과목의 내용을 정리하고 기억하는 전략을 가지고 있는지 살펴보자.

 초등학교 때까지는 수업 시간에 딴짓하지 않고 시험 전에 조금만 준비해도 좋은 점수를 받는다. 하지만 중학교 때부터는 과목도 늘고 어려워지며 진도도 빠르다. 수업 시간에 필기하고 정리하고 시험 준비하는 자기만의 방법이 잘 정립되어 있는지 살펴보아야 한다. 이것은 부모가 평소에 관찰해서 알아낼 수도 있고 아이에게 '어떻게 공부하는지' 직접 물어보아도 된다. 그러고 나서 부모의 의견을 말해 주자. 이때 의견이란, 효과적인 전략이 있는지, 그것이 우리 아이에게 잘 맞는 방법인지를 따져 보는 것이다. 필자가 상담을 할 때도 이 부분에 시간을 많이 할애한다. 필자가 지능검사나 심리검사로 자신의 유형에 대해 파악하고 있다고 생각하기 때문인지 아이들은 필자의 말을 더 잘 받아들이는 것 같다. 의견을 말할 때는 반감이 생기지 않도록 하는 것이 필요하다. 이때 중요한 것은 두 가지. 공부는 효과적이고 조직적으로 해야 한다는 점을 강조하는 것과 아이가 하고 있는 방법의 강점들을 먼저 공감해 주고 나서 보완

점을 이야기해 주어야 한다는 것이다. 이 순서가 바뀌면 아이는 비난이나 잔소리로 받아들이고 귀를 닫기 쉽다.

셋째, 시간 관리에 대해 점검하자.

많은 학생들이 자기가 써 버리는 시간이 꽤 된다는 점을 정말로, 진심으로 모른다. 모르는 척 하는 것이 아니다. 그러므로 한 주의 시간이 어떻게 쓰이는지를 같이 앉아서 표로 만들어 보는 것이 좋다. 상담할 때도 자주 하는 과정인데, 대개 아이가 먼저 말한다.

"생각보다 시간이 많이 남네요……."

:: 계획 세우기를 도와주자

중학교 3학년 지연이 엄마는 필자를 만난 첫날 플래너들을 꺼내 보였다. 그동안 다닌 학습 코칭 센터에서 나눠 준 것들이다. 멘토 선생님이 깨알 같이 적어 준 것부터 스스로 적어 넣은 것까지 제법 빽빽한 계획표였다.

"계획만 이렇게 멀쩡히 짜면 뭐하냐고요. 지키지를 않는데……."

혀를 끌끌 차며 아들을 바라본다. 안타까움과 원망이 담긴 눈빛이다.

지연이는 이야기를 하면 할수록 참 착한 아이였다. 엄마의 기대에 맞추어 열심히 해 보려고 하는 마음이 많이 있었다. 그런데 이상하게 공부만 시작하면 집중이 되지 않아 분량을 다 못 마치고, 그래서 하루 계획이 다 꼬여 버리고 나면 공부하기가 딱 싫어진다고 했다.

우리는 계획을 세울 때 보통 무엇을, 얼마나, 언제까지 할 것인지 정하는 데 많은 노력을 들인다. 그러나 그것을 언제 할지에 대해서는 관심이 적다. 이는 타이밍에 대해 잘 모른다는 뜻이다. 이래서 세상의 많은 '○○○○ 플래너'들이 무용지물이 되어 버린다.

지연이는 완벽주의자다. 매우 성취적이고 경쟁적이어서 하고 싶은 것이 많고 실제로 하고 있는 것도 굉장히 많다. 그러나 완벽주의적이고 과다한 계획자인 지연이는 만족할 줄 모른다. 계획이 너무 많다는 말을 하지 않는 것으로 보아 엄마도 마찬가지로 완벽주의 성향이 강할지 모른다. 하여튼 지연이는 실행이 거의 불가능한 계획들을 세우고 이를 바라고 있어 계획을 달성해 목표에 이르는 경험을 한 적이 없었다. 반대로 계획만큼 따라가지 못하고 실패한 경험만 수두룩했다. 그러니 실패했다는 찝찝한 느낌 때문에 언제나 자신이 없다. 친구들이 자신보다 더 잘하는 것 같아 패배감과 죄책감을 느끼고 있다. 경쟁심 때문에 언제나 친구와 자신을 비교·평가하고 질투와 열등감을 느끼며 우울해한다. 지연이는 공부를 잘하는 학생이지만 성적에 비해 자신감이 턱없이 부족하고 자존감이 낮으며 언제나 불안하고 걱정이 태산 같다. 결국 계획대로 하지 못하는 자신을 한심하게 보다 공부가 싫어지고 만 것이다.

참 안타까운 일이다. 부모도 야단을 칠 수가 없다. 저만큼 공부하는데 어떻게 더 하라고 하나 싶다. 그런데 또 성적을 보면 이건 뭔가 아니다 싶단다. 지연이 본인도 매우 힘들어했다. 자기가 뭔가 잘못된 것 같고 많이 모자라는 사람인 것 같은 이 느낌은 겪어 보지 않으면 모를 거란다.

'선생님도 그런 것 같을 때가 많단다.'라는 말을 꿀꺽 삼키고, 좀 더 현실적인 도움을 주기로 했다. 일단 계획에 실패한 경우를 놓고 '남 탓하기'를 시작했다. 분량이 너무 많거나 컨디션이 별로 좋지 않았는지 돌아보게 하여 자신을 변호할 근거를 만들어 준 것이다. 우리는 흔히 내 탓으로 돌리는 것을 좋은 것이라고 생각하지만 지연이의 경우는 반대다. 결국 못한 것은 자신이니까 다 자기 탓이라고 생각한다. '내 탓'이라고 생각하면 더 열심히 할 것 같지만 그것은 사람마다 다를 수 있다. 지연이 같은 완벽주의자에게는 오늘 하고 싶은 것들을 나열해 놓고 지금 당장 해야 할 가장 중요한 것 세 가지만 실행하면 된다고, 그럼 오늘 성공한 것이라고 긍정적인 마인드를 갖게 해 주는 것이 오히려 계획 수행도를 높인다. 계획을 세우지 않는 것도 문제지만 무턱대고 많이 세우는 경우도 문제인 것이다.

:: 황금 시간대를 잡아라

'황금 시간대를 잡아라.' TV 편성 이야기가 아니다.

학교에서는 학생 개개인의 능력과 특성에 따라 그날 일정이나 해야 할 일을 조정하기가 어렵다. 하지만 집에서는 아이에게 최대한 가장 잘 맞는 환경을 만들어 줄 수 있다. 공부가 가장 잘되는 황금 시간대를 잡는 것. 이것이야말로 성취감을 높이고 학습 동기를 향상시키는 공부 계획의 초석이다. 이를 위해서는 부모의 도움이 절실하다.

초등학생도 그렇지만 특히 중학교에 다니는 아이라면 황금 시간대를 잡기 위해 제일 먼저 할 것이 있다. 아이와 어떤 숙제 습관과 공부 일정이 가장 잘 맞는 것인지에 대해 이야기를 나누는 것이다. 아이의 신체 리듬, 에너지 수준, 학습 스타일에 따라서 언제, 무엇을 하는 것이 가장 좋을지 결정해야 한다.

많은 아이들은 시키는 대로 할 뿐 왜 그렇게 하는 것이 좋은지에 대해 깊이 생각하지 않으려 한다. 아직 자기주도적인 생각이 습관화되지 않았기 때문이다. 그러니 한두 번 만에 결판을 보려 하지 말고, 여러 번에 걸쳐서 공부를 효과적으로 하는 방법에서 타이밍과 순서를 정하는 것이 왜 필요한지 설명해 주어야 한다. 결론은 이렇게 하는 것이 두뇌에 가장 효과적인 방법이라는 것이다. 그렇게 상의해서 아이가 학교에서 돌아온 직후에 숙제를 할지, 아니면 필요한 준비만 먼저 하고 실제로 시작하는 것은 집중이 잘되는 밤 시간으로 할지 정할 수 있다. 아침형 아이는 새벽에 일어나서 하는 것이 시간도 가장 짧게 걸리고 효율적일 수 있다. 반대로 밤잠이 없는 아이들은 밤늦게 하는 것이 더 좋을 것이다. 아이와 같이 이야기를 나누는 데 도움이 될 만한 주제들을 소개해 본다. 더 구체적이고 자세한 이야기를 나눌 수 있는 출발점이 되면 좋겠다.

1. 공부하기 가장 좋은 시간은 언제인가? 가장 하기 싫은 시간은 언제인가?

2. 공부가 가장 잘되는 곳은 어디인가?
 - 넓은 도서관처럼 탁 트인 곳인지, 구석진 자리인지, 왔다 갔다 할 수 있는 방인지 등.

3. 공부 시작이 가장 잘되는 효과적인 방법은 어느 것인가?
 - 쉬운 과목부터 하는 것이 좋은지, 가장 어려운 것부터 바로 시작하는 것이 좋은지, 우선 그날그날 숙제들을 모두 검토한 다음 결정하는 게 더 좋은지 등.

4. 얼마나 오랫동안 집중해서 공부할 수 있나?

5. 얼마나 쉬는 것이 가장 좋다고 생각하나?
 - 매 시간마다 10~15분씩이 좋은지, 한 번에 오래 공부하고 30분 휴식하는 쪽이 좋은지 등.

이렇게 전체적으로 공부에 가장 좋은 시간대와 환경을 결정하고 일일 계획과 주간 계획을 세우는 것이 좋다.

앞서 말한 지연이도 우선 한 주간의 스케줄이나 활동들을 같이 점검

했다. 이 활동들에는 학원도 들어가고 아이가 좋아하는 놀이나 하고 싶은 일도 들어간다. 물론 아이가 하고 싶은 대로 놀거나 쉬는 데 너무 많은 시간을 할애하지 않도록 유도하는 것도 필요하다. 그렇지만 경험적으로 아이들은 계획을 세울 때만큼은 부모의 눈치 때문에, 혹은 스스로 현실적인 고려를 하기 어렵기 때문에 계속 숙제하고 공부만 하는 식의 계획을 세우는 경우가 많다. 지연이도 반드시 쉬는 시간을 넣고 지키도록 격려했는데 그러면서 오히려 공부 효율이 높아졌다. 효율이 높아지니 자신감이 생기고 의욕이 다시 생긴 것은 물론이다.

엄마는 굉장히 신기해했다. 계획을 줄이니 공부의 양이 느는 것을 보고 무슨 요술이라도 보는 양했다. 필자는 마치 삼국지에 나오는 '제갈량'이라도 된 듯한 기분이 들었다. 아이에게 맞는 계획을 맞는 타이밍에 배치하기만 하면 부모도 동남풍을 일으킬 수 있다.

:: 시험에서 우리 아이 구하기

시험 기간만은 아이가 공부에 전념할 것 같은데, 꼭 그렇게 되지는 않는다. 시험 기간 동안 세상 모든 공부를 혼자 다하는 '벼락치기형' 아이들도 많지만, 오히려 시험 날 일찍 끝나는 것을 좋아하고 그렇게 남는 시간을 그동안 못했던 게임이나 인터넷 등을 하면서 보내는 '휴가형' 아이도 있다. 그뿐만 아니라 한 과목이라도 시험을 망치면 아예 거기서 시험

공부를 작파해 버리는 '시한폭탄형' 아이와 이미 시험공부를 해도 성적이 오르기는 틀렸으니 공부해 봐야 소용없다는 '대세론형' 아이들도 있다. 이 아이들의 속마음을 잠깐 살펴보자.

'오늘 하루에 끝낸다!' - 벼락치기형

벼락치기를 하는 아이들도 속마음에 따라 몇 개의 유형으로 나뉜다.

첫째, 이게 가장 효율적이라고 생각하는 아이다. 시험이 닥쳤을 때 단어가 가장 잘 외워지고 수학이 제일 빨리 풀리기 때문에 시험이 다가왔을 때 공부하는 것이 가장 이익이라고 생각하는 것이다. 이런 학생들에게는 미리 공부를 해 둔다는 것이 쓸데없는 데 돈을 쓰는 것과 마찬가지로 느껴진다. 이들의 심리 밑에는 낮은 학습 동기가 자리 잡고 있다. 자발적 동기가 낮은 탓에 '최소 비용, 최대 효과'를 추구하는 것이다.

둘째, 그나마라도 해야 양심에 찔리지 않는다고 생각하는 아이다. 이들은 시험 전날에도 마지못해 책상 앞에 앉는다. 그나마 다른 때에 비해서는 딴짓도 덜하고 오래 앉아 있지만 치열함이 없다. 이들에게는 비난받지 않는 것이 중요할 뿐, 결과에는 큰 기대가 없는 경우가 많다.

셋째, '아니 벌써'라고 생각하는 아이다. 시험 기간이 아직 많이 남은 것 같았는데 정신 차리고 보니 당장 내일이라는 식이다. 유달리 융통성이 넘치는 성격들이 많다. 그래서 시험 전날 공부하며 후회도 많이 한다. 물론 시험이 끝나면 그 후회를 자꾸 잊어버린다는 점이 문제다.

'학교가 일찍 끝나다니, 환상적이야!' - 휴가형

시험 기간을 휴가처럼 보내는 아이들의 대부분은 '노는 것'을 즐기는 아이들이다. 꼭 나쁜 의미에서가 아니라, 삶의 즐거움을 추구하는 경향이 크고 유쾌하며 활동적인 아이들이 많다. 그래서 시험이 끝나고 일찍 집에 귀가하는데 학원 수업도 없는 상황이 되니 그 시간을 즐거움을 추구하는 데 써 버리고 싶은 충동에 사로잡히는 것이다. 지금 아니면 때가 없다는 마인드가 딱 '노세, 노세, 젊어서 노세.'라는 가락이 떠오르게 한다.

시험공부를 외면하고 싶은 친구들이나 아예 포기한 친구들도 이 아이들처럼 게임이나 인터넷을 하고 놀기는 하지만, 휴가형 친구들처럼 설렘이나 즐거움을 느끼지는 않는다. 늘 하던 것이었으니까. 휴가형은 평소에 일정한 선을 지키며 성실하게 지내는 학생들이 많다.

'한 과목 망쳤어! 이젠 안 돼!' - 시한폭탄형

가장 쉽게 이해되면서도 가장 안타까운 유형의 아이들이다. 한 과목의 시험을 망치면 그것으로 이미 이번 시험은 다 망친 것으로 느끼고 그 슬픔에 빠져서 그 다음 시험까지 모두 포기해 버리는 식이다. 자신도 이렇게 하면 안 된다는 것을 마음으로는 알지만, 몸은 전혀 움직이려고 하지 않는다. 다음 날 시험공부를 하려고 하면 고통이 느껴지기도 하고 분노가 크게 올라오기도 한다. 극단적으로 이후의 시험공부를 전혀 하지 않는 경우도 많지만, 다음 날 시험 과목을 공부하기까지 마음의 준비가 꽤 필요한 아이들도 매우 많다. 가장 많은 아이들이 이 유형에 속한다고 볼 수 있다.

'어차피 난 틀렸어…….' - 대세론형

'지금까지 공부 안 했는데 하루 더 해서 달라지겠어?'라고 생각하는, 승부는 이미 결정되었다고 생각하는 대세론형 마음의 핵심은 '포기에 대한 합리화'다. 대개는 이번 시험은 '제치고' 다음 시험부터 잘 보자는 말로 자신을 합리화하려고 하는 경향이 짙다. 범위가 까마득히 남은 시험을 준비해야 한다는 당장의 고통과 공포에서 벗어나고자 하는 회피기제가 동원되고 있지만, 그 밑에는 자신에 대한 믿음 부족과 우울함을 마음속에 갖고 있는 경우가 많다. 그래서 이들에게 '다음'은 없다.

:: 시험 기간 동안에 아이들과 지내는 방법

지금까지야 어찌되었든 그래도 시험 기간만은 최선을 다해서 지내기를 바라는 부모의 입장에서 이런 아이들의 모습은 당황스럽고 실망스럽기까지 하다. 그러나 시험 기간 동안 아이를 지켜보아야 하는 것도 피할 수 없는 일. 아이들 유형에 따라 엄마가 어떻게 맞춰야 할지 생각해 보자.

시험이 끝난 직후가 관건 – 벼락치기형

벼락치기형 아이들은 시험 기간에는 큰 갈등을 일으키지 않는다. 기본적으로 책상 앞에 앉아 있으며 적어도 이 시기에는 공부하는 모양새를 보이기 때문이다. 이들에게 가장 큰 문제는 화장실 들어갈 때와 나올 때 달라지는 마음이다. 시험 기간이 끝나면 다시 원래대로 놀라운(?) 복원력을 보이며 돌아온다.

이 아이들에게는 시험이 끝난 후 과거의 습관과 이별하는 것이 관건이다. 한 과목의 시험이 끝나고 나면 바삐 다음 과목 벼락치기에 돌입하겠지만 그 즉시 한 과목당 최소 한 가지씩이라도 바꿀 공부 습관이나 시험 전략을 찾아봐야 한다. 시험 기간 동안 너무 정신이 없거나, 아니면 시험 성적이 나와 봐야 분명해지는 부분이 있다면 성적표를 보고 이야기를 하도록 한다. 이 시기를 그냥 보내면, 다음 시험도 또 제자리임을 기억해야 한다.

혼자 두지 말고 함께 하라 – 휴가형

휴가형 아이들은 시험 기간 동안 오히려 즐거움을 찾는 경향이 강하다. 시험 끝나고 친구들과 놀다 오기도 하고 집에 와서도 인터넷을 하거나 영화를 보면서 노는 경우가 많다. 성적에는 큰 관심이 없기 때문에 혼자 공부를 하라고 해도 잘 하지 않는다. 이런 경우에는 어쩔 수 없이 학원에도 보내 봐야 한다. 가장 효율적인 것은 부모가 옆에서 시간을 같이 보내고 공부할 것도 챙겨 주는 것이다. 공부할 인쇄물, 풀어야 할 문제집,

교과서를 몇 번 읽어야 할지, 이런 세세한 부분에 대해서도 옆에서 살펴야 한다. 부모의 코치 역할이 중요하다.

일대일 트레이닝을 하라 - 대세론형

대세론형도 휴가형과 비슷하다. '쿨하게' 이야기하면서 회피하고 있지만 그 밑에 자신감 부족이 깔려 있다. 그래서 하겠다고 생각하고 책상 앞에 앉아도 책이 손에 제대로 잡히지 않는 경우가 많다. 대세론형은 마치 헬스클럽의 퍼스널 트레이너처럼 옆에서 칭찬도 해 주고 격려도 해 주는 부모가 필요하다. 휴가형은 공부에 마음이 없는데 비해 대세론형은 공부에 마음이 있다. 그러므로 포기하지 않고 끝까지 최선을 다하는 자세에 대해서 칭찬해 주는 것이 효과를 볼 때가 많다.

기운을 낼 수 있도록 따뜻한 위로를 - 시한폭탄형

의외로 가장 대처하기 힘든 유형이 시한폭탄형이다. 시한폭탄형 아이의 눈에 시험은 하나의 전투다. 그 전투에서 큰 상처를 입고 돌아온 전사에게 가장 필요한 것은 당연히 따뜻한 음식과 침대, 그리고 휴식이다. 아직 전쟁이 끝나지 않았으니 큰 상을 내릴 수는 없으나 노고에 대한 치하(?)도 필요하다. 그러므로 아이가 시험을 망치고 돌아와서 울며불며 이불을 뒤집어써 버릴 때 준비할 것은 따뜻한 마음이 담긴, 아이가 평소에 좋아하는 간식이나 음식이 된다. 아이가 이것을 먹을 수 있다면 그래도 상처가 깊지 않은 것이니 수고했다고 말해 주고 먹는 동안 가만히 옆에 있어 주기만 해도 좋다. 그리고 시간이 좀 흐른 뒤 말해 주자. '생각만큼 시험을 못 봐서 많이 속상해?'라고. 여기서 키워드는 '생각만큼'이다. 이것은 '네가 지금 생각하기에 못 본 것 같은 것이지 나중에 보면 다를 수도 있다.'는 것을 넌지시 일깨워 주는 말이다. 그래서 이 말을 '네가 기대했던 것만큼'이나 '네가 예상했던 범위를 벗어나서' 등으로 좀 더 길게 또는 인상적으로 말해도 좋다.

그런데 음식을 거들떠보지도 않고 말을 건넬 수 없을 만큼 울고 있다면, 화가 머리끝까지 나 있는 것이 보인다면 어찌해야 할까? 이때는 말보다 다른 것으로 아이들을 위로해야 한다. 말보다 더 원초적이고, 더 우리 두뇌의 깊은 곳에 다다를 수 있는 방법으로.

:: 말보다 깊은 위로, 스킨십

감정을 담당하는 우리의 뇌는 변연계라는 시스템에 속해 있는데, 이 변연계는 이성적이고 합리적인 말보다는 감정적이고 직관적인 정보에 민감하게 반응한다. 왜냐하면 진화적 관점에서 볼 때 변연계는 전두엽보다 먼저 형성되고 완성되어서 전두엽의 이성적·논리적 기능이 완성되기 이전의 감정 반응과 사회적 의사소통에 기여하기 때문이다. 쉽게 말하면 말을 배우기 전의 아이가 희로애락을 느끼고 표현하는 데는 이 변연계가 큰 역할을 담당한다는 것이다.

제일 좋은 것은 따뜻한 스킨십이다. 안아 주는 것도 좋고, 손을 잡아 주어도 좋고, 등을 토닥여 주어도 좋다. 눈을 맞출 수 있으면 더 좋다.

기대보다 시험공부를 열심히 하지 않는 아이가 한순간에 달라지지는 않는다. 아이를 도와주려는 부모의 시도를 오히려 못내 뿌리치거나 전혀 달가워하지 않을 수도 있다. 이때 실망할 필요는 없다. 이것이 정상적인 반응이다. 두렵고 상처 받은 사람은 위축되고 경계심도 높아지고 자존감도 떨어진다. 타인의 호의나 배려, 공감에 쉽게 마음을 열지 않고 더 피하는 것이 일반적이다. 트라우마를 입은 사람들의 많은 수가 이런 행동 패턴을 보인다. 그래도 옆에 있어 주는 것, 아이가 단절되고 외롭지 않다는 것을 보여 주는 것은 매우 중요하다. 그것이 다른 사람이 아닌 엄마인 경우에는 더욱 그렇다. 시간이 지나면 물어보자. '네 생각보다 시험 결과가 안 좋아서 많이 실망했어?'라고. 그리고 '시작부터 목표가 틀어진 것 같아 화가 많이 났겠네.', '맥이 다 빠졌겠다. 그래서 시험공부 할 맛이 나겠나.' 같은 말들을 해 보는 것이다. 이렇게 느낌을 털어놓기 시작하면 아이는 이번 일을 자기 마음속에서만 갖고 있을 때만큼 그렇게 큰일이 아니었다고 느끼게 된다. 그리고 조금씩 트라우마를 딛고 일어서게 될 것이다.

:: 시험 울렁증으로부터 우리 아이 지키기

올해 초 만난 하나는 평소에 성실하고 우수한 의대 지망생이었다. 그런데 수능에서 말도 안 되는 점수를 받았다고 한다. 시험 보는 날 배가 너무 아파서 아무것도 먹지 못했고 시험을 보는 동안에도 계속 아팠다고 했다. 또 시험 문제를 보니 평소와 다르게 머릿속이 하얗게 되면서 아는 내용이 생각나지 않았다고 했다.

좀 더 이야기를 들어 보니 지난 1년간 식사를 거의 제대로 한 적이 없고 하루도 복통을 겪지 않은 날이 없다고 했다. 그냥 고3병이라고, 스트레스를 받나 보다 하며 내과에도 다녀 보고 한의원도 다녀 보면서 힘들기는 해도 버텼는데, 시험 때 이렇게 심해질 줄은 미처 몰랐다고 한다. 뽀얀 피부에 의사를 하기에 아까울 만큼 너무 예쁜 외모라는 개인적 편견을 갖게 한 그 친구는 그 말을 하며 눈물을 뚝뚝 떨구고 있었다.

하나가 경험한 현상이 바로 '시험 울렁증'이다. 이것은 '수행불안 performance anxiety'이라고 하는 범주에 포함되는데, 다른 사람들이 보는 앞에서, 혹은 나중에라도 자신의 행동이 평가될 수 있는 상황에서 생기는 긴장과 불안을 말한다. 평범한 수험생들에게 생기기도 하지만, 예체능계 특기생들에게 생기기도 하고, 심지어 오랜 경력의 배우나 가수, 운동선수들에게서도 볼 수 있다. 요즘에는 이런 현상이 생기는 나이가 점점 어려져서 초등학생에게도 발생하는 것을 종종 보게 된다.

울렁증, 왜 생기는 것일까?

흔히 마음이 여리거나 의지가 약해서라고 생각한다. 아니면 준비가 부족했으니 그런 것이라며 더 열심히 하면 없어진다고 말하기도 한다. 필자 입장에서는 이보다 더 답답한 말도 없다. 그렇게 해서 좋아질 거면 애초에 생기지도 않았을 것이다.

울렁증이 생기는 것은 우리 대뇌에서 위험을 감지하는 두뇌회로가 시험 혹은 무대을 위험한 것으로 인식하게 되는 현상, 즉 조건화 반응이 생겼기 때문이다. 이것은 일종의 반사 반응이어서 의식적으로 하지 않으려 한다고 해서 해결되는 것이 아니다. 마치 딸꾹질처럼.

이런 현상을 가지고 있는 학생들은 대부분 좋은 성적을 받고 싶은 마음이 강한 편이다. 상담을 통해서 공부에 관심 없이 밖으로 돌던 아이들이 마음을 잡고 공부를 시작하고 나면 초기에 이런 '시험 울렁증'을 겪는 것을 종종 보게 된다. 이성에게 무심할 때는 말을 잘하다가 정작 진짜 좋아하는 사람이 생기면 한마디도 못하는 것과 비슷하다. 결국 지나친 부담감이 '퍼포먼스'를 떨어뜨리는 것이다.

이렇게 수행불안이 심하게 생기는 이유에는 여러 가지가 있다. 아이가 타고난 신경계의 특성과 심리적 구조도 관여하고, 과거에 부끄러움을 크게 느낀 트라우마가 있을 경우 발생할 확률이 높아진다. 그럼 부모의 영향은 없을까? 혹시 부모들이 아이들의 시험 울렁증을 만들고 있는 것은 아닐까? 이에 대한 연구*가 국내 연구진에 의해 수행된 적이 있다. 그 결

---

* 조수철·유태익·신민섭, 〈시험불안과 정신병리, 기질 그리고 가정환경 간의 구조적 관계에 관한 연구〉, 소아·청소년정신의학 제10권 제1호, 1999, 50~63쪽.

과를 보면 부모가 지나치게 완벽을 추구하거나 결과 중심의 양육 태도를 가진 경우에 많이 나타난다고 한다.

결과 중심의 양육 태도?

알쏭달쏭하다. 뭐가 결과 중심일까? 우리는 결과 중심인 부모일까?

'결과 중심'이라는 말은 과정보다 결과를 중요하게 생각한다는 뜻이다. 시험공부를 열심히 안 하는 것 같아 가슴을 치고 벼르고 있다가도 시험 성적이 좋으면 휴대폰을 바꿔 주는 부모가 결과 중심의 부모다. 반대로 준비를 열심히 하는 것 같아 뿌듯해하다가도 성적이 오히려 떨어지면 제대로 공부하지 않고 책상에서 뭐했느냐며 꾸중하는 부모도 결과 중심의 부모다. 부모가 이렇게 결과 중심적이 되면 아이 입장에서는 무슨 수를 쓰든 결과가 좋지 않으면 아무 의미가 없다고 받아들이게 된다. 그래서 과정을 충실히 하는 데 집중하지 못하고 결과가 나쁠까 전전긍긍하게 된다.

시험 울렁증으로 고생하는 학생들을 만나 보면 거의 대부분 시험이 가까워질수록 시험공부를 더 효율적으로 하기는커녕 허비하는 시간이 많아진다. 하나의 경우처럼 복통이나 두통, 불면증과 같은 신체적 증상이 생기기도 한다. 무엇보다 아이가 결과 중심의 사고를 갖게 된다는 점이 가장 큰 문제다. 하나도 그랬다. 결과가 나쁘면 자신의 노력이 아무 의미 없다고, 부모님도 인정해 주시지 않을 것이라고 하며 이런 걱정이 생기는 순간, 밥 먹은 것이 속에서 뭉치고 잠이 오지 않았다고 한다. 결국 자신이 얼마나 결과 중심적으로 생각했는지, 그것이 얼마나 비합리적인 믿음이었는지를 실감하고 나서야 복통이 멈췄고 제대로 잠을 자며 재수 생활을 잘 해 나갈 수 있게 되었다.

　이런 결과 중심적 태도는 월드컵 같은 국가 대항전을 대하는 자세에서도 찾아볼 수 있다. 언제는 '에이, 글렀어. 더 볼 것도 없어.'라며 리모컨을 던지다가도 막상 경기에서 승리하고 예선을 통과하면 '멋있다! 진짜 잘한다!'라며 호들갑을 떤다. 이는 명백한 결과 중심적 태도다. 또 아무 생각 없이 보다가 경기가 잘 안 풀리거나 졌을 경우, '틀렸다. 그러니까 안 되는 것이다.'는 등의 비판과 진단을 쏟아 놓게 된다면 결과 중심적인 태도를 가지고 있는 것이다. 물론, 그럴 수도 있다. 어쩌면 축구 경기를 보며 자기 마음대로 반응하는 것을 누가 뭐라고 할 것까지는 없다. 하지만 이러한 성향이 우리도 모르는 사이에 아이들에게 영향을 주고 있으며 부담을 갖게 해 결과에 집착하는 사람으로 만들고 있다는 것은 기억해야 한다.

시험 울렁증을 깨는 마법의 주문, '리디큘러스'

　영화 〈해리 포터와 아즈카반의 죄수〉를 보면 해리 포터 아빠의 친구인 '루핀 교수'가 '어둠의 마법 방어술' 수업을 진행한다. 첫 수업의 내용은 '보가트'라는 생물을 이용한 것인데, 보가트는 그것을 바라보는 사람이 가장 두려워하는 모습으로 변신하는 생명체다. 거미를 무서워하는 '론 위즐리'와 '스네이프 교수님'을 무서워하는 '네빌'뿐만 아니라 모든 학생들이 각자 두려워하는 것을 마주치고 움츠려 있을 때, 루핀 교수가 말한다.

"보가트를 물리치는 주문은 '리디큘러스'다. 마음속으로 이 주문을 외우면 보가트의 모습이 우스꽝스럽게 변하게 된다."

반신반의하던 학생들은 차례대로 보가트를 향해 '리디큘러스'를 외친다. 그러자 거미의 발에 바퀴가 달리고 스네이프 교수님이 우스꽝스러운 퀼트 옷을 입고 나타난다. 아이들은 자기도 모르게 깔깔거리고 웃으며 그것이 자기가 그토록 무서워했던 존재임을 잊어버리게 되고 보가트는 사라진다.

'리디큘러스.' 두말할 것도 없이 영어 'ridiculous'에서 온 말이다. '우스꽝스러운'이라는 뜻의 이 단어. 자신이 두려워하는 대상을 우스꽝스러운 대상으로 희화한다는 것. 이것이 두려움을 없애는 주문으로 나타난 것이다. 이 대목에서 필자는 감탄을 금할 수 없었다. 조앤 K 롤링^{Joan K. Rowling}, 이 작가가 이것을 어떻게 알았을까 하는 궁금증이 마구 솟아올랐다. 이것이야말로 울렁증을 물리칠 수 있는 진짜 마법이기 때문이다.

필자의 클리닉에는 콩쿠르에 나가야 하는 음악 전공 중·고등학생, 무대에 서면 울렁거리는 배우, 시합에 나가면 실력 발휘가 되지 않는 프로 운동선수들이 많이 찾아온다. 최근에는 대학뿐만 아니라 직장에서도 면접이 강화되었는데 면접 울렁증 때문에 찾아오는 사람들의 발걸음이 해마다 늘고 있다. 이렇듯 예체능 실기 시험뿐만 아니라 내신 시험과 모의고사, 각종 경시대회만 보면 꼭 배가 아프고 손이 떨리거나 그냥 머리가 하얗게 되고 실수를 연발하는 아이들이 너무나 많다. 이들과 소위 '울렁증 극복 프로젝트'를 시작하면서 꼭 넣는 과정이 바로 이 '리디큘러스 마법'을 익히는 것이다.

플루트를 전공하던 혜선이. 소질이 있어서 주위의 추천으로 악기를 시작했고 예중과 예고에 무난히 진학해서 좋은 대학에 입학할 것으로 기대를 받던 아이였다. 그런데 경력을 쌓기 위해 콩쿠르에 나가면서 문제가 생기기 시작했다. 콩쿠르 무대에만 나가면 악보를 잊어버리고 음을 이상하게 내는 실수를 하기 시작한 것이다. 몇 번의 무대를 그렇게 말도 안 되게 망쳐 버리고 나자 혜선이는 그만 두려워졌다. 결국 콩쿠르뿐만 아니라 교내 대회 등 무대에만 올라가면 떨다가 연주를 망치기 일쑤였다.

혜선이는 "무대에 올라가서 조명에 익숙해지고 나면 온통 저를 바라보는 '눈'들이 보여요. 심사 위원들의 시선을 느끼게 되는 순간 너무 무섭고 머릿속이 하얗게 돼 아무것도 생각이 나질 않아요."라고 말하며 눈물을 떨구었다.

이제 리디큘러스 마법을 가르칠 순간이다.

"혜선아, 그분들이 속옷만 입고 있다고 상상을 해 보면 어떨 거 같아?"

혜선이는 뭐 그런 말을 하느냐는 눈빛을 보내며 뭔가 말하려다가 '풋' 하고 웃음을 터뜨렸다.

"아, 이상해요, 선생님. 그런데 너무 웃겨요. 심사 위원들이 속옷만 입고 거기 앉아 있다니요."

"그래 혜선아, 웃기지? 우리는 보고 웃을 수 있는 존재들은 두려워하지 않아. 그러니 다음번 무대에서는 꼭 심사 위원들이 속옷만 입고 있는 모습을 상상하고 시작해 보자. 알겠지?"

언뜻 해괴하고 말도 안 되는 것 같은 이 방법은 미국의 정신과 의사 글랜 O. 가바드[Glen O. Gabbard]가 말한 내용이다. 사실 그는 발가벗고 있는 모습을 상상하라고 말했다. 필자가 동방예의지국이라 속옷으로 수위 조절을 한 것일 뿐. 이 마법이 통하는 이유는 시험불안이 생기는 이유와 닿아 있다. 시험불안은 우리 뇌가 시험을 뱀과 같은 것으로 받아들여서 생기는 것이다. 그러나 시험과 무대를 우습게 보게 되면 우리 뇌는 시험을 뱀처럼 생각하지 않게 된다. 즉 리디큘러스는 뇌에 작용하는 마법이다.

학생들 중에는 특정 과목(우리나라에서는 대부분 수학이다.)에서만 시험 울렁증이 생기는 경우가 많이 있다. 이런 친구들은 쉬운 문제도 어렵게 꼬아서 생각해 틀리는 경험을 많이 한다. 수학을 '우러러보아서' 잘못 보는 것이다. 이런 학생들은 수학 시험을 보기 전에 '수학, 별거 아니야. 내가 준비도 많이 했으니까 충분히 잘 볼 수 있어.'라고 스스로에게 말해 줄 필요가 있다. 시험 준비를 하는 동안에는 치밀하게 열심히 해야 하지만 정작 시험을 보는 순간에는 이렇게 '우습게' 보는 마음이 필요하다.

리디큘러스 마법으로 이런 마음가짐을 배우고 익혔는데 막상 시험 보는 날, 무대에 서는 날에는 하나도 써먹지 못하게 되는 경우가 있다. 시작과 동시에 두려움에 압도되어서 아무것도 생각나지 않고 생각을 해도 소용없는 상황에 마주하게 되는 것이다. 이렇게 울렁증이 우리를 집어삼키려고 할 때 우리를 보호할 수 있는 방패가 필요하다. 이 방패는 두려움으로부터 우리를 보호해서 우리의 마음과 생각이 원하는 방향으로 나아갈 수 있도록 해 준다. 이 방패를 만드는 효과적인 방법이 바로 '복식호흡'이다.

뇌과학적 관점에서 보면 울렁증은 교감신경 sympathetic nervous system*

의 과잉활성화다. 이것을 인체 내에서 억제할 수 있는 방법이 부교감신경parasympathetic nervous system**계를 활성화하는 것이고, 그렇게 하기에 가장 수월한 방식이 바로 복식호흡이다. 복잡하게 생각할 필요 없다. 숨을 들이마실 때 배가 나오게 하고 내쉴 때 배부터 들어가게 하면 된다. 여기에서 중요한 것은 평소에 복식호흡을 연습해 두어야 한다는 것이다. 평소 우리의 근육과 신경과 두뇌가 복식호흡을 하면서 편안해진 느낌을 받은 경험이 있어야 시험이라는 긴박한 상황 속에서도 복식호흡을 통해 그 편안한 느낌들을 신속하게 불러올 수 있다. 복식호흡을 할 줄 아는 것이 중요한 게 아니고 감각을 익혀 두는 것이 중요하다.

혜선이는 악기를 다루기 때문인지 복식호흡을 빨리 이해했다. 하지만 늘 긴장감을 유지하며 복식호흡을 한 탓인지 이를 통해 편안하게 이완하는 것을 배우는 데는 시간이 좀 걸렸다. 그렇게 '복식호흡'이라는 방패와 '리디큘러스 마법'이라는 창을 가지게 된 혜선이는 드디어 콩쿠르에서 떨지 않고 공연해 1등을 거머쥐었다.

어렵지는 않지만 미리 알고 연습할 필요가 있는 방법이다. 우리 아이가 공부한 만큼 다 쏟고 나올 수 있게 마법의 창과 방패를 갖도록 안내해 주자.

---

* 교감신경계통이 활발해지면 심장박동 증가, 소화 억제, 혈압 상승 등의 작용이 이루어지며 몸이 위험한 상황에 처했을 때 적절한 반응을 할 수 있게 해 준다.

** 부교감신경계통이 활발해지면 심장박동 감소, 소화 촉진, 혈압 감소 등의 작용이 이루어지며 부교감신경계통은 교감신경을 억제하는 작용을 한다.

8교시 연습 문제

1. 아이에게 딱 맞는 진로를 찾아라
■ 다음 상황에서 적절하지 않은 것을 고르시오.

> 승현이는 이번 시험을 위해 오래 전부터 계획을 세우고 준비해 왔다. 그런데 막상 시험이 다가오니 부담스럽고 자신이 없다. 의욕도 떨어진다. 시험에서 도피하고 싶어 하는 승현이를 보며 부모는 어떻게 독려해야 할지 고민이다.

① 이제 와서 도망치면 겁쟁이가 될 뿐이라며 비난한다.
② 현재 상황을 간결하게 정리해 '이러면 안 되는구나.'하는 깨달음을 준다.
③ 지금까지 열심히 해 왔으며, 실패하더라도 도전 그 자체로 가치 있음을 말해 준다.
④ 지금 바로 해야 할 행동이 무엇인지 구체적으로 알려 준다.

2. 자기주도 학습, 이렇게 이끌어라 Ⅰ
■ 다음 빈칸에 알맞은 단어를 고르시오.

> 중딩 아이들의 도낏자루가 썩지 않는 결정적 이유는 시간의 상대적 길이를 알아채지 못하기 때문이다. 필자는 이것을 (   )이 아니라 '반(   )' 현상이라고 부른다. 공부를 한참 한 것 같은데 시계를 보면 20분밖에 지나지 않았더라는 경험담을 많이 듣는다. 바로 이런 현상이 반(   ) 현상이다.

① 공부 ② 과학
③ 수면 ④ 몰입

3. 자기주도 학습, 이렇게 이끌어라 II

■ 다음을 읽고 부모의 대처로 적절하지 않은 것을 고르시오.

==모든 부모가 시간 관리에 애를 먹는다. 특히 중학생이 되고 나면 시간 관리가 더욱 어려워진다. 예전처럼 고분고분하지 않고, 할 수 있는 것도 많고, 하고 싶은 것도 많아지기 때문이다. 이 시기에 시간을 잡는 첫 시작점은 스마트폰과 인터넷 사용이다.==

① 이부자리에서의 스마트폰 사용은 수면 습관을 교란시키고 아침 기상 시간이 늦어지게 만든다.
② 스마트폰을 하루 종일 하는 것은 좋지 않으니, 이부자리에서 잠들 때까지만 허용한다.
③ 스마트폰을 거실에 내놓거나 부모에게 건네주고 자는 습관을 들이도록 돕는다.
④ 자녀의 스마트폰에 데이터를 적게 주고 밤에 집의 와이파이를 끄는 결단도 필요하다.

9교시

중딩 시절이
대입 결과를 좌우한다 Ⅱ

공부 잘한다던 옆집 아이가 다니는 학원 이름을 알아 왔다. 그런데 우리 아이는 첫 수업을 듣자마자 불평불만이 가득하다. 설상가상으로 시험까지 망친 것 같다. 아이도, 부모도 눈앞이 깜깜해진다. 비상 사태! 이 위기에서 어떻게든 탈출해야 한다!

9교시

1
비상! 실패한 우리 아이 끌어안는 법

:: 입시에 실패한 아이들을 대하는 방법

입시에는 대학 입시만 있는 게 아니다. 외국어고등학교, 과학고등학교, 영재고등학교, 자율형사립고등학교 등 고등학교 입시도 꽤 많다. 그런데 이런 특목고에 지원했다가 입시에 실패하고 나면 여러 가지 어려움을 겪기도 한다.

실수도 실력이다?

실패했을 때 가장 많이 드는 생각이 실수가 많았다는 것이다. 그러면서 동시에 '실수도 실력이다.'라는 학원 선생님이나 아빠가 한 번쯤은 했을 말이 마음속을 후벼 판다. 여기에 상처를 받는 어린 청춘들이 있는 것은 분명하다.

필자가 대학에 입학한 해, 영어 수업 시간의 첫 번째 글 제목이 'The show must go on.', 즉 '쇼는 계속되어야 한다.'였다. 개인적 비극을 감추고 사람들을 웃겨야 하는 희극인의 비애에 대해서 쓴 글이었다. 트라우마를 안에 묻고 다른 사람들을 대하고 자신의 일상을 계속해야 한다는 것이 가슴 찡하기도 했다.

그런데 입시를 준비하는 학생들도 역시 'The show must go on.'이다. 입시에 대한 상처와 트라우마를 다룰 시간도 없이 바로 일반고 진학이니 내신 준비니 수능 준비니 하는 것들에 내몰리게 된다. 빨리 현실에 돌아오는 것이 좋다는 말에는 일리가 있지만, 그 전체 과정은 트라우마를 끊임없이 재생시키며 그것이 얼마나 아픈 것인지 알겠느냐고 계속 물어보는 셈이 된다.

학생들은 자신의 예상에서 크게 빗나간 결과에 대해 처음에는 실감을 잘 하지 못한다. 소위 '부정의 단계'다. 멍하기도 하고 자신에게 일어난 일의 영향에 대해서 명확하게 판단하기도 어렵다. 그 시간이 그리 길지는 않아 대개 그 다음 단계인 '분노의 단계'로 넘어간다. 분노의 대상은 시험 출제자가 될 수도 있고, 국가가 될 수도 있고, 선생님이나 부모가 될 수도 있으나 결국 자기 자신이 되고 만다.

분노가 밖을 향하는 경우에는 아주 예민하고 짜증이 늘고 화를 잘 내는 모습을 보이게 된다. 가족과 주위 사람들이 눈치가 보여 말을 걸기 어려워지기도 한다. 그러나 이런 아이들이 오히려 심리적 위험은 적다. 자신의 감정을 밖에 배출하는 것이 적어도 본인의 심리적 상처는 보호하는 역할을 하기 때문이다.

정작 위험한 것은 어떠한 반응도 보이지 않는 아이일 수 있다. 이 아이들은 이번 일의 책임이 자신에게 있다고 믿고 있거나, 적어도 외부_{대부분은 부모}에서 그렇게 판결을 내린 경우가 많다. 이들은 분노나 좌절의 표현을 할 자격조차 없다고 느끼는 경향이 있다. 그래서 더욱 조용해진다. 이런 아이들 중에서 입학시험이 끝나고 스스로 목숨을 끊는 경우도 생긴다. 이렇게 극단적 상황까지 가지는 않더라도 입시로 인한 트라우마를 미처 해결하지 못한 채 죄책감을 안고 공부해야 하는 고통은 아이를 더욱 힘들게 한다. '내가 그때 왜 그랬을까?' 혹은 '그렇게만 안 했더라도…….' 등 여러 가지 생각을 곱씹으면서 살고 있는 것이다. 이 고통이 두려워서 도피하는 일도 생긴다. '공부해서 뭐해? 이미 틀린 것을! 아무 소용도 없는 게 괜히 보기 싫어!'라며 공부를 포기하려 하기도 한다.

부모의 입장 – 그럴 리 없어. 아직 끝나지 않았어.

수험생의 부모도 사실 크게 다르지 않다. 부모도 트라우마를 겪는다. 시험 당일까지 기도하고 마음 졸인 시간은 아이들이 공부한 시간과 크게 다르지 않다. 그렇기 때문에 부모도 트라우마를 받는다. (사실 학생들

중에서는 트라우마를 겪지 않는 아이도 있지만 말이다.)

  부모들의 경우는 수험생들보다 '부정' 단계의 기간이 더 긴 것 같다. 아이의 실력을 막연히 높게 보고 기대하고 있었기 때문이기도 하고, 지금의 상황에서도 열심히만 하면 어떻게든 좋은 고등학교에 가서 명문대에 진학할 수 있을 것이라는 희망의 끈을 놓지 않았기 때문이기도 하다. 현실적인 문제도 있다. 완전히 '멘붕(?)'이 와 있는 아이를 추스르고 고등학교 입학을 준비시키고 학원 등에 데려다주고 해야 하는 상황에서 부모까지 넋 놓고 있을 수는 없는 노릇이다. 이 단계가 더 길어지는 것이 주는 또 하나의 효과가 있다. 부모의 실망과 분노가 아이에게 바로 쏟아지지 않는다는 점이다. 아이의 분노와 부모의 분노가 동시에 터진다면 이는 큰 문제를 일으킬 것이 분명하다. 물론 이런 이유로 분노를 참고 있는 부모도 상당히 많다. 이를 '억압'이라 한다.

  '부정'이 되었든 '억압'이 되었든 이 시기에 부모가 놓치게 되는 것이 하나 있는데 그것은 실패자의 감정을 공감해 주는 것이다. 자신의 감정을 억압하는데 온 힘을 쓰거나 지금의 현실을 부정하고 어떻게든 반전을 이루어 보려는 시도에 몰두하다 보니 우리 아이가 지금 어떤 심정일지, 어떻게 느끼고 생각하고 있을지, 여기서 무엇을 배우게 해 줄지를 미처 헤아리지 못하는 것이다. 가족의 도움이 가장 필요한 바로 그 순간에.

:: 지금 바로 이 순간에 해야 할 것들 – 비상 상황 탈출법

첫째, 산소마스크 먼저 쓰기

아이에게 잠시 시간을 주고 부모 먼저 풀어라. 입시는 부모에게도 트라우마다. 자신의 트라우마부터 다룰 수 있어야 아이를 도와줄 수 있다. 비행기 기내 방송을 떠올려 보면 이해가 쉬울 것이다. 어떤 위급한 상황에서라도 당사자가 먼저 산소마스크를 쓴 다음 노약자를 도와주어야 한다. 산소마스크는 부모부터 써야 한다. 그러니 지금은 괴로워하는 아이에게 단 하룻밤만이라도 시간을 주는 게 좋다. 그리고 밤에 부부가 대화를 해야 한다. 얼마나 실망스러운지, 화가 나는지, 어떤 생각이 들고 어떤 두려움이 드는지 각자 하고 싶은 이야기를 다 하도록 하자. '남편이 힘들어하니 나라도 참아야지.'나 '나까지 힘들어하면 애 엄마가 견디지 못할 거야.' 같은 자세는 좋지 않다. 지금은 서로 진심을 털어놓고 마음을 합칠 때다. 결코 하지 말아야 할 것은 상대방을 비난하거나 과거를 자책하는 일이다. 부모가 잘못해서 입시 지옥이 생겼으며 아이가 시험을 망친 것이 아님을 기억해야 한다. 부모는 사태를 만든 사람이 아니라 해결해야 하는 사람이다. 그래서 부모가 트라우마에 같이 직면하고 서로 위안을 주면서 힘을 얻어야 한다.

둘째, 산소마스크 씌워 주기

아이에게 진심으로 위로를 해 주자. 진심 어린 위로는 감정을 인정하는 것부터 시작해야 한다. 아이가 지금 느끼는 감정이 무엇인지 살펴보고 물어보고 다 인정해 주자. 이런 것 없이 '입시가, 대학이 인생에서 별 것 아니더라.'는 식의 섣부른 위안을 하지 말자. 더욱 비참하게 여겨지기만 한다. 아이가 울면 시원하게 울 수 있도록 옆에서 같이 안아 주는 것이 필요하다. 화가 나서 이불을 뒤집어쓰고 있으면 그럴 시간을 좀 더 주는 편이 좋다. 아무 말 없이 침대 밑에 앉아 있어 줄 수 있다면 정말 좋다. 그러고 나서 차분하게 말을 걸어 보자.

셋째, 따뜻함을 제공하기

아이가 지금 상황을 어떻게 보는지 물어보자. 다 큰 수험생이라 해도, 아직은 미숙한 청소년의 잔재가 남아 있다. 지금 상황을 너무 극단적으로 바라보고 있거나 너무 비현실적으로 바라보고 있을 수도 있다. 아이의 감정이 진정되었다면 지금 상황을 어떻게 생각하는지 넌지시 물어보자. 아이가 이 상황의 의미를 어떻게 보는지 알 수 있을 것이다. 여기서 우리가 한 가지 짚고 넘어갈 부분이 있다. 우리가 바라던 그 학교는 우리에게 어떤 의미일까?

넷째, 현재 상황에 대해 설명하기

바라던 학교가 어떤 의미인지 알기 위해 대입과 진로에 대해서 다시 한 번 생각하고 넘어가자. 대다수의 사람들이 일단 수능 잘 보고 대학 잘 가서, 그때 가서 왜 공부하는지, 무엇을 할 것인지 생각해 보자고 하며 미루어 두었던 문제들이다. 아이가 대학을 잘 가서 무엇을 하고 싶었는지, 무엇을 할 수 있을 것이라고 기대했는지, 그래서 어떤 인생을 살고 싶었는지에 대해서 이야기를 나눌 수 있는 절호의 기회다. 그리고 이것이 입시에 대한 트라우마를 치유할 수 있는 결정적 치료제가 될 수 있다. 필자는 입학시험을 보기 전 시험불안에 시달리던 아이에게도, 시험 후 결과에 실망과 좌절을 하는 아이에게도 '시험과 대학은 자신이 행복하게 살기 위해 선택한 수단일 뿐, 절대 유일한 선택이거나 절대적 기준이 될 수 없다.'는 말을 한다. 이를 받아들이면 한결 가벼워지고 자유로워지며 다시 용기를 가지고 도전할 수 있다. 필자는 그 모습을 해마다 지켜보고 있다.

다섯째, 안내등 보여 주기

청소년기의 특성 중 하나가 사고 능력이 향상된 것에 비해 장기 계획을 수립하는 능력과 감정 조절 능력이 상대적으로 약하다는 것이다. 그러니 지금 아이가 여러 가지를 잘 살펴 최선의 대안을 선택하기 어려운 상태에 놓여 있음을 기억해 두어야 한다. 부모 역시 현재 상황에서 감정적 선택이 아닌 최선의 선택이 무엇인지 잘 알아보아야 하고 교사와 상담할 필요도 있다. 아이와 이야기하면서 공유한 목표에 맞는 과정을 선택하도록 방향을 제시해 주어야 한다. 물론 이는 일방적 지시가 아니라 선택지를 주고 각각의 장단점을 서로 충분히 이야기한 다음 결론을 공유하는 방식이어야 한다.

여섯째, 같이 지나오기

어려움에 처한 순간에는 복잡한 이성이 잘 작동하지 않는다. 그때 자신을 비난하거나 몰지 않고 옆에 있어 주는 존재가 있는 것만으로도 힘을 얻고 치유가 되는 법이다. 아이에게 이것이 네 책임이라는 비난은 잠시 뒤로 미루자. 개선할 점은 있겠으나 지금은 이 상황을 같이 빠져나갈 때다.

2
학원 선택부터 스펙 쌓기까지

:: **우리 아이에게 맞는 학원 찾는 법**

　필자가 만난 민서와 진서는 중학교 1학년 이란성 쌍둥이였다. 쌍둥이 중 첫 아이는 딸이고 동생이 아들이었다. 이 아이들의 엄마가 필자를 찾아온 이유는 아이들이 싸워도 너무 싸운다는 것이었다. 그리고 둘째인 아들을 공부시키는 것이 너무 힘들다고 했다. 노력에 비해서 성적이 덜 나오는데 왜 그런지 알고 싶다고 했다.

　엄마는 아이들이 초등학교 고학년이 되자 우선 잘 따라오는 큰 딸 민서를 학원에 보냈다. 주변에 수소문해서 좋다는 학원에 보냈지만 힘들어 하면서도 잘 따라가고 학원 내에서도 높은 수준의 반에 편성이 되었다고 한다. 아이가 욕심이 많은 편이라 스트레스를 받으면서도 숙제를 다 해 가고 열심히 했던 것이다.

그래서 이제 동생도 좀 보내 보려고 같은 학원에 가게 했더니 이 녀석은 얼마 다니다가 말고 학원이 너무 싫다며 버티기 시작하는 것이었다. 누나와 경쟁심 때문에 그러는 것 같아 달래도 보고 꾸중도 해 보았지만 그 학원에 가는 것을 너무 싫어했다고 한다. 수업이 힘들다고 하도 졸라서 학원은 끊고 학원 선생님께 부탁해 학원 교재를 가지고 집에서 풀게 했다. 그래도 여전히 학원 교재가 풀기 싫고 지겹다며 밀쳐내 버렸다는 것이다. 엄마 입장에서는 아이가 누나와의 경쟁심도 있을 것이고 자존심도 있어서 학원에서 비교되는 것을 싫어할 수 있겠다고는 생각했지만, 집에서 문제집도 풀지 않으려고 하는 것을 보고 공부하기 싫어 핑계만 댄다고 생각해 매우 화가 났다. 그래서 아들 진서를 많이 야단치게 되었고 사이도 나빠진 상태였다.

실제로 만나 본 두 아이는 엄마가 말해 준 것보다 훨씬 덜 닮아 있었다. 누나인 민서는 조용하고 성실한 아이였다. 꼼꼼하고 완벽주의적인 성향이 모범생으로 보였다. 반면에 남동생 진서는 중1 학생답게(?) 반항적 기질도 다분하고 수업 시간에 만화 그리기를 좋아하는 아이였다. 엄마는 진서가 성적이 좋지 않은데 그에 대한 스트레스도 전혀 없는 것 같다고 걱정했다.

두 남매의 성격을 살펴보니 딸 민서는 내성적이고 책 읽기를 좋아하고 음악을 즐겼으며 엄마와 대화가 많은 편인 반면, 아들 진서는 활달하고 친구가 많고 수업 시간에 산만하고 TV나 만화 보는 것을 즐겼으며 공부에는 관심을 보이지 않았다.

이런 차이가 어디서 오는지 알아보기 위해서는 이 아이들이 공부한 교재와 문제지의 틀린 문항을 비교해 보는 것이 도움된다. 점수와 석차보다 틀린 문제들이 더 많은 실마리를 주는 경우가 많다. 그리고 기억력과 사고력에 대한 테스트도 진행해 보았다.

테스트 결과는 생각보다 더 극적인 차이를 보여 주고 있었다. 누나 민서는 언어지능이 높은 반면 동작지능이 낮았다. 시각적 기억력은 평균이지만 청각적 기억력은 매우 높았으며 주의 집중력도 우수한 편이었다. 이에 반해 동생 진서는 언어지능이 낮은 대신 동작지능과 비언어적 지능이 매우 높았고 시각적 기억력은 최우수 수준이었다. 그리고 누나보다 조직화하는 인지 능력이 훨씬 더 우수하였다. 대신 주의 집중력이 보통 이하 수준으로 낮았다.

이를 통해 모든 의문이 다 해결되었다. 진서에게 쌍둥이 누나에 대한 경쟁심은 애초에 별로 없었다. 진서는 공부에 큰 관심이 있지 않으며 친구와 즐겁게 노는 것이 더 중요한 아이였을 뿐이다. 학원이 아주 잘 맞는 누나에게는 오랜 시간 꾸준히 앉아서 해야 다 할 수 있는 숙제를 내준 셈이었다. 하지만 동생 진서의 두뇌에는 끝없는 반복을 요구하는 숙제와 칠판을 활용하며 말로 진행하는 전통적 수업 방식이 도대체 와 닿지 않왔던 것이다.

 진서 같은 학생들에게는 짧은 시간마다 쉬면서 수업하고, 전체를 관통하는 핵심을 가르쳐 주고 나서 세부 사항을 익히게 하는 큰 그림형 학습법이 훨씬 효과적이다. 이런 교수법을 쓰는 선생님이 많지는 않다. 그래서 진서는 과외 선생님을 구해서 그 선생님에게 이런 교수 전략을 이용해 달라고 요청하였다. 그 과정에서 과외 선생님과 직접 통화할 일이 있었는데 다행히 이런 방식을 잘 지도할 두뇌 유형을 가지고 있는 선생님이었다.

 이렇게 하고 나니 공부에 대한 거부감도 훨씬 줄어들고 성적도 당연히 (그전 성적이 워낙 낮았기 때문에) 많이 올라갔다. 누나가 오히려 경쟁심을 느껴서 스트레스를 받을 정도로.

 한배에서 나온 것도 모자라 한날 태어난 쌍둥이들도 이렇게 성향이 정반대일 수 있는데, 쌍둥이가 아닌 아이들은 얼마나 다를지 짐작해 볼 수 있다.

 특히 방학이 시작되면 아이가 방학을 어떻게 보내면 좋을지에 대한 부모들의 문의가 많아진다. 한 학기 동안 기대에 못 미쳤거나 문제점이 보이면 마음이 급해지기 때문이다. 그런데 학원을 정하는 기준에서 아이의 성향이 제외되는 경우를 많이 만난다. 가장 많이 영향을 주는 것은 역시 성적이 올라간 아이의 부모가 한 추천이다. 그 다음으로 학원의 난이도(?)나 아이가 공부를 좋아하는지, 숙제는 많이 내는지 등을 고려하는 부모들이 소수지만 있다.

종합해 보면 아이들이 철저하게 공급자 중심으로 맞추어지고 있는 것이다. 공교육도 아닌 사교육에서 말이다. 그래도 잘 따라오는 아이들은 괜찮지 않느냐 볼 수 있지만, 그도 아니다. 자신과 맞지 않는 학원을 다니면서 순응하고 적응하느라 자신의 강점은 전혀 발전시키지 못하고, 공부에는 자신감을 잃고, 성적이 떨어지는 것이 두려워서 공부하는 우수한 지능을 가진 학생들이 의외로 많다. 사실 진서가 바로 그런 유형의 아이였다. 원래 기질은 직관적이고 창의적인 면이 강한 두뇌를 가지고 있는데 학원에서 요구하는 스타일에 맞추다 보니 자신을 깎아내리면서 공부를 억지로 계속했던 것이다. 그러다 보니 성실하게 하지만 공부에 자신감이 없고 시험 볼 때 불안이 높아져서 생각만큼 성적이 잘 나오지 않게 되었다.

물론 겉으로 보이는 모습과 두뇌 안의 모습이 잘 일치하여 공부를 성실히 하고 성적도 좋은 학생들도 많이 있다. 하지만 그렇지 못한 경우도 상당수 있다는 점을 기억해야 한다.

방학뿐만이 아니라 학기 초가 되면 학원 설명회 투어^{tour}를 하는 부모들이 많다. 이제 그 학원의 알아듣지 못할 커리큘럼만 보거나 성공 사례에 현혹되지 말고 우리 아이와의 궁합이 얼마나 잘 맞는지를 더 주의 깊게 살펴보아야 한다. 그렇지 않으면 그리스 신화에 나오는 프로크루스테스^{Procrustes}처럼 침대에 여행객을 눕혀 침대보다 키가 크면 다리를 자르고 키가 작으면 다리를 늘여서 키를 맞추는 일을 우리 아이에게 하는 셈

이 된다. 학원 입시 설명회에서 제공되는 정보는 학원의 관점에서 의미 있는 정보들만 선택되어 있는 것이라는 점을 기억해야 한다. 그 정보를 통한 결론에 아이를 맞추려는 순간부터 오차가 생기고 비극이 시작된다는 점을 잊지 말자. 부모가 학원의 설명회에 가거나 학원에 대해 알아보는 목적은 이 '침대'가 우리 아이에게 맞는 것인지 아닌지를 판단하기 위한 것이어야 한다.

이를 위해서는 학원의 성향을 실제로 파악하는 것이 중요하다. 원장 한 명이 수업하는 곳이라면 원장님의 수업 스타일을 미리 알아보는 것이 좋다. 수업 시간과 휴식 시간의 비율, 수업 방식 등 실제로 진행되는 내용을 알아보는 것이 큰 도움이 된다. 학원에 여러 선생님이 있을 때는 아이를 가르치게 될 선생님을 꼭 미리 만나 보자. 아이에게 부족함이 있어 학원을 보낸다는 생각 때문인지, 학부모들은 학원 선생님 만나기를 부담스러워하는 경향이 있다. 수줍은 성향의 부모들도 그러하지만 자신의 선택이 틀렸을까 걱정되어 '잘 가르치겠거니' 하고 믿어 버리는 경우도 많다. 선생님을 만나는 것이 정 부담스럽다면 학원에서 나누어 주는 교재를 살펴보자. 교재 구성이 반복적인지, 소수의 어려운 문제를 푸는 유형인지 등을 살펴보는 것이 좋다. 학원에 비치되어 있는 샘플 교재가 있다면 이를 잘 검토할 필요가 있다. 이런 것들도 미리 알아보기 어려우면 아이와 앞에서 말한 것들에 대해 대화를 나누어 보는 것도 좋다. 그저 학원에서 친구랑 장난치지 마라, 숙제 다 해 가라며 잔소리만 할 것이 아니라 수업이 어떻게 진행되는지, 어떤 점이 좋고 나쁜지, 숙제는 어떤 면에서 쉽고 어떤 면에서 어려운지 등등 시시콜콜한 대화를 나누어 보자.

대한민국 교육의 빛과 그림자라고 할 수 있는 사교육의 발달. 일단 활용하기로 했다면 똑똑하게 활용하자.

:: 방황하는 아이에서 '스토리형 스펙이 있는' 아이로

성적이 잘 나오지 않고 공부가 뜻대로 되지 않아서 마음을 접었다가 다시 공부에 마음을 붙이게 된 친구들이 얻는 게 하나 있다. 역경을 극복했다는 스토리다. 공부에서 멀어져 있다가 다시 공부로 돌아가는 데는 역경을 극복하는 힘과 그 힘으로 일어서는 과정이 있어야 하는데, 그 과정이 요즘 그토록 회자되는 '스토리 있는 스펙'이 되는 경우가 많다.

명준이를 처음 만난 것은 중학교 2학년에 갓 올라갔을 때였다. 순한 아이였지만 공부에 아무런 의욕을 보이지 않았던 아이였다. 명준이에게 공부는 그저 부모가 시켜서 혼나지 않을 정도로 해야 하는 것일 뿐이었다. 명준이와의 대화는 명준이가 가지고 있는 장점들을 발견하는 것으로 시작되었다. 이를테면 바둑을 좋아하고 골똘히 생각하는 것을 좋아한다는 점, 자신이 한번 결심한 것은 실천에 옮기는 성격이라는 점 등이었다.
  그 무렵, 명준이는 바둑 사범님과 평소 그렇게 싫어하던 등산을 하게 되었다. 평생 처음으로 산에 오른 명준이는 자신이 상상하던 것과 전혀 다른 광경을 봤고, 그 광경을 좋아하게 되었다는 사실에 스스로도 놀랐다고 했다. 그 후로 명준이는 해 보지 않던 것에 도전해 보는 일이 늘었다. 그중 하나가 도서관에 가서 책을 보는 것이었다. 평소 떠올랐던 궁금증을 찾아보려고 도서관에 가서 이 책 저 책을 뒤적이다 재미를 붙인 것이다. 그러면서 '고전'도 재미있게 읽었고, 그 내용을 필자와 상담하는 동안 즐겁고 유용한 대화 주제로 쓰기도 했다.

우리가 좌절을 겪고 나서 다시 일어서기 위해 제일 먼저 해야 하는 것은 우리의 단점을 찾는 게 아니라 장점을 찾는 일이다. 명준이처럼 어떤 이유에서건 공부에 의욕이 없는 아이를 바라볼 때 '공부에 무관심한 아이'라는 시선보다는 '공부에 좌절한 아이'라고 보는 게 더 좋은 결과를 가져오는 경우가 많다. 명준이가 평소에는 가지 않던 등산을 우연히 갔을 것이라고 보지는 않는다. 정상에 올라서 그 광경에 감탄하고 스스로를 바꾸어 보고 싶다며 다짐한 것도 은연중 자신감이 회복되고 있었기 때문에 가능한 일이었을 것이다. 그리고 그 새로운 도전의 결과, 도서관을 즐겨 찾고 '고전'을 읽을 줄 아는 학생이 된 것이다. 이렇게 자신감과 흥미를 회복한 학생은 비로소 자신의 미래를 상상하기 시작한다. 명준이도 그렇다.

지금 명준이는 UN에서 일하고 싶어 한다. 세상을 보는 자신의 시선을 바꾸게 도와주었던 자연을 지키고 보호하는 일에 관심이 생겼기 때문이다. 또 아직까지 자기가 보지 못한 세상이 더 있을 것 같아 넓은 무대에 꼭 나가 보고 싶다고 했다. 아마 반기문 총장의 전기를 읽은 것도 영향을 주었을 것이다. 명준이는 그 꿈을 이루는 첫 단계로 하나고등학교* 입학을 다짐했다. 현실적으로 자신의 꿈을 이루는 데 가장 도움될 것이라고 생각해서란다.

여기가 큰 차이점이다. 명준이는 자기가 하나고에 가고 싶은 이유를 명확히 실감하고 있다. 하나고에 가서도 무엇을 해야 할지 스스로 알고

---

* 서울시 은평구에 있는 자율형사립고등학교. 전교생이 기숙사 생활을 한다.

있다. 이런 학생을 학교에서 싫어할 리 없다. 이제 곧 명준이와의 상담은 종결이 된다. 명준이에게 맞는 공부 방법과 습관, 학원 선택 등에 대한 이야기만 하면 이제 더는 명준이를 도와줄 것이 없다. 시작은 힘들고 캄캄했지만, 이제 명준이는 자신의 인생 이야기를 써 나가는 중학생이 되었다. 지금 힘든 것이 꼭 나쁜 것만은 아니다.

3
공부에 필요한 6가지 전두엽 기능 총정리

성적이 별로 좋지 않다가 어느 날 공부를 하고 성적이 올라간 아이를 보면 대개 노력이 늘어서라고 생각한다. 그러나 실제로 보면 노력해도 성적이 올라가지 않는 아이들이 더 많다. 미안한 이야기지만 이런 아이들을 보면 잘못된 노력으로 힘만 빼고 있는 경우가 흔하다. 그렇다고 성적이 높은 지능에만 달려 있는 것도 결코 아니다. 성적 향상에는 비결이 있다.

하버드 교육대학원의 린 멜츠$^{Lynn\ Meltz}$ 교수는 '성적 향상 회로$^{academic\ sucess\ cycle}$'라는 것을 제안하였다. 이에 따르면 성적 향상에는 집중적 노력과 효율적 전략이 있어야 하고, 수행이 우수해야 하며 (시험을 잘 보아

공부에 필요한 전두엽의 6가지 기능

- 계획하기
- 조직화 하기
- 우선 순위 정하기
- 작업 기억 능력
- 점검 하는 능력
- 사고를 전환하는 능력

야 한다는 말이다.) 그로 인해 성적이 향상되면 그것이 공부에 대한 자기 효능감을 상승시켜 더욱 집중적인 노력을 기울이게 만든다고 한다. 여기서 효율적인 전략이란 바로 두뇌의 전두엽 기능을 효율적으로 사용하게 하는 것이다. 지금까지 필자의 임상적인 경험이나 방송 중 만났던 전교 1등 학생들의 사례를 종합해 보면, 이 말에 매우 공감하는 바이다. 지능은 자동차의 엔진과 같다. 그 자동차를 잘 몰아서 빠르고 안전하게 목적지까지 가는 것은 차가 아니라 운전을 하는 운전자의 역할이다. 운전자에 해당하는 것이 우리 두뇌에서는 바로 전두엽이다. 구체적으로 이 전두엽이 하는 기능은 다음과 같다.

1. 계획하기

계획은 목표를 세우고 필요한 자원(물질, 시간, 인력 등)을 정하고 실행하는 순서를 생각하는 일련의 과정이다. 계획성은 전두엽에서 가장 두드러지는 기능이다. 그래서인지 자기주도 학습을 한다는 곳에서는 계속 이 계획 세우기만 해 주는 경우가 많다. 그런데 계획도 자신이 세울 수 있어야 자기주도다. 시간 관리, 목록 작성 능력, 배분 능력 등 여러 가지 능력이 필요하다.

2. 조직화하기

비슷한 것끼리 묶거나 공통된 특징을 찾아내는 능력을 말한다. 이해와 기억에도 반드시 필요한 능력이며 복잡한 정보를 처리하는 데 필수적인 능력이다. 많은 내용을 그냥 외우는 것은 초등학교 때까지가 한계다. 중학교 이상이면 이러한 능력이 반드시 필요하다. 고등학교에서 수능을 준비하려면 오래전에 배운 내용을 잘 기억할수록 유리하다.

3. 우선순위 정하기

무엇이 가장 중요하고 급한 것인지 결정하는 능력이다. 계획 세우기와도 밀접한 관련이 있다.

4. 작업 기억 능력

작업 기억$^{working\ memory}$이란 단기 기억의 하나로 두뇌가 어떤 특정한 작업을 처리하는 동안만 작동되는 기억이다. 컴퓨터의 램^{RAM}과 같다. 우리가 요리를 하는 동안 재료를 다 꺼내 놓고 필요한 것들만 골라 가며 요리를 하다가 끝난 후에는 다시 집어넣는 것처럼, 공부를 하거나 어떤 결론을 내기 위해 생각을 하는 동안만 꺼내어 놓는 기억들이라고 이해하면 된다. 주의 집중력과 관련이 깊다. 작업 기억이 떨어지면 생각을 하다가 앞의 생각을 잊어버리거나 문제를 풀다가 앞의 조건을 잊어버려 실수하는 일이 생길 수 있다.

5. 점검하는 능력

자기가 한 일이나 행동 및 현재 생각의 흐름이 원래의 의도대로 잘 진행되는지를 살피는 능력이다. 피드백을 통해 가설을 수정하는 데 결정적인 역할을 한다. 이 능력이 떨어지면 애초의 의도와 전혀 다른 방향으로 생각이 흘러갈 수 있고, 너무 과하게 작동하면 효율이 떨어지게 된다.

6. 사고를 전환하는 능력

창의성과 관련이 깊다. 벽에 부딪히면 다른 방향에서 생각할 수 있는 능력을 말한다. 수학 문제 풀이에서도 새로운 유형에 강한 학생들은 이러한 능력이 높다.

이상의 6가지 능력은 모든 공부에 다 활용되는 능력이다. 물론 과목이나 내용의 특성에 따라 동시에 다 사용되지 않을 수도 있다. 하지만 똑같이 공부하고도 성적이 오르는 아이는 분명 이 6가지 중 적어도 2가지 이상을 잘 활용할 수 있는 학생이다. 또한 공부가 잘 안되는 아이들이 공부에 자신감을 회복할 때란 바로 이 6가지를 활용해 공부하게 되는 때다. 이제 엉덩이로 공부한다는 생각에서 벗어나도록 하자. 머리로 공부해야 한다.

9교시 연습 문제

1. 비상! 실패한 우리 아이 끌어안는 법
■ 다음 상황에서 현수 아빠가 취할 자세로 적절하지 않은 것을 고르시오.

> 현수네 집에 비상이 걸렸다. 현수가 외고 입시에 실패한 것이다. 현수는 하루 종일 울고불고 난리를 치더니 이제는 이불을 뒤집어쓰고 아무 말도 않는다. 현수의 아빠도 마음이 무겁기는 마찬가지다.

① "휴……. 이번 일로 현수 엄마도 힘들어하니까 나는 조용히 참아야지."
② "아무 말 없이 현수 침대 맡에 앉아 있어 줄까?"
③ "이번 일을 현수와 진로에 대해 이야기해 볼 절호의 기회로 삼아야겠어."
④ "현재 상황에서 최선의 선택이 무엇일지 잘 알아봐야겠어."

2. 학원 선택부터 스펙 쌓기까지
■ 다음 상황에서 수빈이 엄마가 가장 먼저 확인해야 할 것을 고르시오.

> 수빈이 엄마는 방학이 시작되자 생각이 많아졌다. 수빈이가 방학을 어떻게 보내야 좋을지 고민이 되기 때문이다. 아무래도 지난 학기 내내 속을 썩인 영어 과목을 확 잡아야겠다고 결심하고 동네에서 제일 잘나가는 영어 학원을 탐문하기 시작했다.

① 학원의 유명도
② 아이의 성향
③ 수업 시간과 휴식 시간의 비율
④ 교재의 구성

3. 공부에 필요한 6가지 전두엽 기능 총정리

■ 공부에 필요한 6가지 전두엽 기능 중 다음 내용이 설명하는 기능은 무엇인지 고르시오.

> 비슷한 것끼리 묶거나 공통된 특징을 찾아내는 능력을 말한다. 이해와 기억에도 반드시 필요한 능력이며 복잡한 정보를 처리하는 데 필수적인 능력이다. 많은 내용을 그냥 외우는 것은 초등학교 때까지가 한계다. 중학교 이상이면 이러한 능력이 반드시 필요하다. 고등학교에서 수능을 준비하려면 오래전에 배운 내용을 잘 기억할수록 유리하다.

① 계획하기
② 조직화하기
③ 우선순위 정하기
④ 사고를 전환하는 능력

정답: 1번-① | 2번-② | 3번-②

10교시
꽃보다 소중한 우리 아이

아이가 얼마나 예쁘냐는 질문에 '꽃보다 더 예쁘죠.'라고 답하던 게 엊그제 같은데, 지금은 글쎄다. 요즘은 그저 아이와 길고 어두운 터널을 지나는 심정이다. 이런 이야기를 듣던 어느 동네 엄마는 '곧 기쁜 날이 온다.'며 알쏭달쏭한 말만 남기고 가 버렸다.

10교시

1
중딩 부모가 반드시 해야 할 3가지
- 존중, 기다림, 소통

아이가 사춘기에 접어들면 여러 가지 변화가 한꺼번에 몰려온다. 신체적 변화부터 정신적 변화까지, 학교생활, 친구 관계, 스마트폰, 인터넷에 이성 친구, 그리고 공부, 성적, 입시까지 챙겨야 할 부분이 너무 많다.

지금까지 이것들을 하나하나 살펴보았다. 어쩌면 너무 많은 이야기를 한 것이 아닌가 싶기도 하다. 이제는 이 모든 것을 관통하는 기본적 자세가 필요할 수 있다. 중2병 아이를 키우는 부모가 반드시 해야 할 것은 무엇일까?

존중 – '용기를 갖는 것'이다.

아이가 부모의 손을 벗어나는 것 같다고 느끼는 순간 부모에게 찾아오는 감정은 '불안'이다. 불안은 항상 객관적이기 어렵게 만든다. 객관적이지 못하게 되면 아이들을 설득하기가 더욱 힘들어진다. 그러면 상황은 더욱 나빠진다.

부모는 용기를 내서 아이들을 위해 시간을 투자해야 하고 때로는 용기 내어 아이에게 스마트폰의 비밀번호를 물어야 한다. 또한 다른 부모들의 '카더라 통신'을 단호히 떨쳐 내야 한다. 아이가 잘못된 방법으로 화를 내고 잘못된 행동을 할 때, 같이 분노로 제압하거나 거꾸로 모든 것을 다 들어주지 않더라도 아이가 튕겨져 나가지 않을 것이라고 생각하는 용기도 필요하다. 우리가 아이를 두려워한다는 것을 아는 순간, 아이는 더욱더 멀리 달아나게 된다.

하지만 무엇보다 필요한 용기는 '아이와 엄마의 탯줄이 분리된 순간부터 서로의 몫이 정해져 있다.'는 사실을 인정하는 것이다. 아이가 감당해야 할 몫이 있고 부모가 해 주어야 할 몫이 있다. 부모의 역할은 아이가 어떤 고통이나 힘든 일도 겪지 않게 하는 것이 아니며, 아이의 역할도 부모가 원하는 모든 것을 들어주는 것이 아니다. 옆집이나 친척 집의 아이와 비교하며 부러워하거나, 우리 아이만 좋은 대학을 가지 못하면 너무 창피할 것 같고, 삶이 잘못된 것처럼 생각한다면 그 부모의 삶은 너무나 복잡하고 고단해진다. 그리고 그 여파는 고스란히 아이에게 전달된다. 클리닉에서 만나는 많은 부모들이 이 함정에 빠져 고통을 받고 있다. 이는 결코 쉽지 않다. 이렇게 말하고 있는 필자도 아이의 변화나 결정에 불안해지기도 하고, 아이가 부모가 권하는 안전한 길로 가기를 바라며 그렇지 않은 것에 대해 분노하기도 하고 두려워하기도 한다. 그러나 부모라고 항상 용기에 가득 차 있을 수는 없다고 다독이며 다시 한번 용기를 내 보려고 한다.

기다림 – '용기를 갖도록 키우는 것'이다.

사춘기를 보낸다는 것은 아이 입장에서도 쉬운 일이 아니다. 자신의 마음을 스스로 통제하기 어려워 불안해지기도 한다. 그 와중에 성적에 대한 부담도 생기고 공부에 대한 고민도 늘어 간다. 이성에 대한 관심도 커 가고 재미에 대한 관심도 생긴다. 입시의 무게를 느끼고 시험불안을 경험하기도 한다. 친구들과 지내는 것이 점점 더 좋아지지만 동시에 친구 관계에서 오는 압력도 커져 가고 있다.

이 모든 과정을 헤쳐 가는 데 아이가 반드시 가져야 할 덕목이 용기다. 친구들에게 때로는 아니라고 말할 수 있는 용기가 필요하고, 부모나 선생님에게 자신의 생각을 솔직하게 말해야 할 때도 있다. 지금 거짓말을 하고 싶은 유혹을 뿌리칠 용기도 필요하고, 너무나 재미있는 스마트폰 게임과 인터넷을 스스로 중단해야 하는 용기를 내기도 해야 한다. 어렵고 자신 없는 과목의 공부를 계속해야 하는 용기도 필요하고, 지루하고 하기 싫은 내용의 공부를 더 잘하기 위해 노력해야 하는 용기를 내야 할 수도 있다.

그러므로 사춘기 아이를 키우는 데 가장 중요한 핵심은 아이가 용기를 낼 수 있게 기르는 것이다. 용기를 키우는 것은 경험에서 온다. 그 경험은 실패의 경험이다. 대신 그 실패는 미리 계획해 보고 시도해 보고 경험하는 실패다. 그리고 그 다음에 같은 시도에서는 성공하는 경험을 하게 하는 것이다. 이 과정을 통해서 '할 수 있다'는 용기를 배우게 된다. 여기서 기억해야 할 것은 두 가지다. 첫째는 계획을 세우는 단계에서 결과에 대해 미리 예측해 보도록 대화하는 것이다. 둘째는 여기서 말하는 성공이 최종 목표 달성을 의미하지 않는다는 것이다. 최종 성적으로 95점을 받겠다고 하더라도 지금 성적이 75점이라면 다음 성공 목표는 80점 정도가 되어야 한다. 자신의 약점을 개선하고 좋아지는 경험을 하는 것이 핵심이다. 물론, 목표가 꼭 성적인 것은 아니다. 지난주보다 계획을 지키고, 스마트폰을 적게 사용하는 것도 목표가 될 수 있다.

소통 - '공부하는 것'이다.

아이에게 교과목을 가르쳐 주기 위해서 공부를 하라는 뜻이 아니다. 세상은 빠르게 변하고 있다. 변화의 속도도 점점 빨라져 간다. 그러니 지금의 상황이나 현실이 어떤지 알 필요가 있다. 2~3년 먼저 아이를 키워 본 선배 엄마의 말을 듣는 것도 필요한 부분은 있지만, 위험한 일이다. 인터넷 정보는 말할 것도 없다. 양은 많지만 믿지 못할, 위험한 정보가 너무 많다.

정보를 얻기 위해 학원 설명회는 열심히 다니지만 정작 교육과정이 어떻게 바뀌는지, 대학의 전공이 어떻게 바뀌는지, 어떤 고등학교들이 생기고 있고 그 학교들은 어떤 특징을 가지고 있는지를 알려고 애쓰지는 않는다. 열심히만 하면 어디든 갈 수 있다는 단순한 논리를 가지고 문제를 돌파하려고 한다. 하지만 돌파하는 장본인은 부모가 아니라 사춘기 아이임을 기억해야 한다. 부모는 바뀌는 교육과정이나 학교에 대해서 공부할 필요가 있다.

관건은 정보를 어디서 얻는가이다. 가능하다면 교육청이나 공공 기관에서 여는 진로나 학제 변화에 대한 설명회 또는 강연을 찾아가서 듣는 것이 좋다. 학원 설명회에서 알려 주는 것은 필요에 따라 취사선택이 된 것일 수 있어 주의가 필요하다. 교육방송이나 라디오에 나오는 전문가들은 그래도 한 번 걸러지는 경우가 많아 비교적 믿을 만하다. 이렇게 들은 이야기를 뉴스나 해당 기관의 홈페이지에서 확인하면 더욱 좋다.

또한 전문가의 도움도 적극적으로 구할 필요가 있다. 심리적인 면뿐만 아니라 자녀 교육과 공부에 있어서 현재 어떤 주장들이 있는지에 대해 묻고 의논할 수 있는 전문가는 급변하는 시기에 급변하고 있는 아이를 키우는 부모에게 매우 유용한 도움을 준다.

2
중딩 부모가
절대 하지 말아야 할 세 가지
- 지배, 표리부동, 동일시

지배 - '대화를 포기하는 것'이다.

사춘기 아이를 키우면서 열 받을 때가 한두 번이 아니다. 세월은 속절없이 지나가는 것 같고 마음만 급하다. 그렇게 무리하다 보면 아이의 말과 행동에 부모가 상처를 받는다. 부모도 사람인지라 상처를 받으면 자신을 보호하기 마련이다. 그 가장 흔한 선택이 '말문을 닫는 것'이다. 화를 내자니 용렬해지는 것 같고 보고 있자니 속에 불이 나서 부모가 피하게 되는 것이다. 그렇게 피한다고 아이에 대한 관심이 없어지는 것이 아니기 때문에 꾹 참고 하는 말 속에 가시가 남아 아이에게로 전달된다. 그렇지 않아도 '욱'하는 아이를 더욱 '욱'하게 한다. 이런 행동은 결국 부모를 폭발하게 만든다.

대화에 목매는 것은 부작용을 낳는다는 점에서 옳지 않지만, 그렇다고 대화를 회피하는 것은 거의 모든 통로를 포기하는 것이 된다. 우리 아이에게 혼자가 아님을 느끼게 하는 데도, 두려움에 대해 용기를 갖게 하는 데도 대화는 결정적인 수단이 된다.

표리부동 – '아이를 작은 어른이라고 생각하는 것'이다.

아이를 지켜보거나 대화를 하면서 부모가 가장 자주 빠지는 함정은 아이를 '작은 어른'이라고 생각하는 것이다. 사춘기 아이들은 인지적으로 많이 성장하고 신체적으로도 성장했지만 아직 어른과 똑같지는 않다. 어른들은 경험에 의해서 자신이 생각하지 못한 변수가 있을 수 있음을 잘 알고 있다. 그러나 사춘기 아이들은 자신이 생각하는 대로 남들도 생각할 것이라고 믿는다. 또한 감정의 영향을 많이 받기 때문에 인지심리학*의 대표적 오류인 '감정적 추론**'을 하게 된다. 이렇게 어른과 비슷하지만 어른이 아닌 사춘기 중2병 아이를 대하면서 어른이라고 착각을 하게 되면 큰 실망을 하게 된다. 실망도 문제지만 이 시기에 아이가 할 수 있는 일과 할 수 없는 일을 구분하고 필요한 도움을 지원해 주는 역할을 하지 못한다는 것도 문제다. '왜 그걸 못해?' 혹은 '그 정도는 이제 해야 하지 않아?'라는 생각에 빠지면 아이의 본모습을 영영 놓치게 될 수도 있다.

---

* 인간이 정보를 어떻게 받아들이고 처리하는지에 대해 연구하는 심리학의 분야.
** 정보를 처리할 때 자신의 감정에 근거해서 추론하는 것을 말한다. 타인에게 기분이 나쁜 감정이 들면 그 사람을 나쁜 사람이라고 생각하는 것이 그 예다.

동일시 - '아이에게 올인하는 것'이다.

사춘기 아이를 둔 부모에게만 해당되는 이야기는 아니지만, 역시 중요한 이야기라 한마디만 하고자 한다. 아이에게 올인하지 말자. 앞에서도 말했지만 부모에게는 부모의 몫이 있고 아이에게는 아이의 몫이 있다. 그 몫을 넘어서서 무엇인가를 해 주는 것은 부모가 하고 싶어서 하는 것일 뿐이다. 그것을 자녀가 알아줄 리 없다. 슬프게도 그렇게 올인한다고 아이가 더 잘되지도 않는다.

사춘기 아이들과 그 가정을 10년 넘게 상담해 오면서 느끼는 것이 있다. '부모가 아이에게 관심을 덜 가졌더라면 차라리 나았을 텐데.' 싶은 가정이 꽤 많다는 것이다. 예전처럼 형제가 많으면 여러 명의 형제가 나누어 가졌을 짐을 요즘에는 한두 명의 아이가 모두 짊어지게 된다. 부모가 잘못 키우면 그 악영향이 한두 명의 자녀에게 고스란히 간다는 말이다.

오히려 부모의 몫과 자녀의 몫을 잘 구분하는 가정의 아이들이 더 잘 자란다. 이런 부모들은 자기가 해야 할 것을 빠뜨리지도, 해야 할 것 이상을 주고 서운해하지도 않기 때문이다. 부모가 그렇게 홀가분하면 아이를 대할 때도 적절한 거리와 가벼움을 유지할 수 있다. 또한 부모 자신의 삶에 좀 더 투자할 수 있어서 부모 스스로의 삶에도 자신감이 생긴다. 이런 부모상은 아이들에게도 자신이 나중에 어떤 부모가 되어야겠다고 하는 좋은 본보기가 될 수 있다.

3
기쁜 소식, 중딩 시절은 잠깐이다

너무나 예쁘고 말도 잘 듣고 사랑스럽던 아이. 그러나 사춘기가 되면서 부모들은 '이게 언제 끝나려나?'라는 생각부터 하게 된다. 클리닉으로 상담하러 오는 부모들도 필자의 얼굴을 쳐다보며 '이게 끝나기는 끝날까요?'라는 질문을 자주 던진다. 그럴 때면 필자는 항상 이렇게 말한다.

"예. 반드시 끝이 있습니다. 그 끝에서 우리가 어떤 모습으로 있을지가 중요합니다. 그때의 모습에 서로 만족할 수 있도록 지금 노력해야 하는 겁니다."

그러면서 솔로몬 왕의 반지에 새겨져 있었다는 그 말을 자주 떠올린다.

'지금도 다 지나가리니.'

 세상의 지혜를 단 한 문장으로 압축해 놓았다는 그 말은 자녀를 키우는 내내, 특히 사춘기의 폭풍을 함께 지나고 있는 부모와 가족들에게 너무 적절한 한마디라고 생각한다. 지금이 아무리 힘들어도 그 끝이 있을 것이며, 지금이 너무 이상적이고 좋더라도 역시 끝이 있으리니, 미리 준비하고 대비해야 한다는 것은 아이를 키우는 데 있어서 겪게 되는 모든 것을 말해 주는 것 같다.

 중2병이 오는 시기는 초등학교 6학년 무렵부터다. 정확한 통계를 갖고 있지는 않지만, 임상 경험상 특별한 문제가 없다면 1년 정도의 시간이 지나고 어느 정도 해결되는 경우가 많다. 길어도 2년을 넘지는 않는 것 같다. 요는 끝이 있다는 것이다.

 그 끝을 기다리며 부모들이 노력해야 할 일은 물론 많다. 아이를 존중해 주어야 하고, 소통하며 기다릴 수 있어야 한다. 기다리는 과정에서도 마냥 기다리는 것이 아니라 무엇이 맞는지, 왜 그렇게 해야 하는지에 대해서 자꾸 공부해 가면서 기다려야 한다. 이렇게 계속 공부하는 것은 정보를 쌓고 업데이트한다는 의미도 있지만, 마음을 수양하는 데도 도움이 될 것이다. 왜냐하면 그렇게 하지 않으려고 해도 우리의 앞에는 이미 너무 많은 지뢰들이 깔려 있기 때문이다. 그것들을 다 피해 갈 수 없을지는

몰라도, 지나친 억압이나 통제, 반대로 무책임한 외면을 하지 않으면서 진정성을 가지고 아이를 대해야 한다. 그리고 결국 아이와 부모는 분리되고 독립된 존재라는 점을 잊지 않는다면 최대한 잘 피해 나갈 수 있을 것이다. 그러다 보면 어느새 중2병의 폭풍은 지나가고 난 후가 될 것이다.

이때가 되면 다시 가정에 평화가 찾아온다. 그렇게 날카롭던 아이의 모습이 조금은 수그러든다. 아이의 낯빛에서도 차이가 느껴지고 말하는 투나 내용에서도 변화가 드러난다. 공부나 자기 관리에 부족한 점, 어린아이 같은 모습은 아직 남아 있겠지만 달라졌다는 것을 확연히 느낄 수 있다. 두뇌에서 전두엽과 변연계의 성숙 정도가 점차 비슷해지면서 전두엽이 변연계를 더 잘 통제하기 시작하는 것이다.

중2병 시기를 넘긴 가정, 부모와 아이의 모습을 생각하면 필자는 어린 시절에 보았던 〈은하철도 999〉의 마지막 장면이 떠오른다. 신비한 존재(어머니와 애인의 상징을 모두 가지고 있는) '메텔'에 의해서 인도된 주인공 '철이'의 여행은 안드로메다나 지구가 아닌 어느 정거장에서 끝난다. 지금까지의 역경을 뒤로 한 채, 철이는 또 다른 여행을 위한 기차에 오르고 거기에는 또 다른 메텔이 타고 있다.

중2병이 지나가면 잠시의 평화가 찾아오겠지만, 이 평화 역시 지속되지 않는다. 이 평화는 또 다른 여행을 위해 잠시 기다리는 시간인 것이다. 그 시간이 지나면 우리는 또다시 아이를 보내야 한다. 또 다른 세상으로.

그동안의 모험과 역경을 통해 부쩍 성장한 철이가 앞으로의 여행도 잘할 수 있을 것이라고 생각한다. 새로운 여행을 함께하는 또 다른 메텔은 우리 부모들일 수도 있고 아닐 수도 있다. 그러나 그 여행을 함께해야 한다 해도 걱정할 것은 없다. 우리도 예전의 우리가 아니기에.

10교시 연습 문제

1. 중딩 부모가 반드시 해야 할 세 가지 - 존중, 기다림, 소통
■ 다음 빈칸에 알맞은 단어를 고르시오.

> 사춘기 아이를 키우는 데 가장 중요한 핵심은 아이가 (   )을/를 낼 수 있게 기르는 것이다. (   )을/를 키우는 것은 경험에서 온다. 그 경험은 실패의 경험이다. 대신 그 실패는 미리 계획해 보고 시도해 보고 경험하는 실패다. 그리고 그 다음에 같은 시도에서는 성공하는 경험을 하는 것이다. 이 과정을 통해서 '할 수 있다.'는 (   )을/를 배우게 된다.

① 겁 ② 용기
③ 신경질 ④ 싫증

2. 중딩 부모가 절대 하지 말아야 할 세 가지
- 지배, 표리부동, 동일시
■ 다음을 읽고 올바른 부모의 마음가짐을 고르시오.

> 아이에게 올인하지 말자. 부모에게는 부모의 몫이 있고 아이에게는 아이의 몫이 있다. 그 몫을 넘어서서 무엇인가를 해 주는 것은 부모가 하고 싶어서 하는 것일 뿐이다. 오히려 부모의 몫과 자녀의 몫을 잘 구분하는 가정의 아이들이 더 잘 자란다.

① "난 우리 아이를 위해 뭐든지 희생했어. 이런 내 마음을 아이도 알아줄 거야."
② "우리 아이가 명문대에 가지 못한다고? 부모로서 살아온 내 삶이 모두 무너져 내리는 것 같아."
③ "한 집에 아이가 여럿 있던 시절도 아니고, 하나뿐인 자식이니 올인해서 길러야지."
④ "부모가 홀가분하면 아이를 대할 때도 적절한 거리와 가벼움을 유지할 수 있어."

3. 기쁜 소식, 중딩 시절은 잠깐이다

■ 다음을 읽고 부모가 해야 할 노력으로 바람직한 것을 모두 고르시오.

> 일반적으로 중2병이 오는 시기는 초등학교 6학년 무렵부터다. 정확한 통계를 갖고 있지는 않지만, 임상 경험상 특별한 문제가 없다면 1년 정도의 시간이 지나고 어느 정도 해결되는 경우가 많다. 길어도 2년을 넘지는 않는 것 같다. 요는 끝이 있다는 것이다. 끝을 기다리며 부모들이 노력해야 할 일은 물론 많다.

① 아이를 존중해 주어야 하고, 소통하며 기다릴 수 있어야 한다.
② 무엇이 맞는지, 왜 그렇게 해야 하는지 계속 공부해 나간다.
③ 지나친 억압과 통제, 반대로 무책임한 외면을 하지 않아야 한다.
④ 아이와 부모는 분리되고 독립된 존재라는 점을 잊지 말아야 한다.

정답: 1문−②│2문−④│3문−①, ②, ③, ④

종례 시간

이제 모든 수업이 끝났습니다.

많은 이야기를 나눈 것 같습니다. 제일 먼저 중2병 아이들 때문에 당황하는 부모가 여러분 혼자가 아니라는 말을 하고 싶었습니다. 그리고 아이들을 보아야 한다는 것을, 아이들의 마음과 몸, 특히 두뇌를 보아야 한다는 것을 말하고 싶었습니다. 그러고 나서 우리 부모 세대가 자랄 때보다 훨씬 험난한 세상을 살아가게 될 우리 아이들에게 부모로서 도와줄 수 있는 것들이 무엇인지에 대해서 생각해 보았습니다.

이 이야기들을 풀어 놓고 나니 '부모의 역할은 정말 쉽지가 않구나.'라는 생각이 새삼 듭니다. 어려서는 어디 아플까 걱정이고 어디 다칠까 걱정이었는데, 지금은 학교에서 왕따를 당하지나 않을까 공부를 못 따라가지는 않을까 걱정입니다. 그 걱정이 채 가시기도 전에 아이가 이제 품을 떠나려 하고 점점 위태로워지는 것만 같습니다. 어느 한때 마음 편히 보내기가 정말 어렵습니다.

그러다 보니 아이가 조금 부족하거나 잘못된 것 같으면 제일 먼저 부모는 자기 탓을 합니다. 오늘도 중3 어머니께서 "우리 애만 이런 어려움을 겪는 걸 보면 제가 아이를 잘못 키웠나 봐요." 하시며 고개를 떨구셨습니다.

부모도 잘못을 합니다. 실수를 하고요. 우리가 언제부터 아이를 키우는 데 완벽한 부모였던가요? 하지만 분명한 건, 그렇게 불완전한 부모지만 대개는 아이를 훌륭하게 키울 만큼의 충분한 자질과 능력을 가지고 있다는 점입니다.

다만 그 자질과 능력을 발휘하는 데는 두 가지가 필요한 것 같습니다. 첫째는 용기고, 둘째는 지식이라고 생각합니다. 우리 주변은 너무 불안합니다. 미래가 불안하고 경제가 불안합니다. 입시 제도는 더욱 불안하고 학원이나 진학 설명회를 가면 더더욱 불안합니다. 학부모 모임이라도 다녀오면 잠을 잘 못 이루기도 합니다. 이런 엄청난 불안 속에서 아이를 제대로 키우는 데는 분명 용기가 필요합니다. 우리가 용기를 잃을 때면 아이와 가정의 희생을 대가로 남들이 다 가는 길을 택하게 되지만, 이는 일시적 안도감만 줄 뿐입니다. 용기 다음으로는 지식이 필요합니다. 용기를 지속시켜 주는 것이 믿음이고, 그 믿음을 지켜 주는 것이 바로 지식이라고 생각합니다. 정보가 넘쳐 나는 요즘은 무엇이 우리 아이에게 맞는 정보인지 아는 것이 가장 중요한 부분이라고 할 수 있습니다.

이 자리까지 동행해 주신 여러분과 같이, 실패는 할지언정 포기는 없이, 어려움이 있지만 즐거움도 함께하는 그런 마음으로 우리의 아이들을 키워 나가고 싶습니다.

지금이 어떠하든 이 또한 지나갈 것입니다.
이 땅의 모든 아이들과 그 부모님들께 박수를 보냅니다.